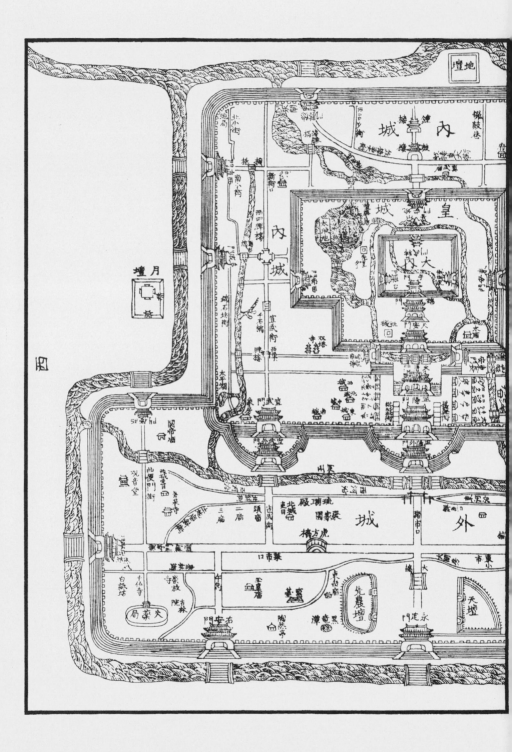

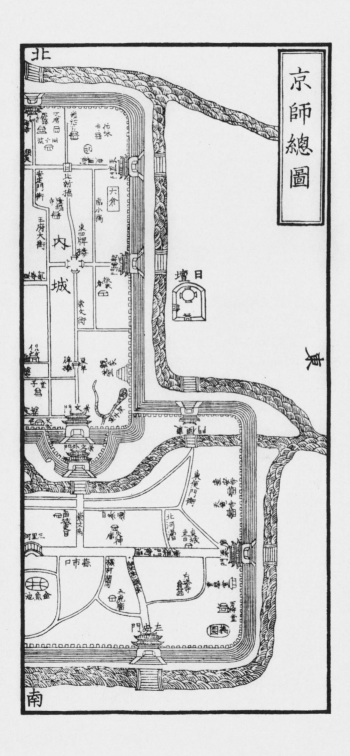

朕

강희제

조너선 스펜스／이준갑 옮김

강희제

이산

강희제

2001년 1월 26일 초판 1쇄 발행
2019년 8월 30일 초판 10쇄 발행
지은이 조너선 D. 스펜스
옮긴이 이준갑
펴낸이 강인황
도서출판 이산
서울특별시 중구 필동로8가길 10
Tel : 334-2847/Fax : 334-2849
E-mail : yeesan@yeesan.co.kr
등록 1996년 8월 8일 제 2015-000001호

편집 문현숙·허형주
인쇄 한영문화사/제본 한영제책

ISBN 978-89-87608-17-4 03910
KDC 912(중국사)

가격은 뒤표지에 있습니다.

www.yeesan.co.kr

이 책을 아서 프레드릭 라이트와
고(故) 메리 클라보 라이트에게 바친다

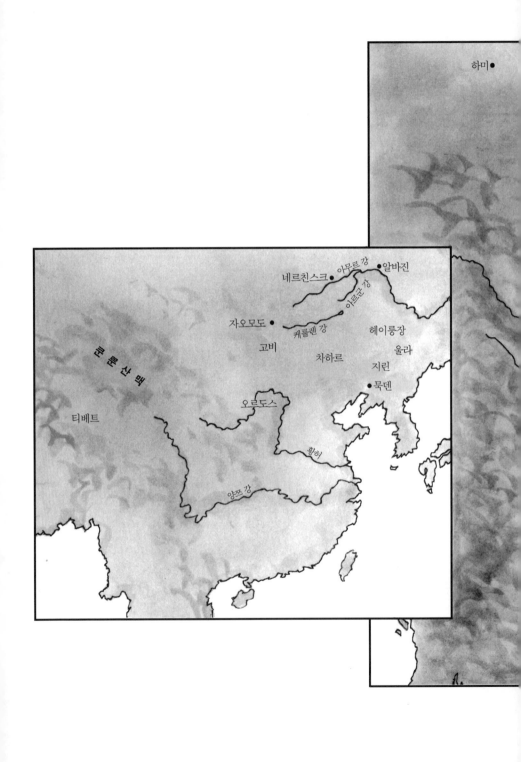

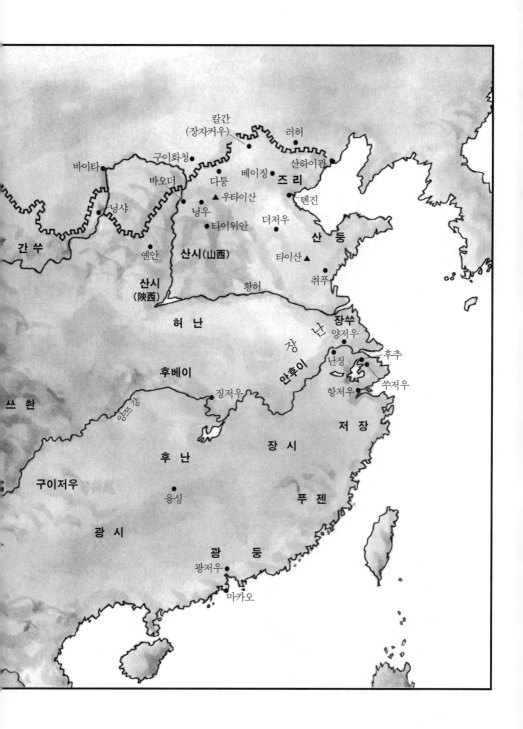

칼간
(장자커우)

러허

구이화청

산하이관

바이타

베이징

즈 리

다퉁

바오더

텐진

닝샤

우타이산 ▲

닝우

더저우

간 쑤

타이위안

산 둥

옌안

산시(山西)

타이산 ▲

산시
(陝西)

취푸

황허

허 난

장쑤

양저우

장

후베이

난

난징

후추

쓰 촨

안 후 이

쑤저우

징저우

항저우

양쯔 강

저 장

구이저우

후 난

장 시

융싱

푸 젠

광 시

광 둥

광저우

마카오

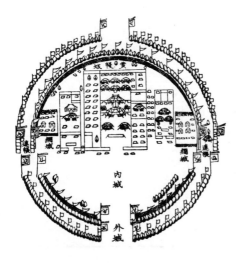

20세 때의 강희제

청년기의 강희제

45세 때의 강희제

서양식 가발을 쓴 강희제의 넷째아들 인전, 그는 1722년 강희제의 뒤를
이어 청조의 황제(옹정제)가 되었다.

60세 때의 강희제

왕후이(王翬) 외, 「강희남순도」의 일부

왕후이(王翬) 외, 「강희남순도」의 일부

강희제는 지방관들의 충성심을 진작시키고, 민심을 살피기 위해
1684년에서 1707년까지 모두 여섯 차례에 걸쳐 남방을 순행했다.

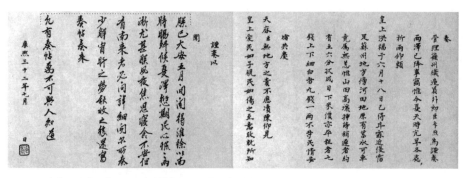

리쉬(李煦)의 주접(오른쪽)과 강희제(康熙帝)의 주비유지(왼쪽)
리쉬의 주접 오른쪽에서 다섯번째 줄을 보면 '皇上'이란 글자를 쓸 때 줄을 바꾸어 올려 쓴 것을
확인할 수 있다. 강희제의 주비는 붉은 먹(점선으로 표시한 부분)으로 쓰여 있다.

강희제의 옥새

康熙帝

일러두기

1. 이 책은 조너선 스펜스의 *Emperor of China: Self-Portrait of K'ang-hsi* (Alfred A. Knopf, 1974)를 완역한 것이다.

2. 옮긴이가 덧붙인 주는 (—옮긴이)나 〔 〕로 표시하였다.

3. 중국의 인명·지명은 외래어 표기법에 따라 표기하였으며 해당 고유명사가 처음 나올 때 괄호 안에 한자를 병기하였다. 단 황제의 연호와 묘호, 관직명, 건물명, 공자·노자와 같은 존칭은 한자말 그대로 표기했다.

4. 만주인과 몽골인 인명은 중국어 발음이 아닌 지은이가 로마자화한 발음에 가깝게 표기하고, 한자를 병기했다.

   예) Galdan→갈단(噶爾丹), Songgotu→송고투(索額圖)

5. 서양 인명은 외래어 표기법에 따라 표기하고, 찾아보기에 원어를 밝혔으며 선교사의 경우에는 중국식 이름도 병기했다.

6. 본문 각 쪽의 기둥글을 써주신 조선경 님께 감사드린다.

차례

감사의 말

나를 도와 주고 격려해 준 다음 세 분께 특별히 감사드린다. 아서 라이트 교수는 지난 수년 동안 이 책의 상치한 부분을 이야기할 때마다 끝까지 경청해 주었으며 최종원고에 대해서도 많은 유익한 충고를 해주었다. 연구 조교인 앤드류 C. K. 셰는 독창성과 열정으로 이 책이 내가 원하는 수준에 이를 수 있도록 도와 주었다. 잔 코크란은 알아보기 힘든 필기체로 된 초고를 짜증 한번 내지 않고 능숙하게 타이핑해 주었다.

많은 나의 동료교수·연구자·학생 들은 충고와 비판을 아끼지 않았으며, 번역과 참고문헌에 대해서도 지적해 주었다. 또한 비애트러스 바틀럿·장웨이·좡치파·팡자오잉(房兆楹)·조셉 플레처·파커 황·올가 랭·앤서니 마르·수잔 네이퀸·조너선 오코·로버트 옥스냄·프랜시스 루로 신부·네이션 시빈·존 윌스에게 감사한다. 우슈량(吳秀良) 박사는 친절하게도 청 초기 문헌과 제도에 관한 해박한 지식을 기꺼이 알려 주었다. 또 찰스 주에게도 큰 신세를 졌는데, 그는 각 장 첫머리에 있는 한자(漢字)를 휘호해 주었다.

이 책의 초고는 컬럼비아 대학, 하버드 대학, 프린스턴 대학, 버몬트 대학(벌링턴 소재), 예일 대학에서 열린 집담회나 세미나에서 토론되었던 것이다. 이 모임에서 아낌없는 충고와 문제 있는 부분을 지적해 준 모든 분들께 감사드린다. 강희제(康熙帝) 연구에 대해 기존의 접근방식과는 다른 틀거리를 완전히 고안해 내고 필요한 기초연구를 진척시키는 데 많은 시간과 비용이 들었는데, 이는 예일 대학 동아시아연구소가 제공하는 연구비를 받아 해결하였다. 나는 이 연구비를 두번이나 받았다. 최종 원고는 예일 대학에서 내준 3년의 휴가기간 동안 집필하였으며, 예일 대학의 국제지역연구소 평의원회에서 주는 추가 연구기금 덕분에 신속하게 마무리할 수 있었다.

1973년 4월 29일
예일 대학교 티모시 드와이트 칼리지
조너선 스펜스

* 샤오궁취안(蕭公權) 박사가 초판본에 나타난 번역상의 몇 가지 오류들을 지적해 준 것에 감사드린다. 이번 페이퍼백에서는 이 오류들을 모두 고쳤다.

강희제
22

강희제의 치세

이 책은 강희제가 황제로서 활동한 시기를 더듬어 보는 탐구여행이다. 그는 1661년부터 1722년까지 중국 청조의 황제였다.[1] 이 여행의 목적은 강희제의 내면세계를 들여다보는 것이다. 그는 어떤 내면의 수단들을 동원하여 중국을 다스렸는가? 그는 자신을 둘러싼 외부세계로부터 무엇을 터득하였는가? 자신의 신하들을 어떻게 바라보았는가? 그를 즐겁게 한 것은 무엇이고 그를 화나게 만든 것은 무엇이었는가? 시간은 어떻게 흘러갔고, 그의 기억을 사로잡은 것은 무엇이었는가? 어떻게 정복자인 만주 출신 전사(戰士)의 후손 한 사람이 중국의 사상적·정치적 환경에 적응해 갔는가? 그리고 예수회 선교사들이 그의 궁정으로 가지고 들어온 서구의 과학적·종교적 사고의 새로운 흐름에 그는 어떤 영향을 받았는가?

강희제의 신하들에게는 그의 내면세계의 특징을 탐험하려는 어떤 시도도—만일 이 탐험이 강희제의 독특하고도 인간적인 면을 드러내려고 한다면—부적절한 것이며 동시에 주제 넘은 일로 생각될 것이다. 강희제는 1,800년 동안 지속되어 온 황제 제도 속에서 아버지한테서 제위를 물려받아 황제가 되었고, 또 한 2,000년에 걸쳐 내려왔던 문자로 기록된 중국의 역사 속에 등장하게 되었다. 황제의 자리에 등극하면서 강희제는 인간 이상의 존재가 되어 갔다. 이제 그는 어떤 인간적인 면모를 드러내더라도 황제로서의 관습적인 행동양식과 부합해야 하였다. 황제가 되자 강희제는 이 세상의 상징적인 중심이 되었다. 그는 하늘과 땅의 중재자로서 '천자'(天子)라 불렸으며, '이 세상의 한가운데 있는 나라'(中國)를 다스렸다. 그는 생애 대부분의 시간을 의례(儀禮)에 참석하는 데 보냈다. 자금성(紫禁城)에서 조회를 하고, 천단(天壇)에서 제사를 지내고, 신하들과 함께 경연(經筵)에 참석하고, 만주족 조상에 대한 제사를 지내야 했던 것이다. 여행하지 않을 때는 베이징이나 그 주변에 있는, 수만의 병사가 호위하고 높은 담으로 둘러싸여 있는 장엄한 궁궐에서 살았다. 이러한 생활 속에서 나타나는 거의 모든 세세한 면면들은 강희제가 자신의 신민(臣民)과는 비교할 수 없이 우월한 존재임을 강조하는 것이었다. 그 혼자만이 황제로서 얼굴을 남쪽으로 향하였고(南面), 모든 신하들은 북쪽으로 얼굴을 향하고 그를 우러러보아야 하였다. 그 혼자만이 붉은 먹물로 글씨를 쓸 수 있고 모든 신하는 검은 먹물만 사용해야 하였다. 강희제의 어릴 적 이름인 쉬안예(玄燁)는 제국 내에서 아무도 이름으로 사용할 수 없었으며, '황제'라는 글자는 어떤 문서에서나

줄을 바꾸어 새로 시작해야 하고 다른 줄의 첫머리보다 올려서 써야 하였다.(화보 참조—옮긴이) 또한 다른 어떤 사람도 황제가 입는 옷과 모자의 색이나 무늬를 사용해서는 안되었다. 모든 신하들은 그의 앞에서 무릎을 꿇고 이마를 바닥에 조아리고 절하여야 하였다. 심지어는 황제가 자신을 가리키는 짐(朕)이란 말조차 그 누구도 사용할 수 없었다.

이러한 위엄과 인식의 표적들은 황제라면 누구나 누리는 것들이다. 그리고 황제들은 인간적인 존재로서보다는 우주적이고 제도적인 차원으로 파악되었으므로 중국 황제에 대한 개인적인 자료들은 거의 없다. 그들 대부분은 우리가 결코 도달할 수 없는 먼 곳에 있었으며 여러 겹의 장막 뒤에 숨어 있었다. 강희제 역시 황제제도가 지닌 전통의 무게를 철저히 인식하고 있었다. 그럼에도 불구하고, 다행스럽게도 그는 한편으로 개인적인 생각들을 분명하고도 허심탄회하게 표현하였다. 이 점은 거대한 제국을 다스린 황제들에게서 좀처럼 찾아보기 힘든 것이다. 확실히 강희제의 개인적인 생각은 곳곳에 묻어 있고 단편적이고 상투적으로 표현된 산더미같이 많은 공식적인 조서(詔書)나 발언에도 배어 있다. 그래서 조심스럽게 접근한다면 그의 태도나 가치관이 스며 있는 그의 진짜 목소리를 또렷이 들을 수 있다.

이 책의 1장부터 5장까지 각 장은 강희제의 생각이 자연스럽게 미쳤던 부분으로, 내가 재구성할 수 있었던 것들로 채워져 있다. 물론 이 부분들은 역사학자들이 제도적이거나 전기적인 자료들을 계통적으로 정리할 때 흔히 이용하는 방법은 아니다.

하지만 강희제의 공적인 행동 가운데 많은 부분은 일종의 개인적이고 감정적인 영역이 반영된 것으로 판단된다. 그리고 그럴 것이라는 믿음이 있었기에 이 책의 체제를 이렇게 구성할 수 있었다. 이 책의 마지막 6장과 부록에서 독자들은 강희제가 스스로 표명한 주된 관심사가 무엇이었는지를 조금이나마 피부로 느낄 수 있을 것이다.

1장 '사냥과 원정'은 강희제가 중국 대륙을 종횡무진할 때 떠올린 생각들과, 자신이 다스리는 나라의 풍부함과 다양함에 대한 깨달음과 그것에 대한 분석으로 채워져 있다. 강희제는 태감(太監, 환관의 우두머리—옮긴이) 구원싱(顧問行)에게 보낸 한 편지에서 자신이 동서남북 각 방향으로 2천리 이상씩 순행하였다고 자랑스럽게 쓰고 있다. 서쪽으로는 산시(山西) 성과 산시(陝西) 성으로, 북쪽으로는 고비사막을 넘어 케룰렌 강까지, 동쪽으로는 만주를 지나 울라(烏喇)까지, 남쪽으로는 화베이(華北) 평원을 지나 양쯔 강 남쪽의 저장(浙江) 성 사오싱(紹興)까지.[2] 그는 이어서 "강과 호수, 산과 시내, 사막과 고비를 모두 지났다"라고 하였다. 강희제는 순행길에서 만난 이색적인 식물과 새, 동물을 수집하고 비교하는 데 흥미를 느꼈다. 그래서 곳곳에 있는 그의 여름별장과 정원에 수집한 것을 전시할 수 있는 시설을 만들었다. 이 시설들은 마치 그의 순행경로처럼 동서남북 사방에, 베이징에서 말을 타면 쉽게 갈 수 있는 지점에 있었다. 서쪽에는 창춘위안(暢春園), 남쪽에는 난위안(南苑), 동쪽에는 탕취안(湯泉) 그리고 남만주 구릉지대에 위치한, 그가 가장 아꼈던 러허(熱河)의 여름궁전에 있었다.

또한 강희제는 사냥을 하기 위해 순행하기도 하였다. 그의 아들들이나 시위(侍衛)들과 함께 대열을 지어 몽골과 만주 일대의 거의 사막이나 다름없는 곳에서 활이나 총으로 들짐승과 날짐승을 잡으며 사냥을 즐겼다. 그 밖의 취미로는 낚시를 좋아하였다. 그는 또 자신이 잡은 짐승들의 목록을 즐겨 만들었으며, 숲으로 뒤덮인 만리장성 바깥의 고지에서 사냥하던 만주인들의 강건한 유풍들을 강조하였다. 17세기 초 강희제의 할아버지인 홍타이지(皇太極)와 증조부인 누르하치(努爾哈赤)가 만주의 여러 부족을 통합하고, 정주농업의 토대 위에 중앙집권화된 군사조직을 발전시켜 이웃한 몽골을 정복하거나 동맹을 맺고, 만리장성 북쪽에 살던 한인(漢人)으로부터 항복을 받아 그들의 충성을 얻어내었던 곳이 바로 여기였다. 그래서 1644년 중국의 농민반란군이 베이징을 함락하고, 명의 마지막 황제인 숭정제(崇禎帝)가 자살하자, 만리장성 너머에서 호시탐탐 기회를 엿보고 있던 만주족은 혼란을 틈타 질풍노도처럼 베이징으로 진격해 들어왔다. 강력하고 단합된 만주인들은 강인한 기마궁수들과 함께 농민반란군을 쫓아내고 어린 순치제(順治帝, 강희제의 아버지)를 입관(入關) 후의 첫번째 황제로 옹립하여 청조 지배의 기틀을 다졌다.

강희제에게 사냥은 오락이자 운동 같은 것이었지만 한편으로는 군사적인 대비태세를 항상 갖춰야 하는 보다 엄중한 현실과도 관련이 있었다. 그는 자신의 순행길에 수천 명의 군사를 거느리고 다니면서 활쏘기와 야영, 기마대형 짜는 법을 훈련시켰다. 강희제의 치세는 영토확장과 국경분쟁의 시기였다. 그의 군대는 1683년 타이완을 점령하였고, 1685년에는 러시아 군대를 패퇴시키고 알바진 요새를 공략하였다. 또 1690년대에는 서쪽 변방과 서북쪽에 있던 준가르(準噶爾)부를 오랜 시간에 걸쳐 공격하였으며 강희제가 사망한 1722년에는 티베트에서 전쟁을 감행하였다. 강희제는 준가르 전사들의 위대한 지도자였던 갈단(噶爾丹)과 일전을 치를 때는 전쟁을 사냥처럼 하려고 작정하였던 것 같다. 그는 1696년과 1697년 갈단 원정에 직접 참가하였고, 마치 사냥꾼이 자신의 사냥감에 접근할 때처럼 살금살금 갈단에게 다가갔다. 그는 자신이 직접 이끈 전쟁의 승전보로서 갈단의 자결소식을 들었다. 그에게는 갈단과 전쟁하는 동안이 그의 생애에서 가장 행복한 시기였으리라.

강희제의 내면세계를 살펴보기 위해 설정한 또 다른 부분은 두번째 장의 '다스림'이다. 사료의 측면에서 본다면 이 부분에 압도적으로 많은 사료들이 집중되어 있다. 한 주일에 수백 건의 문서들이 황제의 이름으로 공포되었다. 이처럼 황제의 이름으로 발표된 문서들은 17세기 중국의 복잡한 관료기구 내부에서 물결치던 문서의 바다 가운데 밖으로 드러난 극히 일부분에 불과하다. 이 책의 목적을 이해하는 데는 행정체계의 윤곽을 아는 것만으로 충분하다. 강희제 치세하의 중국 관료기구는 중앙관제와 지방관제로 나누어져 있었다. 중앙관제는 4~6명의 대학사(大學士)들이 감독하고 육부(六部)의 상서(尙書)와 시랑(侍

郎)이 직접적인 실무를 장악하였다. 육부란 이부·호부·예부(과
거시험과 외국사절들의 전담 부서)·병부·형부·공부였다. 도찰원
(都察院)에서는 관료의 기강을 숙정(肅正)하는 일을 담당하였
다. 강희제는 별도로 내무부(內務府)를 두어 궁궐, 호위군사,
황실의 재산 등을 관리하였다. 내무부에는 주로 만주인과 환관,
포의(包衣)* 등이 배치되었다.

　중앙관들은 지방관의 활동을 명령하고 감독하였다. 강희제
의 치세 대부분 기간 동안 중국에는 18개의 성(省)이 있었다.
각 성은 순무(巡撫)가 다스렸고, 그 위에 두세 개의 성을 하나
의 단위로 묶어 총독(總督)을 두었다. 각 성은 부(府)로 나누어
졌고 각 부는 다시 현(縣)으로 나누어졌다. 현은 지현(知縣)의
다스림을 받았는데 강희제 때 중국 전체에는 약 1,500명의 지
현이 있었다. 당시 중국의 인구는 1억 5천만 정도였으므로 각
지현은 평균적으로 대략 10만 명 정도의 백성을 자신의 관할
아래 두고 있었던 셈이다. 이들 지현들은 자신의 행정을 보좌하
는 지방아문의 서리와 아역들을 거느렸는데, 연간 약 2,700만
냥(兩)의 은을 전부(田賦, 토지세─옮긴이)로 징세할 책임을 지
고 있었다. 이 토지세는 약 6억 8천만 무(畝, 청대의 1무는
693.6m²─옮긴이)의 토지로부터 징수되었다. 지현들은 자신이
다스리는 지방에서 법과 질서를 유지할 의무가 있었다. 지현은
유교경전을 공부한 사람들을 대상으로 학교 입학시험의 첫단계

* 팔기(八旗)에 예속된 노예 같은 존재로서 주로 만주황실과 귀척들의 시중을 들었
다─옮긴이

인 현시(縣試)를 시행하고 합격자를 선발하는 일을 주관하였다. 유교경전을 공부하는 것은 중국 관료제도상에서 나타나는 하나의 뚜렷한 특징이다. 최종적으로 현학(縣學)에 입학할 자격을 얻은 자를 생원(生員)이라 하였는데, 이들에게는 보다 윗단계인 성(省) 단위에서 치러지는 과거시험인 향시(鄕試)에 응시할 수 있는 자격이 부여되었고, 그 합격자는 거인(擧人)이라 불렸다. 각 성의 거인들은 3년에 한번씩 베이징에 모여 회시(會試)와 전시(殿試)를 치렀는데, 그 합격자를 진사(進士)라 하였다. 한 번의 전시에서 약 200~300명의 진사가 탄생하였다. 그 중에서 1등·2등·3등에 합격한 진사들은 서적편찬이나 조칙작성을 담당하는 한림원(翰林院)에 배치되었다. 거인 중의 일부나 진사의 대부분은 영예롭고 금전적인 수입이 많은 중앙관이나 지방관의 벼슬을 얻었다.

강희제에게 '다스림'이란 위에서 살펴본 바와 같이 중국 전체의 경제적·교육적 구조에 대해 최종 책임을 진다는 것을 의미하였다. 또 모든 신하들의 품성을 평가하고 만들어 내는 것뿐만 아니라 그들의 생사에 대해서도 궁극적으로 책임지는 것을 의미하였다. 그의 통치이론에 지대한 영향을 미친 것은 의심할 바 없이 삼번(三藩)의 난으로 알려진 심각한 내란이었다. 삼번의 난은 1673년에 발생하여 8년간이나 지속되었다. 반란을 일으킨 삼번의 왕들은 우쌴구이(吳三桂)·상즈신(尙之信)·경징중(耿精忠)이었다. 이들은 1644년 만주족이 명을 공격하였을 당시 만주군대를 도와 준 대가로 청조로부터 중국의 남부와 서부

지역에 거대한 봉토를 수여받았다. 의정왕대신(議政王大臣) 및 고관들과 오랜 시간에 걸쳐 숙의한 끝에 1673년, 강희제는 삼번을 철폐하고 우싼구이를 비롯한 세 명의 왕에게 만주로 옮겨가도록 명령하였다. 강희제의 이 결정은 대다수 신하들의 간언과 정면으로 배치되는 것이었다. 신하들이 경고한 것처럼 철번 명령은 장기간에 걸친 처참한 내란을 야기하였다. 내란으로 인해 하마터면 강희제는 제위에서 쫓겨날 뻔하였다.

비록 1681년에 삼번의 난이 완전히 진압되었지만 강희제는 계속해서 반란과 반란에 대한 자신의 책임이 무엇인지를 곰곰이 생각하였다. 그리고는 올바른 결정을 내린다는 것이 얼마나 어려운지를 보여주는 실례로 종종 이 사건을 언급하곤 하였다. 반란기간 동안 일반 백성들이 겪어야 했던 엄청난 고통은 그의 마음을 진정으로 움직여 백성들을 동정하게 만들었다. 반면에 반란 진압부대가 늑장을 부린 것은 그를 분노케 하였다. 반란이 진압된 후 그는 다수의 반란주모자에게 엄중한 처벌을 내리라고 명령하였다. 그렇다고 해서 처벌이 자의적으로 이루어진 것은 아니고 반란에 관한 처벌규정을 담은 『대청률』(大淸律)의 조문에 따라 시행되었다. 사형(死刑)을 포함한 모든 재판사건을 평가하는 강희제의 태도로 보건대 중국의 사법제도가 무원칙한 것은 아니었다. 법령은 정교하게 만들어졌고, 특정한 법령의 조문을 보았을 때 누구나 동일하게 해석할 수 있는 구조가 마련되어 있었을 뿐만 아니라, 여기저기 흩어져 있는 판례들도 한 곳에 모아져 있었다.(비슷한 내용의 법조문들이 여러 종류의 징세기구에 응집력과 통일성을 부여하기 위해 존재하기도 하였다. 1712년에는 인두세 동결조치〔盛世滋生丁〕가 발표되었는데, 강희제는 중국의 번영에 대한 증거로서, 또한 불필요한 행정비용 징수를 저지하는 쐐기로서 이 조치를 단행하였다. 그는 이 조치를 통해 미래에 대해 하나의 확고한 표준을 마련하고자 하였던 것이다.)

3장 '사고'(思考)에서 우리는 강희제의 행동과 상식에 대해 살펴보는 것에 그치지 않고 일정한 형체를 갖추지 않은 부분, 곧 새로운 현상에 대응하는 모습을 탐구할 것이다. 강희제의 관점에서 볼 때 성공적으로 사고하기 위해서는 개방성과 유연성이 필요하였다. 이는 학자적인 엄격함이나 한가로운 사색과는 달랐고, 지배이념인 주자학 연구자에게 요구된 도덕적 고결함에 대한 집착과도 달랐다. 하지만 강희제는 이러한 태도에 대해 변함없는 경의를 표하였고, 종종 유교경전에 대해서 언급하였다. 또 음양의 원리나 『주역』의 내용을 인용한 것처럼 송대의 뛰어난 철학자인 주시(朱熹)의 격물(格物)에 관한 이론을 인용하기도 하였다. 그러나 그가 근본적으로 철학적 사상가는 아니었던 것으로 판단된다. 대신에 그의 두드러진 특징은 풍부한 호기심에 있었다. 그는 사물이 무엇으로 만들어졌으며, 어떻게 작동하는가를 탐구하는 데 끝없는 즐거움을 느꼈다. 일생의 각각 다른 시기에 강희제는 천문학, 지도제작, 광학, 의학, 음악, 대수학 등에 관심을 가졌다. 그는 다양한 분야의 수많은 연구사업과 백과사전 편찬사업을 후원하였다. 그가 공자의 고향과 묘를 방문하여 제사를 지냈을 때, 이 행사의 장엄함도 더 많은 것을 알고 싶어하는 그의 지적 욕구를 결코 방해하지 못하였다. 전례 (典禮)문제로 교황이 파견한 사절단과 대화를 나눌 때에는 화가 치밀어 올랐음에도 꾹 참고 그들의 정확한 의도를 파악하려고 노력하였다.

강희제는 투르논(M. de Tournon)이 인솔한 교황사절단과의 대면으로 새로운 도전에 직면하였다. 강희제는 즉위 이래 예수회 선교사들에게 상당한 호의를 베풀었다. 그래서 선교사들의 공학적·의학적·예술적·천문학적 기량을 높이 평가하고 자신의 궁정에서 추진한 수많은 사업에 이들을 참여시켰다. 지도 제작에 능숙한 예수회 선교사들은 중국의 지도를 제작하였고, 의술에 밝은 선교사는 강희제의 순행에 동행하였으며, 천문지식에 해박한 선교사는 천문기상 관측기관인 흠천감의 관료로 일하였다. 페르디난트 페르비스트, 앙투안 토마, 토마스 페레이라 등의 예수회 신부들은 상당히 자질이 뛰어났을 뿐 아니라 강희제의 명령에 기꺼이 복종하였으므로 그의 총애를 받으며 입지를 확고히 다졌다. 그러나 투르논은 교황이 로마교황청으로부터 신뢰받는 사람 중에서 베이징에 머물 선교사절을 임명하기를 원한다는 메시지를 갖고 왔다. 이들을 통해 교황의 관심사를 관철시키고 중국의 '미신'적 요소가 교회의식을 잠식하지 않도록 하며, 중국의 예수회 선교사들을 통제하려 할 때에 도움받기 위해서였다. 강희제의 응답은 확고하였다. 왜냐하면 그는 도덕과 종교의 영역에서는 중국 황제의 전통적인 권위를 유지하기로 결심하였기 때문이다. 그는 예수회 선교사들도 자신에게 충성하고, 또 자신이 잘 알고 신뢰할 수 있는 선교사들 가운데 한 사람이 감독자가 되기를 원하였다. 강희제는 예수회 및 다른 교단의 선교사들에게 그 자신이 공식화하였던 유교의 전례와 조상제사를 이해하고 동의한다는 서약서에 서명하는 자만이 중국에 머무르는 것이 허락될 것이라고 말하였다. 서명을 거부하는 선교사들은 모두 추방되었다. 그리고 베이징에 교황 개인의 사절을 두고 싶다는 교황의 요청도 받아들여지지 않았다.

강희제는 과거(過去)란 고정불변한 것이 아니라고 생각하였다. 그래서 그는 요즘말로 '구전(口傳)된 역사'에 흥미를 느꼈고, 멸망한 명조의 역사를 쓰는 데는 가능한 한 가장 광범위한 자료가 참고되어야 한다고 주장하였다. 이 사업을 위해 그는 명의 황제를 기리며 충성을 바쳤고 만주인들을 찬탈자로 생각하였던, 이전의 반체제 학자들을 대거 기용하였다. 박학홍유(博學鴻儒)라는 존경의 뜻이 포함된 특별시험을 실시하여 반체제 학자들을 기용함으로써 강희제는 자신이 유연할 뿐만 아니라 임기응변에도 뛰어나다는 사실을 보여주었다. 그러나 그는 저명한 문장가였던 다이밍스(戴名世)를 반역적인 내용의 책을 썼다는 이유—사실 다이밍스는 명사(明史)의 저술에 대해 자유롭게 역사와 관련된 의문을 제기할 수 있다는 원칙을 활발하게 적용시켰을 뿐이다—로 관대함을 베풀지 않고 처형시켰다. 결국 강희제의 생각도 정략을 뛰어넘지는 못했던 것이다.

그러나 정치적 책략도 인간의 생사를 초월할 수는 없다. 4장 '장수'(長壽)에서 강희제가 인간의 육신이 언젠가는 쇠약해진다는 사실을 얼마나 깊이 의식하고 있었는지, 그리고 이러한 인식을 어떻게 식이요법이나 질병·약·기억력에 대한 관심으로 넓혀 나갔는지를 보여줄 것이다. 그는 육체적·정신적 연약함에 대해서 깜짝 놀랄 정도로 소탈하게 말하였다. 확실히 이런 태도는 한편으로는 다른 사람의 공감을 얻을 수 있었기 때문에, 다른 한편으로는 건강이 위협받던 시기에 사람들이 자신을 돕도록 불러모을 수 있었기 때문에 가능하였다. 그러나 이러한 솔직함이 강희제 자신에게 아주 중요하였던 것도 사실이다. 당시의 중국에서는 어떻게 노인을 공경하고 효도해야 하는지 그리고 주어진 상황에서 어떻게 처신해야 하는지 따위가 상당히 의례화되어 있었다. 그러나 강희제는 어려서 부모를 여의었기 때문인지, 자신의 애정을 할머니와 아들 인렁(胤礽)에게 쏟아부었다. 오늘날 남아 있는 강희제의 편지로 보아 이런 솔직한 애정표현은 개인적으로도 나타냈던 것으로 보인다. 강희제는 질병에 대해 아주 현명하게 대처하였다. 그는 육신의 연약함을 인정하는 것이 최선의 방책이라는 점을 알고 있었다. 또한 의학적인 수단들과, 쓸모 있다고 판단되면 종교적이거나 주술적인 방법을 동원하여 허약함을 예방하는 것이 기본 상식이라는 점도 알고 있었다. 정교한 약전(藥典)은 물론 집대성된 다수의 처방과 의학 서적들에 근거하여 이루어진 강희제 시대의 중국 의학은 상당히 전문화되어 있었다. 자연과학 등 다른 분야에서도 그러하였듯이 의학분야에서도 강희제는 순간적으로 어떤 생각이 떠오르면 그것에 탐닉해 들어갔고, 자신의 호기심을 만족시켜야

직성이 풀렸다. 비록 육체는 반드시 노쇠한다는 공포에서 벗어날 수 없다는 점을 잘 알고 있었지만.

　생물학적인 죽음에 대한 유일한 방책으로 강희제가 붙잡은 것은 역사 속에 길이 빛날 명성을 남기는 것과 자손을 많이 두는 것이었다. 태어난 후 잠시라도 이 세상에서 살았던 아이들까지 합친다면 강희제는 모두 쉰여섯 명의 자녀를 두었다. 그러나 그 중 오직 한 명 인렁만이 황후의 소생이었다. 그래서 그런지 강희제는 이 아들을 끔찍이도 아끼고 사랑하고 기대하였지만, 불행하게도 이런 지나친 사랑과 기대는 아들에게 엄청난 부담을 주었다. 인렁은 황태자로서 양육되었다. 따라서 그는 늘 관심의 대상이 될 수밖에 없었으며, 궁정생활을 신물나게 하고 만주족 출신의 세습귀족을 분열시키기까지 하는 당쟁의 한가운데 서게 되었다. 강희제의 증조부인 누르하치가 만든 군사제도는 팔기제(八旗制)였다. 강희제 시대에도 팔기는 여전히 유력한 씨족 출신의 막강한 장군들에게 장악되어 있었다. 이 장군들은 황태자의 총애를 받으려고 온갖 농간을 다 부렸고, 그들의 음모에 점차 수많은 만주족 출신 관료와 한족 출신 고위관료들까지 휘말려 들어갔다. 당쟁은 5장 '황자들'에서 다루어진 주요 주제의 하나이다.

　1669년 강희제는 황후의 숙부이면서 상당한 부와 권력을 쥐고 있던 송고투(索額圖)의 도움을 받아 거만스런 보정대신(輔政大臣) 오보이(鰲拜)를 숙청하고 친정(親政)을 시작하였다. 34년 후에 강희제는 송고투를 재판도 하지 않고 감옥에서 죽이

라고 명령하였다. 그로부터 5년 후에 송고투의 여섯 아들들도
똑같은 운명에 처해졌다. 1712년에는 베이징 수비대 대장 토호
치(托合齊)와 그의 동료들도 사형에 처해졌다. 강희제 말년의

분노로 채워진 토론과 고뇌에 찬 조칙들에서 우리는 강희제의
왜곡된 애증세계를 조금이나마 엿볼 수 있다. 자신의 기대가 철
저히 배신당하자 사려 깊고 쾌활하던 강희제도 때로는 신경질
적이고 잔인하게 변하였다. 강희제는 자신을 암살하려는 시도
가 있었다고 대수롭지 않게 말하였다. 그는 단지 사랑하는 아들
인렁이 동성애에 탐닉하는 것이 아닌가 의심한다고 암시하였을
뿐이지만, 동성애를 극히 혐오하였던 강희제는 인렁이 사는 궁
궐을 방문한 세 명의 요리사와 소년 시종들을 가차없이 처형하
였다. 그리고 밀정들에게 강남지방에서 어린 소년들을 사온 주
범을 색출해 내도록 명령하였으며, 가장 신임하는 경호원을 불
러 언제나 황태자의 옥체를 '순결하게' 보호하였다는 사실을 천
명하도록 하였다. 그러나 황제 주변에서 보인 반응은 대부분 냉
소적이었다. 5장 '황자들'에서 우리는 역사적인 기록을 넘어서
서 강희제가 빠져 들어간 개인적인 절망의 세계로 들어가 볼 수
있을 것이다.

앞에서 언급한 여러 부분들을 강희제 자신이 말하는 자서전
체의 회고록 형태로 독자들에게 선보이기로 결심한 것은 문체
상·구성상의 실험을 여러 번 거친 뒤였다. 이는 내가 모아 둔
수많은 파편들을 구조화하는 데, 그리고 강희제 자신의 솔직함
을 전달하는 데 가장 좋은 방법이라 생각하였기 때문이다. 동시

에 그의 공적이거나 사적인 생각을 기록한 문서 속에서 나타나는 자아인식 상태를 파악하는 데도 가장 효과적인 방법으로 판단되었기 때문이다.(이 방면에는 사실과 가상을 적당히 섞어 놓은 몇몇 훌륭한 연구들이 있다. 그 중에서 특히 마르그리트 유르스나르의 『하드리아누스 황제*의 회상』이 가장 뛰어나다.[3] 그러나 나는 이 책에서 강희제의 생각을 진실로 잘 나타낸다고 느껴지는 구절·문장·문단들을 임의로 보태거나 삭제하지 않고 기록으로 남아 있는 강희제 자신의 말을 충실히 재현하였다.) 나는 정신적인 측면을 재구성하는 데 있어서 특히 우연과 황제 자신의 개성이 결합된 풍부한 자료들에 헤아릴 수 없을 정도로 많은 도움을 받았다. 강희제는 청소년기에야 중국어를 배웠기 때문에, 중국어에 대한 깊은 지식을 바탕으로 문학적인 과장과 비유에 익숙해 있는 학자들(또는 황제들)에게서는 거의 찾아볼 수 없는 간결하고 직설적인 문체를 구사하였다.

어린 시절 강희제는 보정대신 아래에서 여러 가지 어려움을 겪었으므로 그의 할머니와 아주 가깝게 지냈다. 또한 소수의 시위나 대신과는 황제임에도 불구하고 친구처럼 지냈으며, 구원싱처럼 몇몇 신임하는 환관들과도 아주 가깝게 지냈다. 강희제는 이들에게 습관적으로 자신의 일상적인 메모를 휘갈겨 써주었다. 강희제가 한문이나 만주문으로 쓴 수백 통의 온전한 문서와 훼손된 문서가 1911년 청조가 망한 후에 베이징의 궁궐에서

---

* 로마황제. 117년에서 138년까지 재위하였다―옮긴이.

발견되었다. 그 중 환관에게 보낸 17통의 편지를 이 책의 부록으로 실었다. 이런 문서들을 통해서 우리는 강희제의 비공식적이며 일상회화체에서 나타난 특징들을 살펴볼 기회를 가질 수 있다. 또한 그가 쓴 용어들을 파악하고, 생각의 흐름과 관련성을 어렴풋하게나마 살펴볼 수 있다. 종종 주위를 다 물리고 생각이 꼬리에 꼬리를 물고 나오는 대로 서둘러 독백조로 이야기하는 황제가 바로 여기에 있다. 한 왕조가 멸망하고 곧 이어서 다음 왕조가 들어서는 정상적인 왕조교체가 이루어졌다면, 이런 종류의 흩어지기 쉽고 일상적인 문서들은 방대한 '관찬(官撰)역사서'가 출판되자마자 파기되어 없어졌을 것이다. 그러나 1920년대와 1930년대 중화민국의 학자들은, 청조의 멸망과 함께 중국에서 왕조의 역사가 단절되었으므로 더 이상 왕조 권력자의 압력을 두려워할 필요 없이 자신들이 발견한 모든 문서들을 모아서 출판하였다.

중국 통치에 관한 사실을 매일 기록해 놓은 연대기인 실록은 청조의 다른 황제의 치세와 마찬가지로 강희제의 치세에 대해서도 기록해 놓았다. 이런 기록들은 대부분 문장이 매우 길고 상당히 공식화되어 있다. 그러나 강희제는 용기와 솔직함을 장려하였다. 그러므로 우리는 강희제의 경우 실록의 분량이 다루기 벅찰 정도로 많지 않으며(그의 치세기간이 61년이었는데도 실록은 서양식으로 계산하였을 때 1만 6천 쪽 정도이다), 또한 강희제가 말하고 훈시하고 꾸짖고 설득할 때 울려 나오는 음성 가운데 나타나는 구어체의 특징들이 실록의 생동감을 더해 준다. 강

희제는 생전에 자신의 문집 세 권을 간행하였는데, 이 책 속에
수록된 틀에 박힌 많은 문장들은 강희제가 직접 쓴 것이라기보
다는 궁중의 학자들이 쓴 것이다. 이 문집에는 호소력 있는 시
뿐만 아니라 실록에 없는 많은 조칙들이 실려 있다. 강희제는
또 주접(奏摺)제도를 발전시켰다. 이 제도는 관료들의 상주문
이 내각을 거친 후에 황제에게 보고되는 일반적인 체계와는 달
리 관료들이 황제에게 직접 보고하는 일종의 비밀통신체계이
다. 강희제는 보고된 주접에 자신의 의견을 적고 몸소 봉인한
다음에 보고한 사람에게 보냈다. 강희제의 의견을 덧붙인 많은
주접들은 계속 보존되어 오다가, 근래에 타이완의 고궁박물관
에서 9권의 영인본으로 출간되었다. 만주어로 쓰인 주접들은
아직 정리되지 않은 채 남아 있다. 주접은, 공식적인 궁정일기
인 기거주(起居注)가 그런 것처럼, 한 황제가 어떻게 정사를 처
리하였는지 분명하게 보여준다. 강희제가 언급하였던 도덕성에
관한 견해와 다양한 회고담들은 그의 아들이자 황위계승자인
옹정제(雍正帝)가 1730년대에 간행하였다. 앞에서 언급한 모
든 중국 자료들의 부족한 부분을 보완하기 위하여 강희제 치세
동안에 외교사절로 중국을 방문하였던 서양인과, 강희제의 궁
정에서 활약하였던 예수회 선교사들의 관찰들도 이용하였다.

이런 자료에 대한 복잡한 상호 대조작업은 강희제의 치세를
살았던 학자들과 관료들이 남겨 둔, 여기저기 흩어진 많은 문장
과 연보를 살펴봄으로써 가능하였다. 강희제는 여행을 자주 하
였고 여러 부류의 사람들을 만나 거의 쉴새없이 이야기하였는

데, 그 중 많은 사람들이 황제를 만난 소감을 기록해 두었다. 물
론 대부분은 딱딱하고 경외하는 내용을 담고 있지만 쿵상런(孔
尙任)·리광디(李光地)·가오스치(高士奇)·장잉(張英) 등이 쓴
글 속에는 서구의 사료들에는 아주 풍부하지만 중국에서는 상
대적으로 부족한 점—박식하고 수다스러운 사람들이 쓴 편지
와 일기 또는 궁정생활의 변덕스러움에 익숙한 남녀들이 남긴
회고록—을 보충하는 데 어느 정도 도움이 되는 내용, 곧 날카
롭게 관찰한 상세한 내용이 담겨 있다. 황제의 권력, 역사서의
고정된 내용, 상존하는 문자옥(文字獄)의 위험 때문에 중국에
서는 그런 양식의 문학작품들이 거의 나타날 수 없었다.

　여러 자료들을 토대로 이 책을 육체적인 활달함에서 시작하
여 과단성 있는 행동과 냉철한 사고를 거쳐서 드라마 같은 언동
과 쇠약함에 이르기까지 순차적으로 배열한 것은 연대기적인
흐름을 나타내기 위해서이다. 그러나 또 다른 측면에서 볼 때
이 책의 1장에서부터 5장까지는 모두 6장에 대한 상세한 설명
이다. 6장은 1717년 강희제 자신이 내렸던 고별 상유(上諭)를
완역한 것이다. 이 상유에서는 강희제가 자신의 내면의 생각을
외부로 표현하려는 각별한 노력을 볼 수 있다. 몇 달 후 신하들
이 백성들에게 내릴 또 다른 메시지가 있는지 물었을 때 그는
분개하여 "짐은 이를 위해 10년 전부터 준비해 왔다. 짐이 그대
들에게 '더 이상 할 말이 없다'고 하였으면 그것으로 족하다"라
고 하였다.[4] 이 고별 상유는 우리의 기준으로 볼 때 당혹스러울
정도로 짧은 자서전이다. 그러나 당시에는 강희제가 참고할 만

한 선대(先代) 황제들의 자서전이 없었다. 사실 이것은 한문 원문이 16쪽에 달하는 것으로 강희제 치세 중에 반포된 가장 긴 상유였다. 만일 이 상유의 전체적 논지가 일관되지 못한 것처럼 보인다면, 또는 상투어와 진술한 감정표현이 기묘하게 뒤섞인 것처럼 비쳐진다면, 그 이유는 강희제가 자기 자신을 이해하지 못하였기 때문이 아니라 우리가 강희제를 이해하지 못하였기 때문일 것이다.(이 고별 상유는 부록에 실린 강희제 사후에 발표된 훨씬 더 공식적이고 틀에 박힌 상유와는 대조적이다.) 그러므로 이 책의 1장부터 5장까지는 강희제가 왜 말년에 짤막한 고별 상유를 썼는가에 대한 그 자신의 설명인 셈이다.

독자들은 이 책에서 배열된 시간구조를 다르게 이해할 수도 있다. 이 책의 각 장은 고별 상유를 발표하기 전까지 63년에 걸친 강희제의 전 생애를 다룬다고 할 수도 있고, 강희제가 상유를 발표하기 직전의 한 시간을 집약적으로 다룬다고 할 수도 있다. 양력으로 1717년 12월 23일, 곧 강희제가 즉위한 지 56년 11개월 21일째 되던 날, 그가 관료들에게 반포할 상유를 준비하면서 의지하였던 것은 바로 과거에 대한 기억이었다. 당시의 복잡한 사건들은 그가 죽음과 역사를 심사숙고하게 만들었다. 황태후는 죽어 가고 있었으며, 강희제 자신은 현기증 발작으로 고통받고 있었다. 또 그의 발은 퉁퉁 붓고 아파서 거의 걷지도 못하였다. 또 제위계승을 둘러싸고 자식들 주변에서 격심한 당파싸움이 새롭게 시작되었다. 그러므로 이 책은 시간의 흐름을 초월하여 기억하는 힘을 탐색하는 하나의 시도라고도 할 수 있고, 조금만 정신을 집중시키면 새삼스럽게 다가오는 일생의 사건들을 묘사해 보려는 시도라고도 할 수 있다.

마르셀 프루스트는 『잃어버린 시간을 찾아서』의 끝 부분에서
"한 시간이란 단순히 물리적인 한 시간이 아니다. 그것은 향기와 소리와 계획과 분위기로 가득 찬 꽃병이다"라고 했고, 이어서 "우리가 현실이라고 부르는 것은 바로 그 순간에 우리를 둘러싸고 있는 감각과 기억 사이에서 나타나는 조화로운 관계이다"라고 하였다.[5] 이 구절은 한 사람의 역사가인 나로 하여금 기가 질리게 한다. 왜냐하면 나는 결코 그 꽃병을 채울 수 없다는 사실을 알고 있기 때문이다. 또한 그럴 수 있다 하더라도 단편적이고 제멋대로 널려 있는 사료들 때문에 결코 '조화로운 관계'를 포착해 내지는 못할 것이다. 그러나 기가 질린다는 것은 핵심에서 빗나간다는 것과는 의미가 다르다. 내가 언어의 장벽을 뛰어넘고 시간의 흐름을 거슬러서 자신의 처지를 이야기하는 강희제를 다시금 찾아내는 한 그는 이 책 속에 살아 있다.

朕

강
희
제

遊

1

사
냥
과 원
정

오르도스에서 사냥하니 꿩과 토끼들이 많구나

탁 트인 대지 평평한 모래밭
강물 위로 펼쳐진 하늘
하루에도 천 마리가 넘는 토끼와 꿩이
사냥꾼에 에워싸여 쫓기다
덫에 걸리는구나

사방을 둘러보고
팔을 쭉 뻗어
무늬 새겨진 활을 쉬지 않고 쏜다
때론 왼손으로 때론 오른손으로

강희제 1695년경[1]

북쪽 변경너머 머나먼 곳에는 잘 알려지지 않은 야생 기러기가 사는데 이놈들은 첫서리가 내리기 전에 살던 곳을 떠나 중국 본토로 내려온다. 북변을 지키는 군사들은 이 기러기가 날아오면 곧 첫서리가 내린다는 것을 안다. 나(강희제)는 이놈들을 몇 마리 잡아다가 창춘위안(暢春園) 물가에 만든 커다란 새장 속에 가두어 놓고 마음껏 물을 마시고 모이를 쪼아먹을 수 있도록 하였다.

봄에는 이놈들 곁에서 흰 오리들이 물위를 떠다니며 논다. 다른 새장에는 공작과 꿩, 메추라기와 앵무새, 주먹만한 새끼 학도 있다. 비탈에 누워 있는 황갈색 사슴과 노루들은 막대기로 쿡쿡 찌르면 일어나서 쳐다본다. 창춘위안에는 작약·백합·자두·복숭아·목련은 물론 하미(合密)에서 들여온 포도나무가 수천 평의 땅에서 자라고 있다. 포도밭에는 백포도, 흑포도, 자줏빛 포도, 청포도 등 온갖 종류의 포도가 열린다.[2]

나는 어려서부터 초목이 움트는 것을 보고 즐겼으며, 다른 성(省)이나 외국의 꽃과 묘목을 가져와 심기를 좋아하였다. 남순(南巡)하였을 때 가져온 향미(香米)와 마름은 베이징의 서리를 견디지 못하였지만, 대나무는 세심하게 보살핀 덕분인지 베이징의 찬바람에도 불구하고 살아 남아 크게 자랐다.[3] 인삼은 황궁 뜰의 화분에서 자라고,[4] 닝구타(寧古塔)에서 가져와 심은 일하무케(宜而哈木客)는 러허(熱河)에서 무럭무럭 자라나 이국적인 향취를 뿜어내고 있으며, 그 열매는 광둥(廣東)이나 푸젠(福建)에서 가져온 여지(荔支)열매만큼 맛있다.[5] 푸르단(福爾丹) 장군이 보내준 야생 보리는 탕취안(湯泉)에서 튼튼하게 자라고 있다.[6]

베이징 부근 궁궐 정원의 언덕과 골짜기에도, 난위안·탕취안·창춘위안의 사냥터에도 사냥감이 널려 있다. 멧돼지는 습지에서 사육되고, 매와 사냥개는 꿩과 산토끼를 쫓으며, 우리 안에 갇혀 어슬렁거리는 호랑이는 촉이 뭉툭한 화살로 화를 돋우어 그물을 덮어씌우거나 창을 찔러 죽인다. 또 저녁 무렵에는 광대들이 사냥하는 흉내를 내기도 하고, 씨름도 하고 줄을 타며, 춤도 추고 노래를 부르기도 한다. 불꽃놀이를 할 때는 기수들이 붉은 포도밭에서 원을 그리며 춤을 춘다. 이들은 한 사람씩 원 안으로 들어갔다 나오면서 횃불을 위로 던졌다가 받는데, 횃불이 다 탈 때까지 그렇게 한다. 폭죽은 터질 때마다 형형색색의 무늬를 수놓는다. 이곳 정원들은 아름답다. 샘물은 맑고 풀밭에서는 풀향기가 물씬 나며 호수 한가운데에는 숲으로 뒤

덮인 작은 산이 솟아 있다.[7]

그러나 만리장성 너머에 가 있을 때야말로 공기와 흙이 진정
으로 영혼을 상쾌하게 해주었다.[8] 사람이 많이 다니는 길에서
벗어나 사람의 발길이 거의 닿지 않은 곳으로 가면, 산에는 나
무들이 "영글어 가는 옥수수처럼 푸르고 빽빽이" 들어차 있다.[9]
북쪽으로 더 가서 바라보면 눈앞에 수백킬로미터의 들이 펼쳐
진다. 그러면 사방으로 갇혀 있다는 느낌 대신 진정한 자유로움
을 만끽할 수 있다. 한여름에는 나무에 이슬이 맺히는데, 어떤
나뭇잎들은 마치 늦가을처럼 노랗게 물든다. 베이징의 한여름
은 너무 더워 환관들이 후궁들을 인도해 나와 내게 문안 인사시
키는 것조차 귀찮아지지만, 그곳의 아침은 모피옷을 입어야 할
만큼 쌀쌀하다.[10]

만리장성 너머에는 떡갈나무와 포플러, 밤나무, 야생 배나
무, 복숭아나무, 사과나무, 살구나무 숲이 있다. 말을 타고 가다
보면 연적색의 뾰족한 버찌 모양을 한 자두(紅櫻桃, 현지어로는
울라나)를 주울 수 있다. 러허(熱河)에는 흰색이나 붉은색의 버
찌가 있는데 크고 시큼한 버찌는 그 색깔과 맛이 일품이다. 또
이제 막 나무에서 떨어진 개암이나 모닥불에 구운 야생호도를
먹을 수도 있다.[11] 말 두 마리 사이에 걸어놓은 조그마한 그릇에
담긴 깨끗한 눈으로 차를 끓여 마신다.[12] 이른 아침 산간의 계곡
물에서 잡은 브림(잉어과의 민물고기—옮긴이)이나 잉어는 너무
나 맛이 좋다. 이 물고기들을 참기름이나 돼지기름으로 튀기기
전에 먼저 양의 비계로 싸거나 소금물에 절여 두면 베이징까지

가져가더라도 제맛을 보존할 수 있다.[13] 산등성이 양지바른 곳에 막사를 설치하고 그 곁에 모닥불을 피워 사슴고기도 구워 먹는다. 또는 금방 잡은 수사슴의 간을 (비가 내리더라도) 요리하여 소금이나 식초에 찍어 먹는다.[14] 그리고 동북지역에서는 궁정요리사들이 최고급으로 손꼽는 곰발바닥 요리도 먹을 수 있다.[15]

내가 사냥에 관해 알고 있는 모든 것은 어린 시절 근어시위(近御侍衛)였던 아수모얼건(阿舒默爾根)한테서 배운 것이다. 그는 언제나 두려워하거나 망설이지 않고 나의 잘못을 지적해주었다. 그런 연유로 나는 결코 그를 잊지 못할 것이다. 어릴 적부터 나는 총이나 활로 수백 마리의 사슴을 사냥하였을 뿐 아니라 호랑이 135마리, 곰 20마리, 표범 25마리, 살쾡이 10마리, 큰사슴 14마리, 늑대 96마리, 멧돼지 132마리를 사냥하였다. 또한 사냥용 울타리나 덫을 만들어 짐승들을 몰아넣고 얼마나 많이 잡았는지는 이루 헤아릴 수가 없다. 대부분의 백성들은 평생이 지나더라도 내가 하룻동안 사냥한 것만큼도 잡지 못할 것이다.[16] 북변에서 태어나고 자란 어느 무관은 내가 사슴을 엄청나게 많이 잡은 것을 보고 마치 신과 같다고 하였다. 그러나 나는 그에게 "짐은 종종 사슴들에게 고함쳐서 그들이 덫에 걸리게 만든다. 그 놈들을 많이 죽였다고 해서 신 같은 솜씨라고까지 할 수야 있겠는가?"라고 대답하였다.[17] 나는 사슴 사냥을 하기 위해 동트기 두 시간 전에 막사를 떠났다가 해진 후 두 시간이 지나 돌아왔다. 그 사이에 정오 무렵 잠깐 선잠을 잤을 뿐이다.

나는 혼자서 하룻동안 36마리를 잡았고, 어떤 날에는 다른 사
냥꾼들과 함께 모두 154마리를 잡았다.[18]

나는 또 활이 얼마나 강력한지 시험하기 위해 촉이 뭉툭한
화살로 짐승을 쏘기도 하였다.[19] 얕은 호수 위를 세 개의 노가
달린 배를 타고 물새를 잡기 위해 새총을 쏘기도 하였다. 어떤
때는 달빛 아래에서 또 어떤 때는 횃불을 밝히면서 산양떼를 사
냥하였으며, 또 몰이꾼들에게 강둑으로 산토끼를 몰게 하여 배
위에서 활을 쏘기도 하였다. 메추라기와 꿩을 잡을 때는 매를
이용하기도 하였으며, 날아가는 메추라기를 화살로 맞추기도
하였다. 지린(吉林) 북부지역의 강에서는 200척의 배를 동원하
여 철갑상어를 찾아 다녔고, 산속의 개울에서는 낙타로 실어 나
른 배를 타고 낚시를 하였다.[20]

한번은 만리장성 남쪽 우타이산(五台山)의 기지를 출발하여
말을 타고 강둑을 따라가는데, 바위에 부딪치며 세차게 흐르는
물소리가 말발굽소리조차 삼킬 정도였다. 그때 덤불 속에 반쯤
몸을 숨긴 호랑이를 보고 깜짝 놀랐다. 그 놈은 산중턱으로 도
망쳤지만 나는 쫓아가서 단 한발의 화살을 쏘아 죽였다. 또 한
번은 만리장성 북쪽에서 우리가 쏘는 총소리에 잠자던 호랑이
가 깜짝 놀라 도망쳤는데 나는 뒤쫓아가 호랑이를 쏘았다.[21] 이
틀 뒤에는 표범 한 마리를 잡았고 또 이틀이 더 지나서는 총으
로 곰 두 마리를 거꾸러뜨렸다.[22] 호르친(喀喇沁) 부족과 함께
사냥하는 자리에서 내가 화살 한 발로 두 마리의 산양을 죽이자
신하들이 깜짝 놀랐다. 그러나 나는 먼저 화살을 맞은 양이 날

뛰는 상황을 이용한 것뿐이라고 설명해 주었다.[23] 석궁은 사정거리가 긴 대신 활에 비해 관통력이나 정확도가 떨어지기 때문에 가끔씩 갖고 놀기에는 좋지만 항상 믿고 사용할 만한 것은 못된다.[24] 또 활 대신 총을 사용할 때는 화약을 항상 조심스럽게 다루어야 한다. 한 냥(兩, 37.5g)의 화약이 두 칸짜리 집을 날려버릴 수 있는 정도이니, 한 근(斤, 600g)의 화약이 갖는 파괴력은 이루 말로 형언할 수 없다. 나는 이런 사실을 경험으로 알고 있다. 북쪽을 여행하면서 깊은 계곡에서 대포를 쏘도록 명령하곤 하였는데 절벽 위에서도 울리는 소리를 들을 수 있었다. 또 베이징 부근에서도 실험을 해보았는데, 대폿소리는 천둥소리에 견줄 만하였다. 천둥소리는 대개 100리가 넘으면 들리지 않고 (『주역』에서 잘 지적하고 있듯이), 천둥이 치려고 우르릉거리는 소리는 기껏해야 칠팔리 간다. 그러나 대폿소리는 200리까지도 들리며 심지어는 300리 바깥에서도 들린다. 내가 루거우교(盧溝橋)에서 발사하라고 명령한 대폿소리는 톈진(天津)에서도 들렸다.[25]

어느 날 룽취안관(龍泉關)에서 나는 수행원들에게 멈추라고 명령한 다음 우리 일행 위에 있는 바위들을 향하여 세 발의 화살을 쏘았다.[26] 또 다른 때는 아들 인티(胤禔)와 인즈(胤祉)를 데리고 하이라수타이(海拉蘇台) 강을 향하여 말을 타고 달렸는데 나하리(納哈里)라고 불리는 뾰족한 봉우리를 지났다. 나와 수행원들은 그 봉우리를 향해 활을 쏘았다. 나를 제외하면 상거(桑革)와 나라샨(納拉善)의 화살만이 꼭대기에 닿았다. 나는 그 산의 이름을 바꾸라고 지시하였다. 한인들은 그 산이 탑처럼 생겼다고 하였고, 만주인들은 매달아 놓은 사슴의 내장 같다고 하여 이미 오래 전부터 '나하리'라고 불러 왔다. 그래서 나는 사냥꾼의 그물같이 생긴 산이란 뜻으로 '하하다'(哈哈達)라고 이름지었다.[27]

나는 "사냥은 기본적으로 운동을 위한 것이다"라고 말하였다. "요즘은 백성들이 부상당하는 것을 알고 있었으므로, 무슨 사냥이 그런가, 사냥할 때 사람이 다치는 일은 없어야 한다"고 말한다. 옛날 우리 만주인들은 모두 걸어다니며 사냥연습을 하였는데, 많은 사람들이 호랑이의 날카로운 발톱에 부상당하였다. 비록 장군들은 이를 대수롭지 않게 여겼으나 나는 이 때문에 아주 혼란스러워졌다. 그래서 때때로 장군들이 백성의 생명을 너무 소홀히 한다고 지적하고 앞으로는 그런 식의 사냥은 그만두라고 명령하였다.[28] 만일 화살이나 총으로 단번에 명중시키지 못해서 호랑이가 우거진 숲속에 숨어 버릴 경우, 수행원을 뒤로 물리고 사냥개들을 풀어놓는다. 황금색 목걸이와 빨간 술을 단 사냥개들은 호랑이를 빙 둘러쌀 것이므로 우리는 호랑이의 위치를 정확하게 알 수 있다. 그리고 사냥개들은 짖고 물어뜯어서 호랑이를 화나게 하여 탁 트인 곳으로 나오게 할 것이다.[29] 물론 아무런 위험 없이 사냥할 수는 없다. 나 역시 타고 가던 말이 움푹 패인 곳에 발을 헛디뎌 넘어지는 바람에 땅바닥에 처박힌 적도 있다. 그리고 한 수행원은 사슴을 겨냥하여 활을 쏘는 순간 넘어져서 그 화살이 내 귀에 상처를 냈다. 어떤 이는 야외에서 말을 탈 때 낙마하여 심한 부상을 당하기도 하였다.[30] 왕즈(王隲)는 낙마하여 중상을 입자 은퇴를 청하였는데 나는 뛰어난 의사이자 시위인 조반을 보내 그를 치료하도록 하였다.[31] 선교사 페르비스트도 날뛰는 말에서 떨어져 심한 부상을 입고 얼마 지나지 않아 죽었다.[32] 흠천감의 관료였던 무청게(穆成格)는 말에서 떨어져 즉사하였다.[33] 타이위안(太原)에서는 정찰 도중에 한 병사의 말이 날뛰며 나에게 달려들었는데 만일 그때 보르덴(傅爾丹)이 앞으로 돌진하여 멈추게 하지 않았더라면 부딪힐 뻔하였다.[34]

말을 잘 타지 못하면 절대로 말 위에서 활을 잘 쏠 수 없다. 적당한 경험을 쌓기 위해서는 어려서부터 훈련을 해야 되고 겁을 없애는 것도 배워야 한다. 성인이 되어 말을 능숙하게 다루려면 열 살 정도에 이미 말을 타고 질주할 수 있어야 한다.[35] 말을 축복할 때는 먼저 다섯 쌍의 흰 말을 종이로 만든 27개의 제물을 단 신성한 나무 가까이에서 머리를 서쪽으로 향하고 서 있게 한다. 그 다음에 무당을 시켜 그 말 앞에서 큰 소리로 다음과 같이 기도하게 한다. "오 하늘의 주재자시여, 오 몽골의 인도자, 만주의 왕공들이시여! 저희들의 날쌘 말들을 위해 당신들께 기도합니다. 당신들의 능력으로 말들이 달릴 때 다리가 높이 치켜 올라가게 하시고, 갈기가 휘날리게 하소서. 말들이 달릴 때 바람을 힘차게 마실 수 있게 하시고 안개 속에서 숨쉴 때 그들의 몸이 더욱 윤택하게 하소서. 말들이 먹을 꼴을 주시고 건강하고 튼튼하게 하소서. 뜯어먹을 튼튼한 이빨을 주시고 오래

오래 살 수 있게 하소서. 도랑에 빠지지 않고 낭떠러지에 떨어
지지 않도록 지켜 주시고 도적에게 빼앗기지 않도록 지켜 주소
서. 신이시여 그들을 보살펴 주소서. 오 신령이시여 그들을 도
와 주소서!"[36]

만리장성 북쪽에서 만주인과 몽골인이 사냥하러 나가면 우
리는 말로는 설명할 수 없는 사냥솜씨를 발휘한다. 사냥꾼들은
폭풍을 몰고 오는 구름처럼 모여 있고, 말탄 궁수들은 말과 한
몸이 되어 있다. 그들은 함께 나는 듯이 달리며 그들의 화살은
도망가는 사냥감을 쓰러뜨린다. 쓰러지는 사냥감을 보면서 그
들의 심장과 눈망울은 환희에 떤다. 노련한 기수들은 언제나 사
냥감을 쫓기에 적당한 곳에 자리를 잡는다. 그리고 잘 훈련된
말은 기수의 뜻을 알아차리고 그의 의지에 따라 적절하게 움직
여 사냥감에 직접 접근하거나 우회하여 최선의 결과를 가져다
준다. 간혹 숙련된 기수들은 말의 성질 따위에는 개의치 않는
다. 왜냐하면 기수가 말등에 올라타자마자 말과 기수는 상대의
좋은 점만을 보기 때문이다. 그래서 기수는 말에게 최고의 능력
을 발휘할 수 있게 하고, 말도 기수에게 최고의 역량을 발휘할
수 있게 한다.[37]

사냥은 또한 전쟁훈련이며, 훈련과 조직에 대한 시험이
기도 하다. 사냥꾼의 분대는 군사원칙에 따라 조직
해야 하며 행군의 편의나 가족들의 기호에 따라 조직
하여서는 안된다.[38] 옛날에는 숙달되기 위해 1년
에 네 차례나 훈련을 하였지만 그것은 너무 과도

하다. 사냥꾼들이 지치는데다가 짐승들도 새끼를 낳고 기를 기회를 갖지 못하기 때문이다. 1년에 두 차례 정도 사냥을 통하여 훈련하는 것이 보다 적절하다. 봄에는 강을 따라 사냥하면서 배를 다루는 훈련을 하고, 가을에는 야영하면서 기마궁술을 익히도록 한다. 그러면 동물들도 번성할 것이고 우리 병사들도 대항할 자가 없는 불굴의 용사가 될 것이다.[39] 말탄 자들이 커다란 원을 그리다가 점차 좁히면서 도망치는 사냥감들을 쫓다가 황제가 명령을 내리면 비로소 활을 쏜다. 황제의 일족이라도 그들의 소속 부대에 머물러야 하며 앞으로 뛰쳐나가거나 뒤에서 꾸물거리면 안된다. "왼쪽으로!" 하면 왼쪽으로 가고 "오른쪽으로!" 하면 오른쪽으로 가야 한다. 군대사열을 할 때 부대는 자신의 소속을 나타내는 깃발 아래에서 명령에 따라 움직인다. 곧 소라를 불고 북을 치면 모두 행진하고 뿔나팔을 불면 모두 멈춘다. 아홉 번을 그렇게 하고 난 뒤 열번째에는 대포를 쏜다. 야영지에서는 막사를 둥그렇게 설치하고 훈련한다. 중앙에는 황색 장막을 두른 내 막사가 설치되어 있고 그 바깥으로는 굵은 밧줄로 만든 7자(尺) 높이의 그물이 쳐져 있으며, 다시 그 바깥에는 시위들의 막사가, 끝으로는 수행원들과 군사들의 막사가 빙 둘러 설치된다.[40]

만리장성 북쪽의 환경들은 직접 여행해 보아야만 이해할 수 있다. 또 이곳에서 이동할 때는 반드시 물자를 운반하고 공급하는 수단에 대해 세심하게 신경써야 한다. 명조가 그랬던 것처럼 이런 일을 어림짐작으로 해서는 안된다. 명조의 한인관료들은 이 지역에 대해 별로 아는 것이 없었다.[41] 장군 보지(博霽)와 쑨쓰커(孫思克)는 1696년의 갈단 정벌 때 갈단의 군대가 군수품에 주의를 기울이고 제대로 공급하였다면 더 오랫동안 버틸 수 있었을 것이라고 생각하였다. 이듬해에 내가 바이타(白塔)에서 북쪽으로 여행하였을 때, 무장행군을 하다가 굶어 죽은 갈단 휘하 병사들의 시체가 널브러져 있는 것을 보고 길가에 묻어 주라고 명령하였다.[42]

식수 공급 역시 실수가 용납되지 않는 또 다른 중요한 부분이다. 1696년 섹세(思格色)는 군대에 물을 공급하기 위한 샘파기 공사의 감독으로 파견되었다. 얼마 후 그는 자신의 감독하에 판 우물이 군사와 말에게 어느 정도의 물을 공급할 수 있을지조차 모르겠다는 멍청한 보고를 올렸다. 나는 그를 이부시랑에서 해임시키고 백의종군하라고 명령했다.[43] 물의 양이나 수질은 지역에 따라 다르지만, 사막에서도 물을 찾아낼 수 있다. 고비사막에는 적어도 네 종류의 물이 있다. 하나는 모래 속으로 2자 정도의 깊이에 있는 물이고, 다른 하나는 1자 정도 깊이에 있는 물이다. 또 부리(步力)라 불리는 물은 좋지 않다. 옌부르(演布爾)라 불리는 물은 손으로 모래를 파내야만 얻을 수 있다. 주의깊게 측량하면 샘이 어디에 있는지를 알 수 있고 군대가 도착하기 전에 물을 준비해 둘 수 있다. 그러므로 어떤 부대는 강이 전혀 없는 지역에서 1,900리를 행군하고도 살아 남을 수 있었다.[44]

만리장성 북쪽에서는 대체로 강물을 마시더라도 건강에 해롭지 않다. 그러나 여름에는 비가 내려 혼탁해진 샘물의 경우

이질을 조심해야 하고, 또한 한동안 비가 내리지 않아 불순물이 섞여 있을지 모르는 계곡물도 잘 살펴야 한다. 행군 도중 길가에 있는 도랑에서 물을 마시면 콜레라에 걸릴 위험이 있다. 주변에서 좋은 물을 발견할 수 없다면 반드시 물을 끓여 차잎을 넣어 마셔야 한다.[45]

사냥하거나 전쟁할 때, 본부 막사를 어디에 설치하는가가 가장 중요하다. 이전에 누군가가 막사를 설치하였던 곳에 또다시 본부 막사를 설치해서는 절대 안된다. 이는 만주인의 금기사항으로 반드시 준수해야 한다. 그리고 겨울과 봄에는 화재를 예방하기 위해 수풀이 별로 없고, 맞바람이 치지 않는 곳에 막사를 설치해야 하며, 여름과 가을에는 갑작스러운 홍수에 대비하여 습기가 없는 높은 곳에 막사를 설치해야 한다. 만일 사방에 수풀이 우거져 있다면 이를 베어 버려야 한다. 그러면 잠재적인 위험을 미리 막을 수 있다. 만일 겨울로 접어드는 동지(冬至)라면 양기(陽氣)가 강해지므로 바람이 심하게 불고 건조해져 화재위험이 높아진다. 만일 가뭄이 계속되다가 갑자기 비가 내리면 계곡물이 넘칠 수 있으니 예상되는 물길을 살펴서 그런 곳은 피해야 한다. 홍수는 한밤중에도 일어날 수 있기 때문이다.[46]

매년 기록하는 『청우록』(晴雨錄)을 살펴보면 기상의 반복현상을 볼 수 있다. 비록 각 지역의 상황이 정확하게 일치하지는 않지만, 날씨를 예측하는 데 어느 정도 도움이 된다. 예컨대 음력으로 매달 초여드렛날, 열여드렛날, 스무날, 스무이튿날 그리고 스무나흗날에는 비가 내리는 경향이 있다. 또 초아흐렛날과

보름날 사이에는 밤에 달이 보이면 비가 내리지 않는다. 그러나 짙은 구름이 달을 가리면 며칠씩 폭우가 내릴 것이라고 예상할 수 있다. 나는 풍향도 관찰하였는데, 남서풍이 부는 경우는 사계절 내내 드물었다. '손님바람'(客風)이라고 하는 북서풍은 계절이 바뀌는 때만 사나흘 동안 분다. 북동풍과 남동풍은 '비를 몰고 오는 바람'(雨風)으로 불린다. 구름을 살피는 것은 단지 반나절 앞의 날씨를 예측해 볼 수 있을 따름이다. 물론 가뭄이 계속될 때 언제 비가 내릴지를 알기란 대단히 어려운 것처럼 하늘에 구름이 잔뜩 끼었을 때 언제 하늘이 맑아질지 예측하기란 매우 어렵다.[47] 낮의 길이도 지역에 따라 다르다. 해가 뜨고 지는 곳에서 가까운 북동부 끝의 헤이룽장(黑龍江)에서는 밤이 짧고 낮이 긴데, 심지어 한밤중에도 완전히 캄캄해지지 않는다.[48]

나는 언제나 작은 깃발을 세워 놓고 바람이 불어오는 방향을 정확히 분간한다. 그리고 다른 성(省)에서 보고해 온 기상자료와 비교해 본다. 한번은 해시계에다 정오에 해그림자가 도달할 정확한 지점을 붓으로 표시한 다음 신하들에게 그 옆에 앉아서 내 계산이 정확하다는 것을 확인할 때까지 지켜보도록 하였다. 맑은 날 밤에는 밖에 앉아서 페르비스트가 나에게 만들어 준 별자리 도판을 보면서 시간이 얼마나 되었는지를 분별해 보기도 하였다.[49] 대부분의 신하들은 하늘의 별자리 가운데 가장 기본적인 스물여덟 자리조차 알지 못한다. 그래서 나는 그들에게 오리온 자리의 삼(參)과 자(觜)가 어떻게 한 쌍을 이루는지, 천문학과 지리학의 원리들이 어떻게 맞물려 있는지 보여주었다.[50]

우리는 또 중국의 산맥들이 어떻게 쿤룬(崑崙) 산맥에서부터 뻗어 있는지, 그리고 북위 45도 이남의 강들은 남쪽으로 흘러 가고 45도 이북의 강들은 북쪽으로 흘러간다는 일반적인 원칙 이 강에 어떤 영향을 미치는지를 알 수 있었다.[51]

사냥을 하기 위해 이동하는 경우에도 전시행군 때처럼 수행 하는 관료들과 그 밖의 남자들을 보살펴야 한다. 더운 날에는 이부(吏部)와 공부(工部)에서 얼음물이나 포도즙, 사과즙 따위 의 시원한 음료들을 길가에 준비해 두고 행군하는 사람들이 지 치지 않도록 해야 한다. 눈이 내릴 때, 아직 도착하지 않은 짐마 차꾼들에게 줄 따뜻한 음식을 미리 준비하여 그들이 충분히 휴 식을 취할 수 있도록 나는 종종 시위들을 시켜 양식과 숯불을 낙타몰이꾼들의 막사로 보내곤 하였다.[52] 군대를 뒤따라오는 행상인들을 위한 음식을 준비하게 하는 경우도 있다. 그리고 차가운 강을 건너야 할 때 수행신들에게 상인들을 그 들의 말에 함께 태우고 건너게 한다.[53] 나는 우리가 행군하는 데 도움을 준 길잡이, 정탐꾼, 마부, 우 물 파는 자, 양치기와 그들의 아녀자 등 모두 에게 골고루 보답이 돌아가도록 세심하게 배려하였 다.[54] 그리고 말은 언제나 사랑으로 돌보아야 한다고 강조하였다. 예컨대 비가 내리면 잘 덮어 주고, 오랫동 안 달려서 땀을 많이 흘렸으면 물을 곧바로 주어서는 안된다. 급하게 물을 마시면 말이 탈나기 때문이다. 목초 와 물을 확보할 수 있는지 미리 점검하기 위해서 먼저 선발대를 보낸다. 그래야만 샘물을 찾아내거나 우물을 팔 충분한 여유를 갖게 되어 깨끗한 물을 얻을 수 있다. 만일 목초가 조금밖에 없어 말이 양과 다툴 상황이면 말은 놓아 두고 도보로 사냥을 해야 한다.[55]

군대가 통과하는 지역에 사는 사람들을 보호하는 대책도 세워 두어야 한다. 병사들이 밀밭을 짓밟거나 말에게 먹이려고 곡식을 훔치는 짓을 못하게 하는 것, 군사들이 막사에서 자고 인근 사원에서 자지 못하게 하는 것, 대열을 지어 행동하고 혼자서 어슬렁거리며 돌아다니지 못하게 하는 것, 행군 중에 술을 마시거나 고함치지 못하게 하는 것, 마을에서 어떤 물건도 가져오지 못하게 하는 것, 남녀 주민을 폭행하거나 강간하지 못하게 하는 것 따위가 바로 그것이다.[56]

1696년의 첫번째 갈단 원정 때 나는 새벽 다섯시에 자리에서 일어나 주변을 살펴보고 장막을 걷은 다음 아직 차가운 새벽공기를 가르며 말을 타 보곤 하였다. 그리고 11시쯤에는 막사에서 밥을 먹었다. 나는 다른 사람들도 나처럼 하도록 독려하였다. 그래서 내가 말을 타려고 막사를 나설 때쯤이면 취사장에서 솟아오르는 연기를 볼 수 있었는데, 그럼에도 어떤 사람들은 아직 자고 있었다. 그런 게으름은 어디에서나 일을 지연시킨다. 물품이 도착하지 않으면 길잡이와 낙타몰이꾼이 갈팡질팡하게 되고, 제때에 도착한 병사들은 쉬지도 막사를 설치하지도 못하게 된다. 이동 중에 나는 너무 격식에 얽매이지 않고 생활한다. 내 앞을 지나가는 사람도 말에서 내릴 필요가 없으며, 사냥터에서는 우리가 잡은 물고기나 식량을 간단하게 요리해서 먹곤 하였다. 어떤 때는 양치기들의 막사에 앉아서 먹었고, 이야기를 나눌 때는 쿠미스(말이나 양의 젖을 발효시켜 만든 술—옮긴이)를 마셨다.[57] 하루는 요리사들이 고기요리만 가져오고 쌀로 만든 음식은 전혀 없었다. 이를 본 나의 아들들과 시위들은 요리사에게 곤장을 치려 하였다. 그러나 나는 "일부러 그런 것이 아니라 가져오는 것을 깜빡 잊었을 뿐이다. 사소한 일이니 그냥 넘어가자"고 하였다.[58] 국경도시에서는 거리를 깨끗이 청소하도록 시키지 않았다. 그리고 의도적으로 아주 천천히 지나감으로써 모든 백성에게 나를 바라볼 기회를 주었으며, 백성들을 모이게 하여 둥그렇게 정렬시켜 내가 식사하는 모습을 보게 하고 수수죽과 고기를 나눠 주기도 하였다.[59]

군사들의 대오 속에 들어갈 때마다 나는 병사들 몇 명을 불러내어 그들과 담소한다. 평화로운 시기가 지속되면 사람들은 전쟁을 잊어버리므로 젊은이들은 노련한 사람들한테 배워야 하기 때문이다. 아마도 나이든 노병들은 비록 지금은 퇴역하였다 하더라도, 전쟁이 일어나면 나의 군대에서 다시 한번 싸우려고 자원할 것이다. 나는 유명한 전사의 자식들을 불러내곤 하였으며 그들에게 손수 술을 따라 주기도 하였다.[60] 여러 연병장에서 궁술을 훈련하는 동안 특별히 활을 잘 쏜 사람들의 이름을 적어두었다가 내 앞에서 다시 한 번 쏘게 하였다. 그리고 그들의 조상이나 친척 중에 전사한 사람이 있는지 물어보고 있다고 대답하면 그 자리에서 벼슬을 올려주었다.[61] 또 사냥하기는 좋으나 취사용 연료가 부족한 지역과 사냥하기에는 그저 그렇지만 연료가 풍부한 지역 중 한 곳을 선택해야 하는 경우에는 병사들의 입장을 헤아렸다. 나는 대개 후자를 선택하곤 하였는데 병사들은 잘 익힌 음식을 충분히 먹지 못하면 행군을 잘 할 수 없기 때문이다.[62] 또 지방에 주둔하는 군대 중에서 가장 뛰어난 궁수를 뽑아 나의 시위들과 시합하게 하여 그들을 격려하였다. 나의 시위들은 당기기 힘든 활을 쏘고, 아주 능숙하게 활과 사냥총을 번갈아가며 쏠 수 있다. 또 지방의 병사들에게 말탄 자세로, 무릎을 꿇은 자세로, 누운 자세로 번갈아 활을 쏘게 하고 내 자신이 오른손과 왼손 모두로 활을 쏠 수 있다는 것을 그들에게 보여주기도 한다.[63] 나는 무관을 선발하는 과거에 참석하여 서서 쏘는 자세와 말 타고 쏘는 자세를 살펴보고 가장 뛰어난 자들을 선발하여 간략한 필기시험을 치르게 한 다음 공정하게 최종 합격자 명단을 작성하였다.[64] 정규군대에게는 대형을 이루어 이동하는 것이 완벽해질 때까지 반복해서 훈련시켰다.[65] 그리고 내 자식들에게 그랬던 것처럼 그들에게 천연두 백신을 접종시켰고,[66] 또 암벽을 기어오르거나 사냥하러 가기 전에 수영을 가르쳐 주거나 적어도 물에 익숙해지도록 하였다.[67]

춥고 습하고 외따로 떨어진 국경지대에는 끝이 없을 것 같은 사막이 있고, 약간의 야생양과 나귀가 있을 뿐 사람도 집도 날아다니는 새도 없다. 나는 이 지역 사람들이 살기 위해 얼마 안되는 나무열매를 끓여 먹는 것을 보고 그들이 겨울을 날 수 있을지 걱정스러웠다. 소들은 너무 야위어서 금방이라도 굶어 죽을 것 같았다.[68] 그러므로 이 지역에서 이동할 때는 반드시 세심한 계획을 세우고 각별한 주의를 기울여야 한다. 그리고 경험이 풍부한 장군들의 충고도 늘 귀담아 들어야 한다. 1696년 갈단 원정을 개시하기 전에 나는 만주인, 몽골인, 한인 고관들을 소속 팔기에 집합시켜 예상되는 갈단의 행동과 그의 행동 여하에 따라 우리 군사를 어떻게 배치할 것인지를 숙의하게 하였다. 무심결에 나온 제안까지 낱낱이 나에게 보고되었다. 닝샤(寧夏)에서 서쪽으로 공격하는 작전과 베이징에서 고비사막을 지나 적 중앙을 공격하는 두 방향의 기본 전략을 세웠다. 의정왕대신회의에서는 서쪽으로 진군할 군사수를 1만 790명 그리고 중앙으로 공격해 들어갈 군사수를 8,130명으로 산정하고 병사들과 짐꾼들의 식량과 낙타의 먹이, 짐마차의 숫자 등등을 꼼꼼하게 계산하였다. 또 병사 한 명당 말 네 마리, 짐꾼 한 명을 배속시키고, 8일치의 기본 식량을 지급하되 전투에 직접 참가하는 병사에게는 추가로 매달 쌀 한 말을 더 지급하도록 하였다.(단 포병은 예외여서 두 명당 한 명의 짐꾼을 배속시켰다.)[69]

나는 선조들이 승리하였던 전투의 교훈들을 되새겨 보고 그 교훈을 이 새로운 전쟁에 어떻게 적용시킬 수 있을지 연구하였다. 그래서 열일곱 가지의 기본적인 명령을 내렸다. 각 병사들은 자신의 모든 화살과 갑옷과 투구에 이름을 쓰고, 말들에는 낙인을 찍고, 말꼬리에는 나무로 만든 표지를 달아 소속 부대와 부대장의 이름을 기록하게 하였다. 모든 낙오자와 아군끼리 싸운 자, 탈영병, 음주자, 말에 달린 군장을 훔친 자 등은 즉시 징계하도록 하였다. 모든 막사는 대열을 맞추고 적당한 간격을 두고 설치하게 하였다. 경계근무자들은 말등에 안장을 얹어 놓고, 밤에는 불이나 막사를 이용하지 못하게 하고, 항상 전투화를 신고, 활에는 시위를 매어 놓고, 갑옷은 졸라매어 입고, 수통은 가득 채워 대기하도록 하였다. 낯선 옷을 입거나 이상한 장비를 가진 자가 나타나면 지체없이 신분을 확인하게 하였다. 적군이 나타났는데 보고하지 않거나 적군이 나타나지 않았는데도 나타났다고 허위보고하는 자는 병사들이 보는 앞에서 처형토록 하였다. 동원한 모든 낙타와 말들이 풀을 뜯어먹기에 적합한 지역을 선택하고, 길 잃은 짐승들을 찾아오는 특별파견대를 운영하여 다시 찾은 짐승의 낙인과 이름을 확인한 다음 원래의 주인에게 되돌려주게 하였다. 병들거나 지친 짐승들은 지방의 마을이나 몽골인의 천막에 맡겨 보살핌을 받도록 하고 버려지거나 죽임을 당하지 않도록 하였다. 전쟁 후에 노획한 무기는 절대로 매매하거나 몽골인의 손에 넘어가지 않도록 하였다. 군영에 게으름이 번지게 해서는 안되므로 여가가 날 때에는 병사들에게 활 쏘는 연습을 시키거나 무기를 수리하고 날이 서도록 잘 닦게 하였다.[70]

1696년 봄에 베이징을 떠난 후 우리는 갈단을 격파하기 위해 전력을 다하였다. 갈단이 할하부*에 얼마나 고통을 안겨 주었

---

* 외몽골의 한 부족으로 갈단의 준가르부에 밀려 이 당시에는 청조에 투항하였다―옮긴이.

는지 언급하고, 신들과 조상에게 제사를 지내며, 군대와 인부들에게 불굴의 용기를 가지라고 격려하였다. 그러나 정확하게 어떤 절차를 밟아서 그렇게 할 것인가는 다시금 논의해야 할 문제였다. 그래서 나는 몇몇 장군들의 견해를 물었고, 또 시위인 마우(馬武)와 라시(喇錫)를 보내 다른 사람들의 의견도 모았다. 그 결과 일곱 가지의 선택안이 마련되었고 최종적으로 오자(鄂扎), 툰주(呑珠), 송고투가 제안한 각각 서로 다른 세 개의 전략을 결합하여 시행키로 하였다. 우선 케룰렌 강가에 주둔한 갈단에게 공포감을 조성하고 서쪽으로 도망가도록 유인하기 위해 특사를 파견하였다. 만약 우리의 계획대로 갈단이 서쪽으로 도망친다면 닝샤에서 진격하는 피양구(費揚古) 휘하의 군대와 정면으로 맞닥뜨리게 될 것이다.[71] 갈단의 성격으로 미루어 이것이 가장 좋은 계획으로 판단되었다. 20여 년 전에 장융(張勇) 장군이 갈단에 대해 비밀보고를 올린 적이 있었다. 그때 그는 갈단을 성급하고 우유부단한 성격의 소유자로 평가하였으며 그의 나이와 가족사항, 이슬람교도와의 문제들, 그리고 주색에 빠져 있다는 것 등에 대해 보고하였다. 그때 이후로 나는 갈단의 교활함과 즐겨 속임수를 쓰는 것, 자기를 과신하고 남에게 잘 속는다는 것 그리고 장기적 안목이 부족하다는 것 등을 관찰해 왔다.[72] 특사를 파견한 뒤에 우리의 정탐꾼들은 야영장의 모닥불에서 솟아나는 연기를 관찰하고, 또 말발굽자국과 말똥을 근거로 그의 군대가 이동할 것이라고 판단하였다. 갈단이 도주하기 시작하였을 때 우리는 뒤를 쫓았다. 처음에는 중군(中軍)을 강화하기 위해 도보로 행군한 인부들과 병든 말을 남겨 놓았고, 다음에는 이동속도가 느린 녹영병을 남겨 두었으며, 그 다음에는 대포를 놓아두었고 마지막에는 별동부대의 지휘자인 마스카(馬思喀)를 최선봉으로 파견하였다.[73]

마스카로부터 연락오기를 기다리면서 케룰렌 강변에 머무르고 있을 때, 나는 황태후께 다음과 같은 편지를 썼다. "우리 군대는 닷새 동안이나 외뢰드(厄魯特) 부족을 뒤쫓았습니다. 저는 그들이 버리고 간 불경과 막사, 여자와 어린애들 그리고 자살한 병자들의 시체, 물고기를 삶는 솥, 술 빚는 도구들, 사냥용 그물, 갑옷, 말안장과 굴레, 옷, 식량, 아직도 국그릇에 꽂혀 있는 나무숟가락, 쿠미스가 가득한 가죽부대를 보았습니다. 그들이 일상생활을 하며 사용하였을 이 빈약한 물품들이 모두 내팽개쳐져 있습니다."[74]

갈단은 우리의 덫에 걸려들어 자오모도(昭莫多)에서 피양구의 군대와 맞닥뜨렸다. 그들은 30리에 걸친 전선에서 네 시간 동안 싸웠다. 그러나 2천 명 이상의 외뢰드 부족이 전사하였건만 정작 갈단은 도망쳐 버렸다.[75] 그때 우리는 포로들로부터 9년 전 달라이 라마가 실제로 어떻게 죽었는지, 그리고 티파가 이것을 어떻게 알아내서 판첸 라마를 강제로 동행하게 하였고, 그들이 어떻게 죽은 달라이 라마의 이름으로 "갈단은 동쪽으로 가면 성공할 것이다"는 가짜 예언을 퍼뜨렸는지에 관한 이상한 이야기를 들었다.[76] 그해 가을 나는 또 다른 군대를 거느리고 서쪽으로 구이화청(歸化城)까지 진군하여 할하부의 왕공들은 물

론 라마교의 지도자들과도 협의하였으며, 라마교 사원을 내가 몸소 방문하였다.[77]

갈단이 다시 우리의 추격에서 벗어났으므로 이듬해 봄 나는 서쪽 닝샤로 진군하여 세번째 갈단 원정에 나섰다. 산시(山西) 도어사 저우스황(周士皇)은 다음과 같은 말로 나를 단념시키려 하였다. "비루한 갈단은 이미 절망적인 곤경에 처하였으니 곧 죽음을 맞이할 것입니다. 신은 폐하께서 다시금 사막으로 가시지 않기를 간청합니다." 그러나 나는 갈단이 우싼구이처럼 제거되어야 하며 우리의 군대가 비록 계속되는 원정에 지쳐 있지만 용맹을 과시할 기회를 갈망하고 있다고 말하였다. 그리고 갈단 원정에 대한 시를 지어 우리의 뜻을 알렸다.[78] 닝샤의 총병관 왕화싱(王化行)도 나의 관심을 돌리기 위해 화마츠(花馬池)에서 사냥을 하자고 제안하였으나 나는 "갈단이 아직 제거되지 않았다. 말과 관련된 일은 특히 중요한데 닝샤 지방의 군대가 화마츠에 오려면 7∼8일이나 소요되므로 반드시 말들이 피곤해질 것이다. 사냥하는 것은 사소한 일이고 갈단을 사로잡는 것은 긴급한 일이다. 사냥계획을 취소하고 말들을 쉬게 한 다음 갈단을 사냥하는 것이 어떠한가?"라고 대답하였다.[79]

전쟁에서 중요한 것은 경험에서 우러나오는 행동이다. 이른바 『무경칠서』(武經七書)는 화공(火攻)과 수전(水戰)에 관한 쓸데없는 말이나 상서로운 징조, 날씨에 관한 충고로 가득 차 있으며, 조잡하고 내용이 서로 모순된다. 나는 신하들에게 만일 이 책의 내용에 따라 전쟁한다면 결코 승리할 수 없을 것이라고 하였다. 그러자 리광디(李光地)가 "무예를 익히는 자들은 『좌전』을 읽는 것이 좋습니다"라고 하였다. 그러나 나는 『좌전』 역시 경박하고 공허하다고 말하였다.[80] 전쟁에서 꼭 필요한 것은 굽힐 줄 모르는 의지와 치밀한 계획이다. 그리고 바로 그런 의지와 계획 덕분에 1697년 초여름 황허의 만곡(灣曲)에 위치한 북서지역에서 나는 갈단이 그의 추종자들에게 버림받고 자살하였다는 소식을 들었던 것이다. 나는 환관 구원싱에게 편지를 썼다. "갈단은 이제 죽었다. 그리고 그의 부하들은 모두 귀순하였다. 짐의 큰 임무가 완수되었다. 두 해 동안 짐은 세 번이나 원정하면서 바람이 휘몰아치고 비가 쏟아지는 사막을 건너면서 이틀에 하루씩만 음식을 먹었다. 사막은 초목도 없고 물도 없는 땅이며 황사(黃沙)가 심해 사람이 살 수 없는 곳이었다. 사람들은 이런 것을 고난이라 할 수 있겠지만 나는 그렇게 부르지 않는다. 사람들은 그런 일을 피하지만 나는 피하지 않았다. 천신만고 끝에 이런 큰 공을 세웠다. 갈단이 없었다면 짐은 하루도 이런 일을 언급하지 않았을 것이다. 이제 하늘과 땅 그리고 조상들의 도움을 입어 성공하였으니 짐의 일생은 즐겁다고 할 수 있을 것이다. 소망을 다 이루었다고 할 수 있다. 원하던 것을 모두 손에 넣었다고 할 수 있다."[81]

다섯 해 전인 1692년 가을, 사냥을 나갔을 때의 일이다. 저녁식사가 막 끝나갈 즈음, 곰 한 마리가 작은 숲속의 바위 사이에서 어슬렁거리고 있다는 보고가 들어왔다. 나는 즉시 말을 타고 달려가 해지기 전에 그 숲에 도착하였다. 처음에 그 곰은 으르렁거리지도 나무를 긁지도 않았다. 우리가 채찍을 휘두르며 밖으로 유인하려 했지만 곰은 섣불리 움직이지 않았다. 그러나 마침내 그놈은 으르렁거리며 넓은 곳으로 나왔다. 말을 탄 사냥꾼들은 곰으로부터 열다섯 내지 스무 걸음 정도의 거리를 유지하면서 두 언덕 사이의 좁은 곳으로 그 놈을 몰아넣었다. 그때 나는 활을 쏘았는데 화살은 곰의 옆구리를 뚫고 위장까지 파고들었다. 녀석은 자기 몸에 박힌 화살을 뽑아서 토막을 내고는 몇 걸음 떼더니 멈추어 섰다. 나는 말에서 내려 손에 창을 들고 네 명의 사냥꾼들과 함께 조심스레 다가가 곰을 찔러 죽였다. 나는 수행원들에게 말하였다. 이제까지 이처럼 즐거운 사냥은 없었노라고.[82]

治

2

다
스
림

총독 자오훙셰(趙宏燮)를 기리며

그대, 40여 년 동안 베이징 주변에서 일하였지
군인과 백성 그대의 선정과 온화함을 칭송하였네
나는 항상 그대를 보살피고 아꼈는데
그대 죽었다는 소식 듣고 눈물 흘리네

그대, 간악한 무리를 두려워 않고 법을 지켰지
돈을 관리할 땐 정직으로 일관하였네
이제 지하에 묻혔지만 그대 한 일은 남아 있네
말 타고 지나며 그대의 공로를 생각하네

강희제 1722년[1]

황제의 권력은 사람을 살릴 수도 죽일 수도 있다. 황제는 조정의 관료들이 저지른 행정상의 실수들은 바로잡을 수 있지만 이미 처형된 죄인들은 결코 되살릴 수 없다는 사실을 알고 있다.[2] 황제는 또 때로는 본보기로 죄인을 처형함으로써 나머지 사람들이 도덕심을 함양하도록 고무시킬 수 있다는 것도 알고 있다. 1683년 타이완(臺灣)을 복속시킨 후 강관(講官)과 나는 『주역』의 쉰여섯번째 괘의 상(象)인 '산상유화'(山上有火)를 토론하였다. 산의 고요함이란 형벌을 내릴 때 신중해야 함을 의미한다. 초목에 붙은 불이 급속히 번지듯이 긴급을 요하는 소송사건은 신속하게 처리해야 한다. 나는 이 부분을 읽으면서 통치자는 형벌을 사용하는 데 정확하고 신중해야 할 필요가 있다고 생각하였다. 통치자의 의도는 앞으로는 더 이상 형벌을 가하는 일이 없게 하기 위해 지금 형벌을 내리는 것이다.[3]

태상시(太常寺) 소경(少卿) 후젠징(胡簡敬)과 그의 가족들은 장쑤(江蘇) 성의 고향 사람들을 공포에 떨게 하였다. 이들은 백성들의 토지는 물론 부녀자를 강탈하고 양민에게 도둑의 누명을 씌워 죽여 버렸다. 백성들이 고발하자 장쑤 성 순무는 이 사건을 차일피일 미루며 처리하지 않았다. 이에 형부에서는 후젠징의 벼슬을 박탈하고 3년의 징역형을 내려야 한다고 하였다. 그러나 나는 후젠징을 그의 가족과 함께 고향에서 처형시켰다. 내가 그런 행위를 어떻게 생각하는지 지방의 신사(紳士)*들에게 각인시키기 위해서였다.⁴ 또 얌부(雅木布)는 선창(船廠)에 근무하면서 중대한 부패혐의로 사형판결을 받았다. 나는 사형집행을 재가하였을 뿐 아니라 시위인 우게(武格)를 보내 형집행을 감독하게 하였다. 그리고 장군에서부터 민병에 이르기까지 선창의 모든 병력에게 완전무장을 갖춘 채 무릎을 꿇게 하고, 간악한 짓을 그만두지 않으면 그들도 똑같은 운명에 처해질 것이라고 경고하였다.⁵

전시에는 비겁한 행동을 하거나 명령에 불복하는 자를 반드시 처형시켜야 한다. 1675년 후베이(湖北) 성 전투에서 구청(穀城) 현이 우싼구이 반란군에게 함락되었을 때, 대장군은 부장(副將) 말랑가(馬郎阿)가 도주하였다고 보고해 왔다. 버일러(貝勒) 차니(察尼)도 비밀보고에서 이것이 사실이라 하였으므로 말랑가를 참수하도록 지시하였다. 몇 달 뒤에 산시(陝西) 성에서도 두 명 이상의 관료들이 적 앞

---

* 학위소지자와 전현직 관료로 구성된 중국 명청시대의 지배층—옮긴이.

에서 도주해 버렸는데, 나는 이들을 군사들이 보는 앞에서 참수시켰다. 1697년 섹세(思格色)는 단진 옴부(丹津 鄂木布)에게 갈단의 사망소식을 알리라는 어명에 공개적으로 불복하였으므로 참수시켰다.(비록 탄핵자들의 주장처럼 그의 머리를 효수하지는 않았지만.)[6]

능지처사(陵遲處死)는 『대청률』에 규정된 것처럼 반역사건에 적용되어야 한다. 주융쭤(朱永祚)는 반역을 꾀한 승려 이녠(一念)을 추종하여 요사스런 시를 써서 백성을 속이고 명나라의 연호를 사용하였다는 혐의로 체포되어 유죄판결을 받았다. 형부에서는 그가 참수되어야 한다고 상주하였으나 나는 능지처사하라고 명하였다. 자신이 주삼태자(朱三太子)로서 제위계승자라고 주장하고 반란을 도모한 왕스위안(王士元)도 같은 형벌에 처하였다. 그렇게 함으로써 명나라 왕자들의 이름이 반도(叛徒)를 모으는 구심점으로 이용되지 못하도록 하였다. 이라국산쿠툭투(伊拉古克三胡土克圖)는 라마의 거주지에 첩자를 심어놓고 갈단의 군대가 중국으로 들어오는 것을 환영하려 하였다. 그리고 갈단과 음모를 꾸미고 갈단을 부추겨 반란을 일으키게 하였다. 그가 사로잡혔을 때 베이징으로 압송하여 라마교의 일파인 황교(黃敎) 사원으로 끌고 오게 하였다. 그리고 만주와 몽골의 왕공, 문무 대신들 앞에서 사지를 잘라 죽였다. 갈단이 남긴 것은 유골뿐이었지만 이것을 자금성 밖에 내놓아 백성들이 보게 하였다. 우싼구이의 시체는 토막내어 각 성(省)에 보내도록 명령하였고, 경징중 자신은 물론 우싼구이나 경징중을 위해

싸운 다른 열 명의 장수들도 능지처사하였다.[7]

그러나 (사형집행을 할 수 없는 봄이라 할지라도) 즉시 처형해야 할 자가 있을 때 또는 황태자의 패역사건 음모에 연루된 자들을 비밀리에 재판 없이 즉시 죽여야 했을 때와 같은 반역사건이 아닐 경우에는 가능한 한 자비를 베풀었다.[8] 왜냐하면 통치자는 항상 처형하기 전에 신중히 검토하고, 범죄자에게 삶의 기회가 주어진다면 개과천선하리라는 희망을 가져야 하기 때문이다. 사냥할 때도 몰이꾼이 몰아오는 원으로 들어온 짐승은 모두 잡을 수 있지만 항상 모조리 잡지는 않는다.[9]

양쯔 강 남쪽에서 삼번의 난이 일어났을 때 양치룽(楊起隆)과 그 무리들이 베이징에 잠입하였다는 제보가 있자, 만주인 군대가 그를 체포하려고 사람들을 닥치는 대로 잡아들였다. 그래서 겁에 질린 사람들은 베이징 성 밖의 산으로 도망쳤다. 나는 베이징이 텅비는 것을 막기 위해 성문을 닫으라고 명령하면서 주모자인 양치룽을 숨겨 준 모든 사람들을 용서해 주겠다고 약속하였다. 왜냐하면 양치룽이 너무나 많은 양민들을 현혹시켰으므로 이 사건에 연루된 모든 사람을 잡아들일 수는 없기 때문이다. 삼번의 난이 확산되면서 100명이 넘는 '도적' 혐의자들이 단 한 차례 가담하였다고 해서 모두 목이 잘렸다는 보고들이 올라왔기에 병부(兵部)에 다음과 같은 조칙을 내려 장군들에게 좀더 연민의 정을 가지라고 명령하였다.[10]

"시골의 무식한 백성들이 어쩔 수 없이 변발(辮髮)을 자른 이유는 목숨을 부지하고 죽음을 모면하려는 자연스런 마음 때문이었다. 만일 짐의 군대가 도착해서 그들을 모두 죽인다면 이는 백성들을 살리려는 짐의 바람과도 어긋나며, 백성이 허물을 고쳐서 바르게 살아갈 기회마저 빼앗는 것이다. 또한 교활한 도적떼들이 백성을 격분시키는 기회로 악용할 것이다. 앞으로는 군대가 어느 지역에 들어갔을 때, 주민들이 무장하고 저항하거나 해자(垓字) 뒤에 숨어 있거나, 산속으로 피신해 있거나, 즉시 항복을 거부한다면 그때는 죽여도 좋다. 그러나 그러지 않는 사람들의 목숨은 살려 주라. 도적떼들이 전쟁터에서 죽었을 때 그들의 어린아이들은 포로로 잡으라. 그러나 도적떼의 진영에 있는 부녀자들은 대부분 강제로 잡혀 간 사람들이므로 도적떼가 소탕된 뒤에는 신분을 증명할 기회를 줄 것이며, 피난민과 그 아이들에게도 갱생의 기회를 주고 무분별하게 모든 사람을 체포하지는 말라."[11] 삼번의 난이 완전히 진압된 뒤에야 나는 또 다른 희생자 집단이 있다는 사실을 알았다. 난이 일어난 초기에 나는 군사들에게 "밤낮을 가리지 말고 신속하게 이동하라"고 하였는데, 이 명령이 문자 그대로 지켜져서 배를 끄는 수많은 인부들이 죽어 갔던 것이다.[12]

나는 가을 재판기간*이 지나서 재가를 받으려고 올라온 최종 사형판결문을 가장 싫어한다. 재판기록은 모두 형부에서 검토

---

* 전통시대 중국에서는 대체로 가을과 겨울에만 사형을 집행하였다. 봄과 여름은 만물의 생명이 넘치는 계절이므로 이때 사람을 죽이는 것은 자연의 섭리에 어긋 난다고 생각하였다—옮긴이.

되고 가을에 대학사들이 다시 검토한다. 그럼에도 여전히 잘못 쓴 글자나 한 절 전체가 잘못 되어 있는 경우를 발견하게 된다. 생사를 다루는 일에 이런 실수가 있어서는 안된다. 내가 모든 사건들을 꼼꼼히 확인해 볼 수는 없지만, 매년 궁궐 안에 비치된 판결문 목록들은 꼭 읽어보면서 이름과 호적, 사형판결을 받은 자들의 신분, 사형이 언도된 이유 등을 살펴본다. 그런 연후에 대학사 및 그들의 보좌관들과 함께 어전에서 그 목록을 다시 한 번 검토하고 누구를 살려줄 것인지를 결정한다.[13]

핵심은 '명백한 유죄' 판결을 파기하면서 모든 종류의 살인자들에게 집행유예 판결을 내리려는 것이 아니라 '명백한 유죄'로 알려진 살인범들을 다시 살펴서 그 살인 동기와 배경을 검토하기 위해서이다.[14] 그것은 단순히 어떤 도구를 사용했는지에 관한 문제가 아니다. 천루셴(陳汝咸)은 내가 검시관들의 지침서인 『세원록』(洗寃錄)에 실린 유형에 대해 관심을 갖게 하려고 애썼다. 이 책에서는 쇠로 만들어진 명백한 '살인무기'들, 예컨대 단도나 화살촉 따위와 우발적으로 타인을 죽음에 이르게 할 수도 있는 목제도구를 구분해야 한다고 주장하였다. 그러나 나는 "사람은 주먹에 맞거나 발에 차이거나 나무 몽둥이로 맞아도 죽을 수 있다. 만일 살인무기가 무엇인가에 초점을 맞추어 범죄의 경중을 가리려 하다 보면 실수를 범할 가능성이 있다. 바늘을 예로 들어보자. 이것은 아주 작은 물건이지만 사람을 죽일 수도 있다. 그런데도 바늘은 살인무기가 아니므로 고의성이 없는 단순 살인사건이라 판결할 수 있겠는가?"라고 말하였다.[15]

매년 우리는 그 목록을 다시 검토함으로써 많은 사람들을 살려 주었다. 어떤 시기에는 63명 중 16명을, 다른 때에는 57명 중 18명을, 또 다른 시기에는 83명 가운데 33명을 살려 주었다.[16] 예를 들면, 1699년에 발생한 남편이 아내를 죽인 3건의 살인사건은 그 성질이 아주 달랐다. 한 남편은 아내가 술을 마신다고 심하게 잔소리하자 도끼로 때리고, 얼마 후 또다시 집안문제로 다투자 아예 아내를 죽여버렸다. 이 사건에서 어떻게 정상을 참작할 만한 여지를 찾을 수 있겠는가? 그러나 바오얼은 마누라가 시부모에게 욕설을 퍼붓자 죽였고, 멍은 아내가 자신을 잘 받들지 않고 더러운 욕을 한다고 죽였다. 따라서 이 두 사람에게 내려진 사형은 감해 줄 수 있었다.[17] 주상원 같은 자는 사소한 말다툼 끝에 사촌을 죽인 용서할 수 없는 죄인이었지만 그의 나이가 예순일곱이나 되었기 때문에 특별히 동정을 베풀어 사형을 면하게 해주었다. 또 다른 경우에는 사소한 범죄처럼 보이지만 사실은 중대한 사건인 경우도 있었다. 류다는 돌멩이로 마얼을 죽였는데, 대학사는 피해자가 열두 번이나 돌에 맞아 골수가 땅바닥으로 쏟아졌다고 하였다. 류다는 명백히 잔인한 살인자였으므로 사형시켜야 마땅하였다. 그러나 우발적인 살인사건의 경우 이따금 용서를 할 때도 있다. 예를 들면 술에 취해 말다툼을 벌이다가 살인한 사건, 곧 정부(情婦)의 남편이 괴롭히자 화가 나서 정부를 죽인 사건이 그러하다.[18] 또 어떤 사건은 평화로운 시기에는 용서받을 수 있다. 형부에서는 도적 판쑹(范崧)이 나의 수행원들이 타는 말을 훔쳤으니 참수시켜야 한다고 하였지만 유배형으로 감해 주었다. 평화시의 말 도둑질은 전시처럼 그다지 중대한 범죄가 아니기 때문이다.[19]

사람의 좋은 면을 찾아내고 나쁜 점을 들추지 않는 것은 좋은 일이다. 만일 네가 항상 남을 의심하면 남들 역시 너를 의심한다. 바로 이것이 갈단의 조카 단트실라(丹濟拉)가 나의 막사에 찾아왔을 때, 그를 가까이 앉히고 고기를 잘라먹을 칼을 건네줌으로써 그에 대한 신뢰를 나타냈던 이유이다. 그는 갈단의 유골을 가지고 티베트로 도망하였다가 실망하고 우리에게 항복하였다. 나는 그에게 왕의 칭호를 내렸고 그는 신실하게 나를 섬겼다.[20] 또 비록 러시아인들이 북쪽 국경에 사는 우리 백성들을 죽였지만 알바진을 공략하였을 때 러시아 포로들에게 새 옷을 주어 석방하라고 명령하였다. 1687년 두번째로 알바진을 공략하였을 때, 병든 러시아인들을 나의 어의들한테 보내 치료를 해주고 고향으로 돌려보냈다. 그래서 30년 후에 우리앙하이(兀良哈)족은 오래 전에 우리가 러시아인들에게 베풀었던 관대함을 기억하고 별 저항 없이 항복하였다.[21] 또 쓰촨(四川) 성에서 우싼구이를 위해 싸웠던 3천 명의 먀오(苗)족 군사들이 포로로 잡혔으나, 처벌하지 않고 고향인 윈난(雲南) 성으로 돌려보내라고 명령하였다. 나중에 우싼구이의 손자가 그들의 지원을 요청하려고 하였으나 먀오족은 거부하였다. 먀오족조차도 동정심으로 대하면 통제할 수 있었다. 윈구이(雲貴) 총독이 먀오족은 무기를 갖지 못하도록 하고, 한족 상인들도 그들에게 납이나 초석, 유황과 같은 물품을 팔지 못하게 하자고 청하였을 때도 승

낙하지 않았다. 석궁과 새총은 먀오족이 짐승을 사냥할 때 필요
할 뿐만 아니라 먀오족에 대한 효과적인 통제는 지방관의 정치
력에 따라 좌우되기 때문이다.[22] 그 밖에도 백성이 어떻게 그들
의 무기를 모두 조정의 관료들에게 넘기도록 할 것인가 하는 문
제도 있었다. 이는 공부시랑 무헤룬(穆和倫)이 산둥(山東) 성
주민을 무장해제하는 사안에 대해 무모한 계획을 제안하였을
때 발생하였다.[23]

또 타이완 정복 전쟁시에는 장군 스랑(施琅)을 지휘자로 임
명하지 말라는 간언을 들었다. 그가 이전에는 명왕조를 섬겼고
또 반도 정청궁(鄭成功) 휘하에도 있었기 때문에 선박과 병력
이 주어진다면 반란을 일으킬 수도 있다는 것이었다. 그러나 다
른 한인 장군들은 스랑이 지휘하지 않으면 타이완은 점령할 수
없을 것이라고 말하였기 때문에 그를 소환해서 말하였다. "조
정의 신하들은 모두 그대가 타이완에 도착하면 반드시 반란을
일으킬 것이라고 한다. 그러나 짐의 판단으로는 그대를 보내지
않으면 타이완을 점령할 수 없다. 그대가 반란을 일으키지 않으
리라 짐은 확신한다." 스랑은 타이완을 신속히 점령하고 충성
스런 신하임을 입증하였다. 비록 그가 교육을 받지 못하고 교만
하였지만, 이런 결점을 거칠고 뛰어난 군사적 재능으로 보완하
였다. 그의 두 아들도 훌륭하게 나를 섬겼다.[24]

삼번의 난이 일어나자 나는 양쯔 강 이
남 지역을 평정하기로 마음먹었다. 군대를
파견하기에 앞서서, 이전에 우싼구이의 신하

였던 여섯 사람을 발탁하였다. 그리고 이들을 승진시켜 조칙을 주어 각지로 파견하였다. 이 조칙의 내용은 항복하거나, 반란군을 사로잡을 수 있는 정보를 제공하거나, 군사를 거느리고 투항하는 자는 사면한다는 것이었다. 그런데 이창가(宜昌阿)가 반란군의 내부사정을 잘 아는 두 명의 투항자를 찾아냈다는 보고를 올렸다. 또 내가 투항자들과 의논할 수 있도록 이창가가 그들과 함께 말을 타고 베이징으로 온다는 소식도 들어왔다. 우리는 반란지역에 가족을 두고 있는 관료들의 사정을 하나씩 재검토하였다. 어떤 사람은 자발적으로 가담하였고, 어떤 사람은 가족을 해치겠다는 위협 때문에 억지로 참여하였는가 하면, 어떤 사람은 가담하기를 거절하다가 피해를 당하였다. 처자식들이 여전히 윈난 성에 있었으므로 공공연히 반란군 대열에서 이탈할 수 없는 장군들에게는 비밀리에 충성을 맹세하도록 권유하였다. 그리고 윈난 성으로 돌아가 반란군의 배후에서 우리를 위해 일하도록 하였다.[25]

비록 경징중이 1676년 11월에 항복하였고, 상즈신은 1677년 1월에 투항하였으며, 우싼구이는 1678년 10월에 죽었지만, 여전히 저항하는 자들이 있었으므로 전쟁은 쉽게 끝나지 않았다. 우싼구이의 손자가 지휘하는 군대는 전투를 계속하였고 경징중과 상즈신은 재차 반란을 일으킬 가능성도 있었다. 그래서 1680년 봄에 기예슈(傑書)가 경징중을 죽이겠노라고 제안하였다. 그러나 나는 이를 허락하지 않고 이렇게 말하였다. "어떤 사안을 추진할 때는 그 파급효과를 조심스레 계산해야 한다고 나는 믿는다. 나라에 유익할 것 같으면 그때가 바로 행동을 개시할 시간이다. 위험한 일을 경솔하게 추진하면 반드시 곤경에 빠진다. 광시(廣西) 성과 후난(湖南) 성, 한중(漢中, 산시〔陝西〕성 남서부 일대), 싱안(興安)이 이미 평정되었다. 반란군의 잔당들은 학수고대하면서 100명이 아니라 1,000명 단위로 항복하려 한다. 지금 우리가 경징중을 죽인다면 이미 우리에게 항복한 자들은 훗날 자기들도 똑같이 당할 것이라고 생각할 뿐만 아니라, 아직 투항하지 않은 자들이 이 사례를 보면 미래에 대한 불안 때문에 항복하려는 마음이 싸늘하게 식을 것이다."[26]

그래서 기예슈에게 경징중을 베이징으로 호송하라고 말하였다. 동시에 이창가를 이른바 '해금(海禁) 감독관'으로 광둥 성에 보내 상즈신을 감시하게 하였다. 1681년 12월 서남부 지역의 총사령관 장타이(章泰)로부터 최후의 승전보가 올라온 뒤에야 처형이 시작되었다. 윈난 부(府)가 함락되면서 우싼구이의 손자 우스판(吳世璠)은 자결하였고, 귀장투(郭壯圖)와 그의 아들은 목을 찔러 죽었으며, 후궈주(胡國柱)는 스스로 목메달아 죽었고, 왕과 리는 불에 타 죽었다. 우싼구이의 '대학사' 팡광전(方光琛)과 그의 아들과 조카는 우리 군사들 앞에서 토막내 죽였다. 다른 반란군 장수들은 참수되었고 우싼구이의 사위만은 우스판의 머리와 함께 베이징으로 압송되었다.[27] 전쟁이 끝났다. 나는 경징중과 그의 가족을 죽이라고 명령하였고 도저히 용서할 수 없는 죄를 범한 반란군의 우두머리들도 함께 죽였다.[28]

그러나 탄핵상소가 쏟아져 들어왔을 때, 반란에 가담하였던 모든 사람을 죽이지는 않을 것이며 자유롭게 고향으로 돌아가도 된다고 말하였다. 반란군의 관료였던 사람들을 모두 베이징으로 압송해야 한다거나, 그들의 자손은 앞으로 관료로 등용해서는 안된다는 제안을 단호히 거절하였다. 심지어 상즈신과 경징중 휘하에서 벼슬을 살았던 일부 관료들에게 팔기의 기적(旗籍)에 빈자리가 생기면 다시 등록해도 좋다고 허락하였다.[29]

비록 평화가 찾아왔으나 8년에 걸친 처참한 전쟁의 상처는 아직도 아물지 않았으므로 승리자의 영예로운 칭호를 받아야 한다는 주장들을 거듭해서 거부하였다. 이 전쟁은 계산착오로 일어났고 모든 책임은 나에게 있었다. 우싼구이의 은퇴 청원을 받아들였던 1673년에 그가 반란을 일으키리라고는 전혀 예상하지 못하였기 때문이다. 그리고 우싼구이가 반란을 일으켰을 때 그렇게 많은 사람들이 뒤따르리라고도 예상하지 못하였다. 승리를 거뒀던 그해 겨울, 나는 이 사실을 글로 적어서 대학사 레데훈(勒德洪)에게 주어 건청문(乾淸門) 앞에서 모든 신하들에게 읽어 주도록 하였다. 너무나 많은 실수를 범하고 나서야 승리를 거두었기 때문에 기분 좋게 승리자라 일컬을 수 없다는 점을 신하들에게 알렸다. 신하들이 희생양을 만들어 내가 져야 할 책임을 그들에게 떠넘기고, 나에게 승리자의 역할만을 남겨두도록 묵과하지는 않았다. 이 점 역시 레데훈을 통해서 그들에게 이야기하였다. 1673년 여름 몰로(莫洛)·미스한(米斯翰)·밍주(明珠)·섹데(塞克德)·수바이(蘇拜)가 내가 내린 우싼구이의 철번요청을 지지해 준 것은 나로 하여금 오판하도록 한 것이 아니라 나의 결정에 더욱 확신을 갖도록 하였다. 삼번의 난이 일어나자 많은 사람들이 다섯 명의 조언자들을 죽여야 한다고 하였지만 나는 그들을 처형하지 않았고 앞으로도 그럴 생각이 없다. 그 사건 이후 나는 소신 없는 조정대신들이 결코 자기만족할 수 있는 여지를 남겨두지 않을 것이다. 그들 중 대부분은 여전히 살아서 그날 아침 레데훈 앞에 무릎을 꿇고 있었다. 그들도 나처럼 미래를 정확히 읽을 수 없었던 것이다.[30]

1673년 의정왕대신회의는 동조해 주지 않았지만 나는 그대로 밀고 나갔다. 만일 우리가 끝까지 밀고 나가 양쯔 강 이남의 세 번왕(藩王)들에게 만주로 옮기라고 강력히 요구한다면 그들도 어쩔 수 없이 따를 것으로 판단하였다. 그래서 제르켄(折爾肯)과 푸다리(傅達禮)에게 이런 상황을 간략히 설명한 후 윈난성으로 보내 우싼구이와 만주로 이동하는 문제에 대해 구체적으로 의논하게 하였다. 상즈신과 겅징중에게도 사신들을 보냈다.[31] 병부와 이부에는 삼번이 철폐된 다음에 생길 지방관료의 공석을 메울 적임자를 선발하라고 지시하였다. 호부에는 만주로 옮겼을 때 삼번의 왕들과 그들의 신하가 필요로 하는 토지와 건물이 어느 정도인지 예상해 보도록 하였다. 그때까지도 나는 반란이 일어나지 않을 거라고 말은 했지만 어떤 대비책도 취하지 않았다면 어리석은 짓이었을 것이다. 그래서 조직을 간소화하여 병력을 신속히 이동시킬 수 있도록 병부상서 밍주에게 팔기의 중대단위를 130명 정도로 표준화하도록 하였다. 그리고 신임하는 대신들과 함께 방어지역과 전장에 대한 긴급대책을 세웠다. 또 기마술에 능숙한 만주인 네 명으로 구성된 한 개 조를 파견하여 제르켄과 푸다리를 감시하고 그들이 우싼구이한테서 어떤 대접을 받는지 살피도록 하였다.[32]

그때 삼하(薩穆哈)와 당구리(黨務禮)가 우싼구이의 반란소식을 전하러 왔다.[33] 해결책은 명백한 것처럼 보였다. 영웅 한 사람을 보내 징저우(荊州)에서 양쯔 강 지역을 장악하는 것이었다. 그 일의 책임자로서 쇼다이(石岱)를 파견하였다. 그는 아버지 순치제의 수행원이었으며 흉악한 수닝(蘇寧)을 죽인 용감한 장수였다.[34] 그리고 여러 왕들을 장군으로 선발하였다. 이들은 중국 본토에서 청조를 건설한 순치제의 뜨거운 피를 이어받은 인물들로서 용맹을 떨치며 신속한 승리를 가져다 줄 사람들이었다. 그들에게 관복과 담비목도리, 금, 갑옷과 투구를 하사하였고 무당이 있는 사원에서 기도하였다. 그리고 위엄을 갖추어 베이징 성문 밖에서 전송하였다.[35] 그러나 해를 거듭할수록 이들의 잦은 실수와 실패를 지켜보아야 하였다. 그들은 진군을 주저하고, 주둔지의 본부에서 편하게 머물러 있으려고만 하였다.[36] 그래서 한인 장수들에 의지해서 전세를 역전시킬 수밖에 없었다. 비록 삼번의 난에 동조한 한인장수들이 만주군대의 배후를 차단하는 일이 생길지라도.[37]

삼번의 난 기간 내내 주변 사람들에게 침착하게 보이려고 애썼다. 평상시처럼 궁술을 연습하기 위해 징산(景山)으로 말을 타고 갔다. 대부분의 군대가 전선에 나가 있었으므로, 이러한 행동에 분개하는 자들이 있었다. 어떤 사람들은 길가에 격문을 붙여 놓기도 하였다. "지금 삼번의 난이 일어났고, 차하르(察哈爾)에서도 반란이 일어나 모든 전선에서 전투가 치열하다. 이처럼 위험한 시기에 어떻게 징산에서 편히 쉴 기분이 나겠는가?" 비록 융싱(永興)이 포위되어 연락이 끊어졌을 때는 근심하였지만, 다른 사람들이 동요할까 염려하여 매사에 응대하거나 겁내지 않으려고 노력하였다. 장군 빌릭투(畢力克圖)는 내가 조상들의 이름에 먹칠을 한다고 비난하였다.[38] 1679년 말에는 전세가 다시 악화되고, 친구 라사리(喇沙里)가 죽었으며,[39] 궁궐이 불탔고, 지진이 베이징을 뒤흔들었으며, 나는 기력이 소진되어 병이 나고 음식을 먹을 수조차 없었다. 그러자 할머니께서 나를 난위안으로 보내 쉬게 해주셨다.[40]

삼번의 난이 시작되자 송고투는 결과적으로 전쟁을 일으키도록 간언한 자들을 처형해야 마땅하다고 주장하였으나 따르지 않았다. 이 밖에도 송고투는 자신의 엄청난 재산을 믿고 교만해졌으며, 지위를 남용하였다. 이 때문에 전쟁이 끝날 무렵 웨이샹수(魏象樞)는 그를 죽이라고 하였지만 받아들이지 않았다. 웨이샹수는 훌륭한 관료였고 감찰관이었지만 나는 그에게 다음과 같이 말하였다. "그대는 언제나 덕(德)을 이야기하고 도(道)를 따르라고 말한다. 그런데 그대는 어떻게 송고투와의 개인적인 싸움 때문에 공적인 일에까지 영향을 받는가? 어떻게 그렇게 많은 증오를 가슴에 품고 있는가?"[41] 그리고 행동할 때는 덕을 갖춰야 한다고 주장하는 무리들의 대표격인 리광디, 탕빈(湯

斌), 슝츠뤼(熊賜履)도 언제나 도를 이야기하지만 자기네들끼리도 사이좋게 지내지 못하였다.

자신이 순수한 학자, 곧 유(儒)라고 주장하는 사람은 너무도 많은데, 그들은 어리석고 교만하다. 그들은 도덕적 원리에 대해 말하기를 줄이고 실천하는 데 힘을 쏟는 것이 더 나을 것이다. 나의 치세 동안 가장 뛰어난 관료들에게도 명백한 단점들이 있다. 리광디는 오로지 한인 문관들만 후원하고 한인 기인(旗人)들이 모두 나쁘지 않음에도 불구하고 끊임없이 탄핵하였다. 그리고 그는 도에 관해 말하는 사람은 누구나 믿었지만, 자신의 제자들에게는 항상 기만당하였다. 펑펑(彭鵬)은 언제나 정직하고 용감하였다. 한 번은 그의 관할구역에 도적이 나타나자 그는 갑옷만 입고 말을 타고 가서 쫓아 버렸다. 그러나 일단 화가 나면 난폭해지고 저속하게 말하고 심각한 무례를 범하였다. 자오선차오(趙申喬)는 정직하였으며, 열세 명의 하인만 데리고 임지를 여행하였을 뿐 별도의 보좌관들은 전혀 데리고 다니지 않았다. 그러나 그는 소송사건을 명쾌하게 해결할 수 있다는 자신감이 지나쳐서 백성들을 끊임없이 복잡한 소송사건에 휘말리게 하였다. 스스룬(施世綸)도 상당히 고결한 품성을 지닌 관료였지만 약자를 지나치게 두둔하는 경향이 있었다. 평민이 하급 학위 소지자와 소송에 휘말리면 평민을 두둔하곤 하였다. 그리고 하급 학위 소지자가 상급 학위 소지자와의 분쟁에 휘말리면 하급 학위 소지자 편을 들곤 하였다. 똑같은 방식으로 양밍스(楊名時)도 부유한 집안 출신의 과거 응시자는 떨어뜨리고, 가난

한 자는 문장이 조잡하더라도 합격시켜야 한다고 주장하였다.[42]
내가 그토록 자주 칭찬하였고 최고위직에 있었던 장펑거(張鵬
翮)도, 황허의 수위가 낮아진 이유는 여섯 달 동안 상류지역에
비가 내리지 않았기 때문이었는데도, 물의 신이 베푼 기적 때문
이라는 참으로 어리석은 상주문을 올린 적이 있었다. 그래서 나
는 그 상주문을 인쇄하여 대도시로 보내어 모든 사람이 볼 수
있도록 방을 붙이게 하였다.[43]

　내가 장펑거를 기인보다도 한인들을 훨씬 두둔한다고 책망
하였을 때 그는 대꾸할 말을 찾지 못하였다. 높은 관직에 자신
의 스승이나 친구 아니면 친척을 추천하는 것은 대신들의 가장
나쁜 습관 가운데 하나이다. 처음에는 이런 나쁜 관행이 한인들
에게만 있었다. 그들은 언제나 파당을 형성하고 자신의 파당에
속한 사람들을 승진시키려고 천거하였다. 이제 그런 관행이 위
청룽(于成龍)과 같은 한인 기인에게까지 번졌다. 그리고 마침
내는 그렇게 충성스럽던 만주인에게도 확산되어 이제는 이들
도, 설사 평판이 나쁜 자라 할지도 자신과 같은 기(旗)에 속해
있다면 천거하고, 한인들과의 협력을 거부하려 한다.[44] 베이징
의 한인 거주지에 큰불이 났을 때, 내가 만주인 고관들
에게 직접 화재현장에 가서 불이 완전히 꺼졌는지 확인
하라고 하였지만, 그들은 수수방관하였다.[45]

　그러므로 탄핵상소문은 신중하게 읽어야 한다. 비
난의 이면에는 한인 당파와 한인기인 사이의 알력이
있을 수도 있고, 한인과 만주인 사이의 갈등이 있을

수도 있다. 뛰어난 무사가 갑자기 비겁하고 갑옷도 없다는 이유로 탄핵받으면, 그의 상관이나 친척을 탄핵하기 위해 먼저 그부터 탄핵하였다고 짐작할 수 있다. 또는 어느 성의 총독이 누군가가 총애하는 사람을 탄핵하였는데 갑자기 그 총독 관할지의 모든 지방관들이 탄핵되었다면 이는 분명 보복행위이다.[46]

황제라도 나라 안의 모든 관료를 다 알 수는 없으므로, 이들을 평가하기 위해서는 관료들에게 의존할 수밖에 없고, 사악한 관료들을 탄핵하기 위해서는 어사(御史)들의 힘을 빌려야 한다. 그러나 파당이 형성되어 있을 때는 황제도 실정을 파악할 수 있는 자신만의 수단을 강구해야 한다. 무관인 줘처(卓策)와 쉬성(許盛)은 그들의 군대와 백성들 사이에서 원성의 소리가 자자했음에도 불구하고, 내가 그들의 관직을 박탈하기 전까지 어떤 어사도 그들을 탄핵하지 않았기 때문이다. 산시(陝西) 성과 산시(山西) 성에는 내가 갈단보다 더 미워하는 악질 관료들이 있었다.[47] 예컨대 순무 원바오(溫保)는 너무나 덕망이 높아서 주민들이 그의 공덕비 세우기를 간청한다는 보고가 올라왔을 정도였다. 그러나 내가 직접 실상을 알아보니 대부분의 백성들은 분노에 휩싸여 불만을 쏟아 놓고 심지어 잡아먹고 싶어하였다.[48] 이런 문제는 부분적으로는 가장 높은 자리에 있는 황제와 가장 아래에 있는 백성이 서로 만나지 못하기 때문에 일어난다. 산둥(山東)·저장(浙江)·장난(江南) 등지로 정기적으로 순행한 이후, 이 지역들에서는 사정이 한결 나아졌다.

황제는 순행하면서 직접 만나거나, 주접(奏摺)을 통해 별도의 정보를 얻을 수 있다. 제위에 오른 후 나는 고위 관료들 사이에서 벌어지는 논쟁이 신뢰할 만한 것이 되도록 보증하는 방도를 강구하였다.[49] 주접은 직접 읽고, 그 위에다 답신을 썼다. 너무 많은 답신을 써서 오른손이 아프면 왼손으로라도. 그리고 주접을 올리는 자들—구이저우(貴州) 순무 류인수(劉蔭樞)처럼 시력이 너무 나빠 글씨를 잘 쓸 수 없는 사람들까지—이 직접 그 주접을 작성하였는지 점검하였다.[50] 그 밖에 만주어로 주접을 작성하도록 명령하였다. 제독 리린성(李林盛)은 눈이 너무 침침하고 만주어 문법이 서툴러 만주어로 주접을 쓸 수 없고, 그래서 누군가가 자신을 대신해 쓴다면 자신의 깊은 생각이 제대로 표현되지 않으며 사용하는 어휘도 부적절할 수 있다고 불평하였다. 나는 그에게 말하였다. "그럼, 이 한문 주접 역시 그대가 직접 썼을 리 없겠다!"라고.[51] 물론 개중에는 몰로나 야치나(雅齊納)처럼 주접에다 전혀 중요하지 않은 일들을 보고하면서 비밀리에 직접 보고하는 권리를 남용하는 자들도 있었다. 그래서 그들에게 궁궐에 들어와 기거주관(起居注官)이 있는 자리에서 공개적으로 이야기하라고 하였다. 이후 두 사람은 그런 주접을 올리지 않았다.[52]

궁궐로 신하를 불러 대면하는 것은 그들의 교만을 꺾는 썩 괜찮은 방법이다. 물론 모든 총병관들을 한꺼번에 궁궐로 불러들여 알현하게 할 수는 없다. 그러나 정기적으로 알현시키는 일은 무인들을 통제하는 데 아주 중요하다. 특히 한 사람이 같은 곳에서 오랫동안 권세를 잡고 있을 때는 더욱 그러하다. 만일 우쌴구이나 겅징중·상즈신을 정기적으로 소환하여 나를 알현 시키고 적당히 겁먹게 만들었으면 삼번의 난은 일어나지 않았을지도 모른다. 그리고 국경지방의 무관들은 오직 직속상관인 장군을 지배자로 알고 그에게만 복종하는 경향이 있다. 한 번은 마청인(馬承廕) 장군에게 칙유를 내렸는데 공손히 무릎을 꿇고 받들자 부하들이 이구동성으로 "우리 장군님도 다른 사람에게 무릎을 꿇는가?" 하고 의아해하였다. 이 이야기를 전해듣고, 한 사람에게 너무 오랫동안 군사지휘권을 맡겨서는 절대로 안되겠다고 결심하였다. 알현시에도 어느 정도는 비밀을 유지할 수 있다. 믿을 만한 신하들은 내 가까이 앉게 할 수 있고, 귀가 좀 어두운 사람들도 그렇게 하면 조용히 이야기할 수 있고, 나도 답변을 적어 줄 수 있다. 때로는 거짓과 오해를 분간할 수 있도록 신하들한테 단도직입적으로 질문을 한다. 그리고 때로는 훗날에 참고하기 위해 개인적으로 적어 두기도 한다.[53]

순행하면서 백성들과 이야기하거나 탄원을 접수함으로써 그들의 불만이 무엇인지 알게 되었다. 화베이(華北) 지방에서는 농민들에게 지방관료들이 어떤지를 물어보았고 그들의 집을 살펴보았으며 농작물에 대해서도 의견을 나누었다.[54] 장난(江南) 지방에서는 남편이 억울하게 노예가 된 아녀자, 세관의 통과세가 너무 비싸다고 불평하는 객상, 자신의 사원이 무너져 내린 승려, 투자해 주기로 약속하였던 남의 돈 200냥을 갖고 읍내로 가던 도중에 강탈당해 큰 곤경에 빠진 남자—보상금조로 분실액의 일부인 40냥을 주었다—로부터 탄원을 받았다.[55] 그러나

무기명 투서로 누군가를 비난할 경우에는 조치를 취하지 않았다.[56] 또 너무 사건을 과장하는 경우에도 들어주지 않았다. 항저우(杭州)에서 배를 타고 가는데 한 사람이 목에 탄원서를 매달고 자신의 원수가 천하제일의 악한이라고 고래고래 소리 지르며 헤엄쳐 왔다. 그래서 수행원을 시켜 "그러면 두번째 악한은 누구냐?"고 물어보게 하고는 더 이상 거들떠보지 않았다.[57]

만주인과 한인 사이에서 공평하도록 노력하였고, 꾸지람할 때에도 한 쪽만 나무라고 다른 쪽은 그냥 두는 일이 없도록 신경썼다.[58] 또 각부의 상서(尙書)들이 나무로 깎아 놓은 꼭두각시처럼 입 다물고 가만히 앉아 있지 않도록,[59] 그리고 송대의 학자들에게 성현의 칭호를 내리는 일 따위에 긴 상주문을 쓰며 시간을 허비하지 않도록 하기 위해 애썼다.[60] 한인과 만주인간에는 확실히 개성의 차이가 있다. 만주인은 직선적이고 개방적인 반면 한인은 기쁨과 노여움을 얼굴에 나타내지 않으려 한다. 만주인은 대체로 한인 기인보다 거칠고 용감하며 노예와 말을 더 잘 다룬다. 그러나 종종 만주인의 학문은 한인에 견주어 결코 뒤지지 않는다. 비록 만주인이 말을 타고 관청으로 들어가거나 궁궐의 의례를 혼란시킨다고 비난받을지라도 사오간(邵甘)과 같은 고위관료가 자신이 만주인이어서 백성들이 두려워한다고 사죄할 필요는 없다. 그리고 만주인 시랑(侍郎) 샬라이(沙賴)는 과도하게 술을 마시고 주사위놀이를 하였기 때문에 벼슬이 깎였다.

음주와 도박은 군대에서는 물론 심지어 만주귀족들 사이에서도
유행하였다. 한탄(韓菼) 역시 한림원 학사(學士)로 있으면서
술을 너무 많이 마셨는데 예부상서가 되어서도 음주벽은 고쳐
지지 않았다. 한림원의 많은 학자들도 술과 장기로 시간을 허비
하였다. 음주와 도박은 사람의 정신과 힘을 소진시키고, 재산을
탕진케 하며, 부유한 자든 가난한 자든 똑같이 파멸로 몰아넣는
다.[61] 사오융(邵雍)이 일찍이 말하였듯이 양수는 짝수이고 음수
는 홀수이다. 양은 작은 것이며 음은 큰 것이다. 또 만물 가운데
선한 것은 적고 악한 것이 많다. 그래서 선을 따르기는 힘들고
악을 쫓기는 쉽다는 사실을 사람들은 안다.[62]

  황제는 자신의 온몸에 소나기처럼 쏟아지고 귀를 가득 채우
는 칭찬을 대수롭지 않게 여겨야 한다. 그런 칭찬이란 이른바
'보약'만도 못한 것이기 때문이다. 아첨은 맛있는 음식처럼 온
갖 영양분이 다 갖춰져 있는 듯하지만 깊이 빠져들면 사람이 점
차 병들게 된다.[63] 1680년에 쿠러나(庫勒納)·예팡아이(葉方
藹)·장위수(張玉書)와 함께 『주역』을 통독하면서 사흘 동안 각
괘에 대해 생각해 보았다. 그로부터 4년 뒤에 우리는 다시 한번
『주역』을 읽기 시작하였는데 강관(講官)들이 『주역』을 마땅히
풀이해야 할 부분과 그럴 필요가 없는 부분으로 나눠 놓고 있다
는 사실을 알았다. 풀이할 필요가 없는 부분에 건(乾)괘의 여섯
번째 효(爻)인 "교만한 용은 후회하게 된다"(亢龍有悔)도 포함
되어 있었다. 그 주석에 이르기를 "교만하다는 말은 사람이 앞
으로 나아가는 것만 알고 뒤로 물러나는 것은 모른다는 뜻이다.

존재할 줄은 알지만 없어질 줄은 모른다는 뜻이다. 이기는 것에 관해서는 알지만 지는 것에 대해서는 모른다는 뜻이다'라고 하였다. 나는 강관에게 "인생살이에서처럼 하늘에서도 모든 것이 '교만하면 반드시 후회하게 된다'는 『주역』에 쓰인 이 원칙에 따른다. 그러므로 우리는 당연히 이를 하나의 경고로 받아들여야 할 것이며 꺼리고 회피할 것은 아니다. 앞으로는 진강(進講)할 때, 마땅히 풀이해야 할 부분과 그럴 필요가 없는 부분으로 구분하지 말라. 각 구절을 있는 그대로, 순서대로 풀이하라"고 하였다. 그 이전에 이미 우리는 풍(豐)괘에서 "해가 중천에 떠 있으면 기울기 시작한다. 달이 가득 차면 이지러지기 시작한다. 천지는 시간의 흐름에 따라 충만하여 성해졌다가 공허해져 쇠한다. 인간에게나 또는 신령들에게도 이 점은 피할 수 없는 사실이다"라고 풀이한 바 있었다.[64]

풍괘의 세번째 효에서는 자신을 내세우고 능력 있는 군자가 큰 일을 맡지 못하도록 방해하는 소인(小人)에 대해 언급하고 있다.[65] 사람은 그의 신분에 따라 한계를 정하고 대우해야 한다. 비천한 자들에게 너무 관대하게 대하면 게으르고 방자해져 반드시 말썽을 일으킬 것이다. 그렇다고 무시해 버리면 등 뒤에서 욕할 것이다.[66] 바로 그 때문에 나는 환관 첸원차이(錢文才)가 백성을 때려 죽였을 때, 그를 목졸라 죽이는 것만으로는 부족하다고 강경하게 주장하였던 것이다. 환관은 그 본성이 음이다. 그들은 정상인과는 아주 다르다. 나이가 들어 쇠약해지면 그들은 어린애처럼 실없이 지껄인다. 나는 궁궐 내에서 그들이 절대

정사에 관여하지 못하도록 하였다. 나와 잡담하거나 허물없이 농담을 주고받으며 항상 곁에 있는 극소수의 환관들에게조차 정치를 논하지 못하도록 하였다. 명(明)나라에서 수많은 환관을 둔 것과는 달리, 나는 단지 400여 명의 환관만을 두고 천한 일만 시키며, 그들이 얼굴을 찌푸리든 웃음을 짓든 상관하지 않고 반드시 가난하게 살도록 요구한다. 이와는 반대로 명나라 말기의 환관들은 극도로 사치스럽고 안하무인이었을 뿐만 아니라 황제의 비답을 대필하는 권한까지 장악하였다.* 왜냐하면 황제 혼자서 쏟아져 들어오는 천 건의 상주문을 모두 읽고 처리할 수는 없었으므로 환관들이 상주문의 비답을 대필하였던 것이다.[67]

확실히 한 사람이 처리할 수 있는 일에는 한계가 있다. 산시(山西) 성 핑양(平陽) 부 지부 친탕(秦棠)은 하루에 700~800건의 업무를 처리한다고 하였다. 나는 그를 강등시키고, "짐은 40년 동안 나라를 다스렸는데 오직 우싼구이의 반란이 일어났을 때에만 하루에 500건의 업무를 처리하였다. 물론 그때는 짐이 스스로 붓을 잡거나 서류를 작성하지도 않았다. 그럼에도 자정을 넘어서야 겨우 잠자리에 들 수 있었다. 너는 다른 사람은 바보로 만들 수 있겠지만 짐을 바보로 만들 수는 없다"고 말해주었다. 다른 군사작전이 전개되는 동안 400건에 달하는 상주문을 처리한 적도 있었다. 그러나 평상시에는 하루에 쉰 건 정도의 상주문을 처리하는 데 이 정도면 읽기에도 수월하고, 상주

* 이 일을 담당한 환관이 병필태감(秉筆太監)이다. 이들은 대체로 3~4명, 많을 때는 8~9명에 달하였다―옮긴이.

문의 잘못된 부분을 고쳐 주는 것 역시 힘들지 않다.[68] 1675년 장군 풀라타(傅喇塔)가 "도적들은 양식이 부족하여 항복하려 합니다"라고 보고를 올렸는데, 이처럼 윤곽만 대강 써놓은 것은 사태를 구체적으로 파악하는 데 전혀 도움을 주지 못한다. 내가 알고 싶은 것은 수륙 양면에 걸쳐 있는 도적떼의 방어망에 관한 것이며, 또한 도적두목의 이름, 우리 군대의 형세와 진격 가능성 여부였다. 그제서야 풀라타는, 도적떼에게는 두 명의 대두목과 여덟 명의 소두목이 있으며, 6천 명의 기병을 거느리고 있고, 남쪽의 창스링(長石嶺)에서부터 북쪽의 싼장(三江)까지 스물다섯 군데의 진영이 연결되어 있으며, 만 명의 군사와 300척의 배를 거느린 세 명의 수군 두목도 있다고 대답하였다.[69]

하도(河道)의 보수공사는 크게 보면 두 가지 선택—바다로 흘러 들어가는 강물의 흐름을 빠르게 할 것인가 제방을 더 높이 쌓을 것인가—만이 가능하지만 가장 중요한 것은 세부사항에 대해 끊임없이 주의를 기울이는 것이다. 강물이 범람하여 토지와 농장을 휩쓰는 것뿐만 아니라 대운하를 통한 곡물수송과 이것이 각 지역의 곡물가격에 미치는 영향이라는 문제도 있다. 그래서 무능한 총하(總河)를 해임하는 동시에 위청룽(于成龍)이나 장펑거 같은 유능한 총하를 내가 직접 챙겼다. 그 밖에도 운하를 감찰하기 위해 정기적으로 순행하였으며 믿을 만한 수행 화공(畵工)으로 하여금 운하지도를 그려 바치도록 하였다.[70]

훗날 주접제도가 제대로 정착되었을 때 순무 장보싱(張伯行)은 자신이 거느리는 군대가 해적 차이순(蔡順)을 체포하고 그 배에서 인삼과 화약을 압수하였다고 보고하였다. 나는 그에게 다음과 같이 상기시켰다. "그대는 주접을 작성할 때 사태를 명확하게 보고해야 한다. 그대가 올린 보고에는 명확하지 않은 부분이 많다. 체포된 차이순의 대조선(大鳥船)이 장난(江南) 지방에서 온 것인지, 아니면 화베이(華北) 지방에서 온 것인지, 배에 탔던 사람에 관해서는 어떤 정보가 있는지 더 조사해 보라."[71] 당시까지 10년 동안 나는 대조선이 푸젠과 저장에서 만들어지는 것으로 알고 있었으며, 또 이 배들이 교역로를 따라 6월에는 해안을 타고 북쪽 톈진(天津)까지 올라가고 북풍이 불어오는 10월에는 남쪽으로 내려온다고 알고 있었다. 해적에 관해서 관료들이 보고한 것보다 더 많은 것을 알려고 하면 투옥된 해적두목에게 직접 물어보면 된다. 해적선을 어떻게 소탕할 수 있는지, 해적들의 상륙을 어떻게 저지할 수 있는지, 어떻게 화약공급을 차단할 수 있는지를 알아낼 수 있다. 또 그들이 기지로 사용하는 섬을 지도에 표시할 수도 있고, 마실 물도 없고 곡식이나 나무가 자라지 못하는 바위투성이 섬에 그들을 몰아넣을 수도 있다. 그렇게 하면 바다의 강도들도 육지의 강도와 별로 다를 바가 없으므로 겨울철에는 해안가로 오지 않을 수 없다. 또 신뢰하는 관료들에게 특수부대를 모집하도록 할 수 있다. 스스퍄오(施世驃)와 100명의 푸젠 사람으로 조직된 군대는 해안을 순찰하는 데 상당한 능력을 발휘하였다. 지방의 장군들로 하여금 한층 개량된 화기를 만들게 할 수도 있다. 물론 궁궐에서 만든 화기보다는 못하겠지만 그래도 낡은 '말발굽 대포'

(馬蹄砲)보다는 낫다. 이 대포의 쓸모라고는 오로지 큰 소리를 내는 것뿐이다. 사로잡은 해적들은 조언자로 이용할 수도 있고, 옛 동료에게 도로 보내 항복을 권유하게 할 수도 있다. 또는 상인들의 배에 승선시켜 해적들의 통로를 추적하는, 관군의 정보원으로 이용할 수 있다. 그러나 군인을 상인으로 변장시켜 해적을 잡는 미끼로 쓰는 것은 좋은 방법이 아니다. 광둥(廣東) 성에서 이런 방법을 시도하였을 때 변장한 '상인들'이 진짜 상선을 '해적'선으로 잘못 알고 공격하여 큰 낭패를 보았다.[72]

해적을 통제하기 위해 내가 받은 조언의 대부분은 한심하기 짝이 없는 것들이었다. 예컨대 모든 상선의 밑바닥은 평평하게 만들어야 하며, 돛대도 하나로 제한해야 한다거나 상인들이 무기와 화약을 수송해야 한다는 따위였다. 그런 충고들은, 상선이 파도를 순탄하게 헤쳐나가기 위해 흘수선 아래까지만 선적해야 한다는 사실을 모르거나, 무장을 하고 있어도 막상 해적을 만나면 상인들이 좀처럼 싸우려 하지 않는다는 점을 모르는 자들한테서 나왔다.[73] 물론 무장만 잘 되어 있으면 해적들도 분명 그런 배에는 가까이 가려 하지 않을 것이다. 투항한 해적 천상이(陳尚義)는 서양 선박만은 좀처럼 공격하려 하지 않았는데, 그 까닭은 그들의 배에 설치된 대포가 무서웠기 때문이라고 말하였다.[74] 또 해적들의 유형도 잘 살펴야 한다. 어떤 자들은 결코 전문적인 강도가 아니고 원래는 상인이었으나 밑천을 다 날리고 의지할 곳이 없어서 어쩔 수 없이 범죄에 빠진다. 그리고 또 어떤 자들은 스스퍄오가 관찰하였듯이 자기가 사는 지역 어부의 배를 훔쳐서 바다로 나가 상선을 빼앗고 약탈하는 무뢰(無賴)들이다. 그러나 이들은 독자적으로 약탈을 하지 결코 연합선단을 구성하지는 않는다. 모든 것이 평화스럽게 보일 때라도 상황을 끊임없이 점검해야 한다.[75]

소금 밀매상인들에게도 비슷한 문제가 있다. 허난(河南) 성이나 산둥 성의 실직유랑민들이 량화이(兩淮) 지역으로 흘러들어와 이 지역의 밀매집단에 가입하여 그들의 봇짐(또는 수레)에 사염(私鹽)을 담아 배에 싣는다. 밀매집단은 적으면 60명 정도, 많으면 200명 정도의 인원으로 구성된다. 이들은 무장을 갖추고 자신들의 배도 갖고 있는데 물불을 가리지 않는다. 그래도 강을 순찰하는 선단을 조직하고 허가증을 주어 특정한 구역을 순찰하게 함으로써 소금 밀매업자들을 어느 정도 단속할 수 있다.[76] 그러나 장난 지역에서 광산노동자를 통제하기란 훨씬 어렵다. 폐광이 될 때 많은 사람들이 일자리를 잃게 되고, 실직 광산노동자들은 불법으로 채굴을 계속하든지 아니면 인근에 사는 자들을 강탈한다. 이들은 광산의 환기구나 갱도에 숨어 지내고 심지어는 상인들을 윽박질러 숨을 곳을 마련한다. 이런 강도들의 일부는 토박이이고 나머지는 '달리는 말'(跑馬)이라고 불리는 외지인이다. 이 두 집단은 서로 협력하곤 한다. 토박이들은 지리에 관한 도움을 주고 '달리는 말'들은 힘을 제공한다. 군대가 나타나면 '달리는 말'들은 잽싸게 도망가거나, 토박이의 집에 숨어 버린다. 돈 주고 정보를 사지 않는다면 이들을 체포할 방도가 없다. 이들을 근절시킬 유일한 장기적인 대책은 새로운

광산을 열지 못하도록 해서 광산노동자들이 훗날을 기약할 수 없게 하는 것이다.[77]

가끔씩 나는 어떤 성(省)의 주민들은 어떤 특정한 결점을 갖고 있다고 말하였다. 예컨대 푸젠 성 사람들은 난폭하고 용감한 행동을 좋아한다. 학자들조차도 방패와 칼을 사용한다. 반면에 산시(陝西) 성 사람들은 거칠고 잔인하다. 그들은 싸움과 살인을 즐기며 대단히 반항적이다. 산둥 성 사람들은 고집이 세다. 그들은 언제나 첫째가 되어야 하고, 증오심을 키우며, 생명을 경시하고, 많은 사람들이 강도가 된다. 몽골인 중 할하부 사람들은 변덕스럽고, 물건을 가져도 만족할 줄 모른다. 아무리 많은 선물을 주어도 기뻐할 줄 모르고, 누구도 그들의 욕망을 완전히 채워 줄 수 없다. 반면에 산시(山西) 성 사람들은 너무 인색해서 자기 집안의 노인조차 돌보려 하지 않는다. 또 나그네가 와도 밥 한끼 대접하지 않고 술과 도박으로 꾀어서 가진 돈을 마구 써 버리게 한다. 장쑤(江蘇) 성 사람들은 부유하지만 부도덕하다. 그들이 저지르는 악행은 누구나 금방 알아차릴 수 있다. 장쑤 성에 사는 '부유한 상인'들이 대부분 산시(山西) 성 출신이라는 사실을 알고 나는 전혀 놀라지 않았다.[78]

그러나 민저(閩浙) 총독 주훙쭤(朱宏祚)가 대계(大計, 3년마다 지방에 근무하는 관료의 성적을 고과하는 것—옮긴이)를 보고하는 상소에서 푸젠인은 모두 방정맞다고 낙인찍었던 것처럼, 또는 변방 옌안(延安)에는 전혀 뛰어난 학자가 없다거나, 남방 사람은 모두 가볍고 경솔하다는 주장처럼, 어떤 지방의 모든 사람이 쓸모없다고 말하려는 것은 아니다. 사람의 재능은 출신지역에 따라 결정되지는 않는다. 거친 산골마을이라고 해서 능력 있는 사람이 전혀 없다고 말할 수 있겠는가? 재능 있는 사람이 자신이 태어날 장소를 선택하는가?[79]

1694년, 나는 과거가 시행되는 방식 때문에 인재를 놓치고 있다는 점을 주목하였다. 무진사(武進士)를 뽑는 과거에서도 대부분의 합격자는 저장과 장난 출신이었다. 반면에 허난과 산시(山西) 출신은 각각 한 명씩에 불과하였다. 합격자들은 단지 과거 답안을 모은 팔고문의 선문집(選文集)을 외운 것에 불과하였다. 가장 좋은 방법은 말타기와 활쏘기 능력에 따라 합격자를 선발하는 것이다. 그러나 군대에 복무하기를 진정 원하는 사람은 대개 서부지역에서 온 건장한 사람들인데, 실상은 가장 허약한 저장과 장난 지역 출신들이 무과에 합격하여 군대에 복무하고, 또 퇴역하면서 그 자리를 역시 허약한 친척들에게 넘겨준다.[80]

시험관 중에서도 부패한 사람이 있다. 시험관으로서의 기본 임무가 뭔지를 이해하지 못하는 사람, 자신도 전혀 모르는 실무에 관해 꼬치꼬치 캐묻는 사람, 유교경전의 암송만을 주장하면서 작문시험 부과를 거부하는 사람, 동향인(同鄕人)을 합격자 명부의 맨 위에 두는 사람, 가난한 자를 합격시키는 것이 시험관의 능력이라고 잘못된 주장을 하는 사람이 있다.[81] 응시자가 북방인이라거나 남방인이라는 것은 고향을 보고 알 수 있겠지만, 이름이 안 보이도록 봉한 거인(擧人)들의 과거답안지만 보고 그가 부유한지 가난한지 어떻게 알겠는가? 응시자를 살펴보면, 한림원에 근무할 수 있을 만큼 훌륭한 문장을 구사하는 사람은 극소수이다. 필체가 나쁘고 기초적인 역사서에 구두점도 제대로 찍지 못하는 사람이 숱하다. 벼슬을 돈 주고 산 한인 기인을 대상으로 특별시험을 치렀더니, 대다수가 베낄 책을 갖고 시험장으로 들어왔거나, 백지 답안을 제출하였다. 어떤 응시자는 사람을 돈 주고 사서 대리시험을 치르기도 하였고, 어떤 자는 자신의 고향보다 합격자 정원이 더 많이 할당된 성(省) 출신이라고 거짓말을 하기도 하였다. 이런 사람들을 식별해 내기는 쉽다. 나는 13개 성의 악센트를 익히 알고 있기 때문이다. 그 사람을 보고 그가 말하는 소리를 들어보면 그가 정말 어디 출신인지 알 수 있다.[82] 이 밖에 다른 문제들도 있는데, 시험감독을 철저히 하고 응시자의 답안지를 직접 읽어본다면 일부의 문제점들은 미연에 방지할 수 있다. 1700년에 나는 하공(河工) 상황을 살피러 가는 배에서 183명의 거인 복시(覆試) 응시자들의 답안지를 네 등급으로 구분하고 셋째 등급까지는 베이징에서, 또는 22년 전 박학(博學)과를 시행하였을 때처럼 바저우(覇州)의 장막에서 회시를 치르도록 허락하였다. 시험을 실시하기 전에, 한림원에 근무하는 소수의 학자들과 함께 열 명 단위로 모아 놓은 응시자들을 자세히 살펴본 다음, 붉은 글씨로 내가 문제를 써주고 대신들의 감독 아래 창춘위안에서 시험치도록 하였다. 이렇게 하면 응시자들이 만주어를 아는지 모르는지, 또 답안에 쓴 시가 그 자신의 것인지

를 알 수 있었다. 필기시험이 끝난 뒤에는 개별적으로 불러 면담을 하였다.[83]

어떤 사람이 진실로 훌륭할 때는 그가 진사든 아니든 구애받지 말고 발탁해야 한다. 한림원까지라도. 메이구청(梅穀成)이나 밍간투(明安圖)와 같은 수학자, 음운학의 왕란성(王蘭生), 경학(經學)의 가오스치(高士奇), 서예의 리두노(勵杜訥) 등이 바로 그런 인물이다.[84] 때로는 한림원에서 명성을 쌓았거나 학문이 뛰어나다는 사람들을 골라서 각 성의 순무로 파견하였다. 왕두자오(王度昭)·장보싱·천위안룽(陳元龍)이 그 예인데, 이들은 모두 1685년에 합격한 진사 출신이었다.[85]

1711년에 천위안룽을 순무로 임명할 때 이렇게 훈시하였다. "그대가 광시 성에 가면 문무(文武)의 조화를 이루라. 군대와 백성간에 분쟁이 없도록 하라. 순무는 군사도 책임지고 있으니 부단히 조련하라. 오랫동안 한림원에 재직한 그대를 이제 지방의 고관에 발탁하는 것은 특별한 실험이나 마찬가지이다. 정사를 돌보는 데 얼마나 능력이 있는지를 보여 달라." 처음에 그의 상주문은 너무 길고 구성도 잘못되어 있었다. 그리고 신비한 영지버섯이 향기로운 구름 아래 산꼭대기에서 발견되었으니 이야말로 폐하의 성덕을 나타내는 것이며 앞으로 장수를 보증할 징표라는 상주문을 올렸다. 그는 또 내가 그런 상서로운 징조들에 대하여 대수롭지 않게 여긴다는 사실을 알면서도 그 버섯을 궁궐로 보내지 않을 수 없으니 그것을 조사해 보거나 약으로 사용하라고 덧붙였다. 나는 대답하기를 "역사는 이와 같은 이상한

징조들로 가득 차 있지만, 그런 징조들은 나라를 다스리는 데
전혀 도움이 되지 않는다. 가장 좋은 징조는 풍년이 드는 것과
만족해하는 백성이다"라고 하였다. 그후로 그의 상주문은 짧아
졌고 신비스런 버섯 따위에 관한 언급도 없어졌다. 그는 분별력
있는 순무가 되었다.[86]

1711년에는 왕두자오를 저장 성 순무로 임명하였다. 그는 경
험이 부족하였지만, 처음부터 훌륭하게 업무를 처리하였다. 그
는 항저우(杭州)의 고물가 문제는 인구가 너무 많기 때문에 발
생하는 것이라고 주장하였다. 그리고 난신관(南新關)의 관세
수입이 떨어지는 이유는 남벌로 인해 선적되는 목재가 없기 때
문이라고 결론내렸다. 왕두자오가 유력한 서리두(胥吏頭) 한
명을 공격하자, 서리두 측에서는 왕두자오 역시 곡예단의 부정
사건에 연루되었다고 맞받아쳤다. 나는 이 사건의 복잡성을 알
아차리고 조사를 전담할 대신을 파견하지 않고 직접 처리하였
다. 그리고 장보싱이 재판받게 되자 왕두자오를 장쑤 성 순무
대행으로까지 임명하였다.[87] 그러나 그의 상주문에서는 백성에
대한 관심이 점점 줄어들기 시작하였다. 그래
서 결국 순무에서 해임하고 공부시랑에 임
명하였다.[88] (그런데 공부시랑이 부정직하다
고 밝혀져서, 그를 무인(武人) 관료의 자리로 옮
겼다.) 나는 1716년에 장쑤 성 순무 장보싱
을 베이징의 창곡(倉穀) 담당자로 전보시
켰다. 1707년에 장난 지방을 순행하면서 나는

그의 명성을 듣고 장보싱만큼 훌륭한 관료가 있는지 그 지방의 고관들에게 물어보았더니 이구동성으로 없다고 하였다. 그래서 나는 "그런데도 왜 아무도 그를 천거하지 않았는가? 짐이 직접 그를 추천하겠노라. 만일 그가 훌륭한 관료임을 입증한다면 백성들은 짐이 현명한 군주라고 말할 것이다. 만일 그가 부패하고 법을 어긴다면 백성들은 조소하면서 짐에게 사람 보는 눈이 없다고 말할 것이다"라고 하였다. 나는 그를 푸젠 성 순무로 임명하였고 그후에 장쑤 성 순무로 발탁하였다. 그러나 그는 갈리(噶禮)와 적대하여 서로를 탄핵하는 사건에 휘말려 마침내는 해적의 습격에 제대로 대응하지 못하고 허둥거렸으며, 무고한 백성 몇 명을 감옥에서 죽게 하였다는 혐의로 형부에서 사형판결을 받았다. 그러나 나는 사형을 허락하지 않고 대학사들에게 다음과 같이 말하였다. "확실히 그는 순무직의 적임자는 아니다. 그러나 그는 뇌물을 주고받지 못하도록 한 고결한 인품의 소유자이다. 짐은 그에게 지나치게 일이 많지 않은 재정담당 직책을 맡기겠다."[89]

삼번의 난이 진압된 이후 피폐하였던 윈난·구이저우·광시·쓰촨 성이 점차 이전의 모습을 회복하였으므로 세금을 감면해주고 인구증가 상황을 정확하게 파악할 방도를 강구하였다. 그런데 왕두자오가 1711년의 상주문에서 지적하였듯이 세금 감면조치는 저장 성 같은 곳에서는 실질적인 혜택을 주지 못하였다. 왜냐하면 저장 성에서 걷는 수많은 종류의 세금 중에서 최우선시되는 것은 조량(漕糧)이었기 때문이다. 그러므로 백성들은 조량미가 다 걷힌 뒤에야 비로소 자신에게 부과된 지정은(地丁銀)을 납부하기 위해 돈을 모았다. 더욱이 4월에는 비단을 짜느라 분주하고, 5월에는 들판에서 농사짓느라 여념이 없다. 그러나 이 순박한 농민들은 기일 내에 부과된 세금을 완납하였다. 반면에 무뢰(無賴)나 부패한 서리들은 해마다 세금 납부를 미루므로 체납액이 수백만 냥에 달한다. 따라서 세금이 감면되면 그 혜택은 세금을 체납한 악한 자들에게 돌아가며 이미 완납한 선량한 백성에게는 돌아가지 않는다. 왕두자오는 1711년의 세금 감면조치를 1710년의 미납 정세(丁稅)를 청산하려는 노력과 연계시켜, 정세를 체납한 자들이 감면혜택을 받지 못하게 하자고 제안하였다. 나는 이 제안에 동의하였고, 이렇게 덧붙였다. 세금체납자들의 대부분은 사실상 지방의 관료들이라고. 그리고 왕두자오에게 그가 비밀리에 올린 주접(奏摺)의 몇몇 문장들을 고쳐서, 내각에서 논의할 수 있도록 공개적인 제본(題本) 형식의 상주문으로 다시 제출하라고 지시하였다.[90]

나는 순행할 때마다 그 지역의 정(丁)이 어떤 상태인지 알아보려고 애썼다. 한 가구(戶)에 5~6정이 등록되어 있어도 세금을 내는 정은 단 하나일 수 있다. 또 8~9정이 있는 가구에서도 2~3정만 세금을 낸다. 확실히 인구는 증가하고 있지만 그것에 비례하여 토지면적은 늘어나지 않으므로 바위나 모래가 뒤섞인 땅이나 산간지역조차 모두 개간되었다. 그러므로 인구증가에 맞추어 정에 대한 세금을 증대시키는 조치는 타당하지 않다. 지방관들은 내가 정이 늘어나는 만큼 세금을 더 부담시킬까 염려하여 인구통계 보고서를 작성할 때 관할구역의 인구증가 상황을 정확하게 보고하지 않는다. 그래서 세금징수를 위한 정을 2,462만이 약간 상회하는 현재 규모로 고정시키고, 이보다 증가한 인구에 대해서는 "인두세를 부과하지 않으리라" 약속하고 성세자생정(盛世滋生丁)으로 등록시켰다. 만일 증가한 인구를 그대로 보고하면 그만큼 증액된 세금이 할당될 것이라는 지방관의 염려를 알고 있었으므로 그런 걱정을 없애려고 노력하였다. "증세하지 않으리란 것을 그대들이 어떻게 알 수 있겠냐마는 나는 단지 정확한 인구규모를 알기 원할 따름이다. 만일 지금부터 지방의 고위관료들이 정확한 인구수를 보고하지 않으면 즈리(直隸) 성부터 사람을 파견하여 가가호호 방문조사하고 정확한 인구수를 알아낼 것이다. 그때는 그대들 모두 뭐라고 변명할 것인가?"[91]

예부시랑 후쮀메이(胡作梅)는 많은 문제점들, 특히 누가 납세하는 정(丁)에 포함될 것인가를 결정하는 데서 생기는 문제점을 지적하였다. 왜냐하면 현재 이미 정으로 등록된 사람들에게는 전혀 이득이 없고, 모든 혜택이 (정의 수를 이전 수준에서 유지하도록 선발된 사람들을 제외한) 새롭게 등록될 사람들에게 돌아가기 때문이었다. 만일 다섯 정이 죽었는데, 새롭게 정으로 등록될 대상자가 열 명이 있다면 누가 납세의무를 질 정으로 선택될 것 같은가? 힘있는 자는 누락시키고 약한 자를 포함시키거나, 부유한 자가 아니라 가난한 자를 등록시키는 부정한 서리들이 있다. 인구가 증가할수록 더 많은 부정이 생길 것이다. 그의 제안은 이러하였다. 인구조사를 할 때마다 정세총액을 현재 살아 있는 인구수로 다시 나누어 모든 사람이 똑같은 정세를 내게 함으로써 시간이 흐를수록 정세부담을 가볍게 하자는 것이 었다. 그러나 3,200만 냥에 달하는 많은 세금을 우선 감면하여 체납액을 모두 갚을 수 있도록 한 다음, 원래의 안을 밀고 나가기로 하였다.[92]

나는 지방관들에게 진실로 백성들의 생계에 관심을 갖고 있다는 사실을 상기시키고, 나의 긍휼이 백성들에게 미치는 것을 방해하는 속임수나 사실을 은폐하는 행위는 절대 용납하지 않는다고 경고하였다. 아울러 이러한 변화를 새로운 대가를 강요하는 수단으로 악용하지 말도록 경고하였다. 그리고 그들에게 이 조칙을 받는 바로 그날 모든 도시와 학교에 그리고 대소를 막론하고 모든 마을에 게시하도록 명령하였다.[93]

내가 아직 젊었던 1672년 겨울, 무근전(懋勤殿)에서 강관(講官)들에게 "훌륭한 정치란 백성들로 하여금 편히 쉬게 하는 것이다. 정치를 잘한다는 것은 백성을 다치지 않게 하는 것이다. 수많은 문제를 완전하게 해결하는 것은 문제가 일어나지 않도록 하는 것만 못하다"라고 하였다. 그래서 나는 감찰관들에게 소문을 모은 보고를 올리게 하자는 제안을 거절하였다. 왜냐하면 부정직한 백성들이 훌륭한 지방관을 음해하고 말썽을 일으키는 데 소문을 악용할까 봐 염려되었기 때문이다.[94] 그로부터 32년 후, 총독부터 지현(知縣)까지 동원하여 소금전매 과정에서 나타나는 과다한 수수료를 모두 근절시키자는 차오인(曹寅)

의 주장에 대하여, 옛날에 사용한 적이 있는 경구(警句)들을 결합하여 경고하였다. "문제를 일으키는 것은 문제가 안 일어나게 하는 것만 못하다. 만일 그대가 목전의 관심사에 급급한다면, 생각지도 못한 일에 부딪힐까 염려된다." 1710년에 제독 스이더(師懿德)에게, 1711년에는 총병 장구전(張谷貞)에게도 똑같은 주의를 주었다.[95]

순무 마르사이(穆爾賽)가 산시(山西) 성에서 심각한 부패혐의로 탄핵되었을 때, 호부상서 코르콘(科爾坤)에게 말하였다. "이전에 그대는 나에게 마르사이는 결코 물의를 일으키지 않을 강직한 사람이라고 말하였다. 맨 먼저 이런 말을 한 자가 누구인가?" 코르콘은, 모든 사람이 마르사이가 정직하다는 점은 말하였지만 그가 결코 물의를 일으킬 사람이 아니라고 처음 이야기한 자는 산시(山西) 성 출신의 어사 천팅징(陳廷敬)이라고 대답하였다. 그러나 천팅징은 다른 대신들과 논의하는 자리에서 마르사이가 보통 수준의 인물이라고 말하였을 뿐 결코 물의를 일으키지 않으리라고 말한 적은 없다고 하였다. 그래서 코르콘에게 다시 묻자 이번에는 시랑 장훙다오(蔣弘道)라고 하였다. 장훙다오에게 묻자 그는 오랫동안 고향을 떠나 있었으므로 마르사이의 행동이 어떤지를 알지 못하였다고 대답하였다. 이처럼 대신들이 나에게 사과를 하는 둥 마는 둥 하자 나는 그들의 언행을 꾸짖고 나서 이렇게 경고하였다. "요즘의 관료 중에서 마르사이처럼 탐욕스런 자가 있는가? 만일 그대들이 이런 자를 '물의를 일으킬 사람이 아닙니다'라고 말한다면, 앞으로 내가 그대들을 어떻게 믿을 수 있겠는가?"[96] 순무 랑팅지(郎廷極)가 장시(江西) 성의 무관들에 대해, 그리고 실제 근무하는 군사 수를 부풀리는 허위보고가 널리 퍼져 있는 사실에 대해 처음으로 보고해 왔을 때, 나는 그에게 다음과 같은 회답을 보냈다. "문관이 금전을 탐하지 않고 무관이 죽음을 두려워하지 않는다면 나라가 태평하지 못할까 염려할 필요가 전혀 없다." 이것이야말로 얼마나 진실한가! 다시 그에게 말하였다. "관료의 도(道)는 다음 사항 이외에 별다른 것이 없다. 애정으로 감싸주고, 다스리는 일에 성실하고, 말썽을 너무 많이 일으키지 말며, 관리와 백성이 그대를 어머니처럼 사랑하게 만들라. 그것이 곧 훌륭한 관료가 되는 길이다."[97]

『중용』(中庸)에는 다음과 같이 쓰여 있다. "군자는 현재의 처지에 합당하게 행동하고 그 밖의 것은 원하지 않는다. 윗자리에 있을 때는 아랫사람을 능멸하지 않으며 아랫자리에 있을 때는 윗사람에게 잘 보이려고 아부하지 말고, 자기 몸을 바르게 하고 남에게 요구하지 않으면 원망하는 이가 없을 것이니, 위로는 하늘을 원망하지 않으며 아래로는 사람을 원망하지 않는다. 그러므로 군자는 고요하게 처신하여 천명을 기다리고, 소인은 위험한 짓을 하고도 요행을 바란다." 이는 진실로 현명한 말씀이며 해나 별처럼 빛이 난다.[98]

인간으로서 할 수 있는 최선을 다하고 그 다음은 천명에 맡기는 것(盡人事待天命), 이것이 우리가 해야 할 바이다. 농사지을 때는 들판에서 열심히 일하고 나서 좋은 날씨를 기대해야 한다.[99] 극심한 가뭄이 들었을 때, 나는 소금에 절인 채소조차 입에 대지 않은 채 거적을 깐 오두막에서 사흘 동안 기도하였다. 그 다음에는 천단(天壇)으로 갔다.[100] 1688년 봄에 가뭄이 들어 『주역』으로 점을 쳐보라고 하였다. 점쟁이가 '돌파'를 뜻하는 쾌(夬)괘를 뽑았다. 이는 큰 인물이 겸손하게 된 이후에야 비가 내릴 것이라는 의미였다.

> 군자는 굳게 결심하였네
> 혼자 걸어가며 비에 흠뻑 젖으리라고
> 그 몸에 흙탕물 튀기는데
> 백성들은 불만을 쏟아내는구나
> 비난하지 말지어다

그리고

> 잡초를 제거할 때는
> 뿌리째 뽑겠다는 굳은 결심이 필요하네

바로 이 달에 대학사 밍주의 파당에 속한 대신들을 모두 해임시켰다.[101]

점쟁이들은 종종 나쁜 징조는 못 본 체하고 넘어가지만 나는 그들이 점친 결과를 이중으로 점검하고 나서 진실을 왜곡하지 말라고 경고하였다. 한 번은 흠천감에서 온화한 남동풍이 불고 있다고 하였지만, 궁궐 내에 있는 관측기구로 풍향을 재어 보니 불길한 북동풍이 불고 있다는 사실을 알았다. 그래서 흠천감의 관료들에게 우리 청조는 나쁜 징조를 꺼리거나 회피하지 않는다고 말해 주었다. 그리고 또 관찰한 징조를 해석하는 데 상상을 보태거나 과장하지 말라고도 주의를 주었다. 인간사는 일식과 월식이 야기하는 현상과 관련이 있다. 따라서 일식과 월식이 언젠지 정확하게 계산하는 것보다도 우리가 이로 인한 곤란을 막고 평안함을 얻기 위한 대책을 마련하는 것이 중요하다. 예컨대 메뚜기 문제는 백성들이 먹고 사는 것과 관련해서 아주 중요한 문제인데도 백성들에게 메뚜기는 없앨 수 있는 게 아니라고 말하는 것은 어불성설이다. 날씨가 추워지기 전에 메뚜기알이 부화되더라도 땅속 깊이 쟁기질을 하여 부화하는 메뚜기를 죽이면 재난에서 벗어날 수 있을 뿐 아니라 이듬해의 추수도 풍성해지길 기약할 수 있다.[102] 우리의 삶 속에서는 많은 일들이 운명적으로 결정된 듯이 보이지만, 인간의 힘이 이런 저런 방식으로 하늘의 작용에 영향을 줄 수도 있다. 돋보기나 지남침같이 아주 작은 물건을 가지고도 그럴 수 있다. 해와 달, 행성의 움직임, 겨울과 여름의 절기, 일식과 월식에 대한 예보를 정확히 하는 것, 이 모든 것은 봄의 파종, 여름의 제초, 가을의 추수를 잘하는 것과 관련이 있다. 우리는 하늘이 자신의 일을 다하도록 재촉해야지, 하늘이 알아서 하게 내버려두어서는 안된다.

　우리 자신의 삶도 이와 비슷하다. 비록 우

리의 삶은 운명이 좌우하지만, 그 운명이란 우리의 마음에서부터 생기는 것이고, 행복은 우리 스스로가 추구하는 것이다. 행성이 움직이는 궤도를 통해 결혼운, 재물운, 자식운, 직업운, 일년운 등에 관하여 점칠 수 있지만 이런 예언이 훗날의 경험과 비교해 보면 반드시 일치하지는 않는다. 이는 바로 진인사(盡人事)하지 않으면 하늘의 도를 이해할 수 없기 때문이다. 만일 점쟁이가 성공할 것이라고 말한다 해서 "나는 성공할 운명이야. 그러므로 공부를 열심히 할 필요가 없어"라고 말할 수 있겠는가? 또 점쟁이가 부자가 될 것이라 하였다고 해서 가만히 앉아서 재물이 굴러 들어오도록 할 수 있는가? 점쟁이가 불행 없는 삶을 살 것이라고 하였다 해서 겁없이 무모하게 날뛸 수 있겠는가? 주팡단(朱方旦)처럼 제정신이 아닌 이단적인 점쟁이는 광기어린 말과 선동적인 책자로 한 성의 순무나 장군들을 그릇되게 인도할 수 있으므로 반드시 참수시켜야 한다. 그러나 어떤 사람이 맹인 뤄(羅)만큼 별점을 잘 친다면 대장군이라도 그에게 보내서 상의하게 해야 할 것이다.[103]

젊었을 때에 한 번은 울창한 숲으로 뒤덮인 산 속에 있었는데, 천둥치는 소리가 나서 도망쳤다. 얼마 후 내가 걷고 있던 길 양쪽의 나무들이 벼락을 맞았다. 이처럼 하늘의 징조를 살피는 것이 어렵지만, 그 징조에 솔직하게 다가가면 일종의 예지를 얻을 수 있다.[104] 나는 결코 『주역』에 싫증내지 않으며,

예언서로서 또 도덕적 원리를 제공해 주는 근원으로 활용하고 있다. 나는 강관(講官)들에게, 그대들이 해서는 안될 단 한 가지는『주역』이 단순한 것처럼 여겨지도록 만들어 버리는 일이라고 일러두었다. 간단한 문장 뒤에도 심오한 뜻이 담겨져 있기 때문이다.[105] 쓰여 있는 문장에는 넘을 수 없는 한계가 있다. 왜냐하면 이 세상의 근본적인 소리는 사람의 음성으로부터 만들어진 것이기 때문이다. 그리고 사람의 소리는 문자의 점과 선으로 표시된다.[106] 그러므로 나는 종종 하루에 천자 이상씩 쓰면서 규칙적으로 서예를 연습한다. 곧 오른손으로 조서를 쓰고, 나이가 들면서는 옛날의 글씨체를 베끼기도 하고(어렸을 때 궁궐에서 환관에게 글씨를 배우면서 그랬던 것처럼), 만주글자를 완벽하면서도 빨리 쓸 수 있도록 연습하기도 한다.[107] 그러나 사람의 목소리가 중요하다는 점은 결코 잊지 않는다. 신들에게 기원할 때 내 이름이 나오면 나는 의례를 담당한 관원에게 다음과 같이 말한다.

"짐의 이름 부르기를 주저하거나 웅얼거리지 말라. 두려워하지 말고 큰 소리로 맑게 불러라."[108]

思

3

사
고
(思
考
)

자명종을 읊으며

그 기술은 서양에서 왔네
그러나 우리도 배워서 그 기술을 익힐 수 있지
톱니바퀴가 돌면 시간도 흐르고
바늘은 1분 1분 지나는 것 보여주네

두건 쓴 파수꾼이여 새벽이 온다고
알릴 필요 없다
나의 황금빛 시계가 시간을 알려주니까
저녁에 불 밝힐 때까지 정사를 돌보느라 열심이네
"왜 이렇게 상주문이 더딘가?" 끊임없이 물으면서

강희제 1705년경[1]

대부분의 사람들이 어떤 것에 대해 잘 모르면서도 아는 척한다. 어릴 때부터 나는 스스로 깨우치려 하였고 모를 때는 아는 척하지 않았다. 나이가 지긋한 사람을 만날 때마다 그들이 쌓은 경험을 물어보았고, 그들이 말해 준 것을 잊지 않고 기억해 두었다. 열린 마음을 가지면 배울 수 있다. 자신의 능력에 대해 자만한다면 다른 사람들의 장점을 배울 기회를 잃어버린다. 나는 천성적으로 질문하기를 좋아한다. 아무리 상스럽고 미천한 사람일지라도 남에게 말해 줄 소중한 어떤 것, 근원까지 조사해서 기억할 만한 무엇을 갖고 있다.[2]

솜씨 좋은 대부분의 장인(匠人)들은 자기만이 아는 특별한 기술을 갖고 있으며, 누구에게도 그 기술을 알려주려 하지 않는다. 어떤 특별한 것에 몰두하여 정신적인 에너지를 낭비하지 않음으로써 그들의 몸은 힘을 얻는 것 같다. 서예가, 화가, 여러 가지 기구를 만드는 장인은 일흔이나 여든까지 살면서 젊었을 때 못지 않게 건강하고 솜씨 좋게 일하는 경우가 많다. 명말에 태어났는데도 아직 살아 있는 사람들이 많이 있다. 쑤저우(蘇州)의 악기 제조공인 저우(周)씨 영감이나, 궁정 악사인 주쓰메이(朱四美)가 여든에도 비파를 잘 다루고 그 음색을 정확하게 분별하는 것처럼.[3]

어떤 것을 확실히 알려면 직접 관찰하거나 경험해 보아야만 한다. 귀동냥해서 또는 책장을 넘기다가 언뜻 보고서 무엇을 안다고 하면 진짜로 아는 사람에게 웃음거리가 될 뿐이다. 예컨대 옛사람들은 록(鹿)과 미(麋)의 뿔이 자라나는 과정 전체를 이해하지 못한 상태에서 뿔갈이 시기가 다른 것만을 들어 종(種)이 서로 다른 사슴이라 생각하였다. 사실 록에는 산에 사는 놈, 초원에 사는 놈, 해변 가까이 사는 놈 등 다양한 종이 있는데, 그들은 이런 차이를 몰랐던 것이다.[4] 또 질나팔(壎)과 대나무피리(篪)라는 두 악기를 예로 들어보자. 『시경』에 이르기를

> 형은 질나팔을 불고
> 아우는 대나무피리를 부는구나
> 그 모습, 너와 내가 한 줄에 꿰어 있는 듯하네

라고 하였다. 학자들은 형제간의 우애를 이야기할 때 언제나 훈과 지를 등장시킨다. 그러나 훈과 지를 본 적이 있느냐고 물어보면 보았다는 사람은 없다. 그래서 어느 해 섣달 그믐에 환관을 시켜 건청궁(乾淸宮)의 악기창고에서 훈과

지를 꺼내 오게 하여 한림원과 남서방(南書房)의 학자들에게 보여주었다. 그제서야 그들은 두 악기가 실제로 어떤 악기인지 깨달았다. 음악 자체는—음의 높낮이와 원리가 시대와 지역을 막론하고 같기 때문에—비슷한 법이지만, 악기는 일정한 공정을 거쳐 만들어져야 하고 조율되어야 하며 그 화음 역시 적절히 연구되어야 한다.[5]

아침저녁의 조수처럼 가끔씩은 정확한 해답을 발견하기 어려울 때도 있다. 산하이관(山海關)이나 톈진, 또는 양쯔 강 하구의 바닷가에 갈 때마다 언제 바닷물이 높아지고 낮아지는지 관찰하였다. 그러나 지방 주민에게 물어보면 저마다 대답이 달랐다. 그리고 장소에 따라서 측정된 시간도 달랐다. 나중에 샘이나 우물물도 그 표면에 약간씩 높낮이의 변화가 있다는 사실을 알았다. 비록 변화가 일어나는 시간을 정확하게 알 수는 없지만, 서양인과 선원들에게도 물어보았는데, 그들의 대답도 제각각이었다. 조수와 달의 차고 이지러짐 사이에 일정한 관련이 있다고 한 주시(朱熹)의 말은 틀림이 없지만, 그 이상 명확히 밝히기란 어렵다.[6]

공부와 경험 둘 다에 신경써야 하는데도 대체로 우리는 공부보다는 경험에서 원리에 대한 생각을 이끌어낸다. 많은 사람들은 오래된 자기그릇을 '골동품'이라 부른다. 그러나 원리의 관점에서 보자면, 그것은 이전에 사용되었던 물건을 의미한다. 오늘날에는 그것들이 지저분해서 물이나 술을 따라 마시기에 적당하지 않으므로, 책상이나 서가에 올려놓고 가끔씩 쳐다볼 뿐이다. 반면에 네덜란드인들이 준 녹슬지 않는 검을 길이를 재는 자로 개조한 것처럼 물건의 기능을 바꾸고 특성을 바꿀 수도 있다. 예수회 선교사 앙투안 토마가 지적한 것처럼 이런 경우는 두려움을 주는 물건을 즐거움을 주는 물건으로 바꾼 것이다. 외국사절단이 우리에게 자주 갖다 주어서 이제는 나의 자식들에게도 친숙해진 사자나 다른 짐승들처럼 이전에는 드물었던 것이 점차 흔해질 수도 있다. 그럼에도 불구하고 새로운 것이 나타나면 어김없이 가까이 다가가 자세히 살펴본다. 언젠가 북변을 순행하였을 때 조선의 왕이 보내온 바다사자를 보고 나는 즉시 베이징으로 사람을 보내 서양사람들이 이 동물을 뭐라고 부르는지 확인할 수 있는 책을 가져오게 하였다.[7]

우리는 필요하다면 서양의 기술을 적절히 소화해 왔다. 명말에 서양인들이 처음으로 규표(gnomon)를 갖고 왔을 때 중국인들은 그 기능을 이해하기 전까지 귀한 보물로만 생각하였다. 1653년 순치제께서 자그마한 자명종을 얻었을 때 언제나 당신 곁에 두었다. 그러나 우리는 용수철의 균형을 맞추고 차임벨을 만드는 방법을 하나씩 배워 마침내는 자명종 전체를 만들게 되었다. 그래서 나의 자식들도 원하기만 하면 한 사람이 열 개씩의 자명종이라도 갖고 놀 수 있게 되었다. 그리고 우리는 단시간에 배워서 서양의 유리제품보다 뛰어난 유리그릇을 만들었다. 또 그들의 습기 찬 해양성 기후가, 건조하고 먼지 많은 중국의 기후보다 더 좋은 광택을 내도록 하지만 않는다면 우리의 칠기는 서양 것보다 뛰어날 것이다.[8]

모든 사물에 질문을 던지고 연구하라. 책에만 빠져서 바보가 되지 않는다면 사물이 점차 잘 이해되기 시작할 것이다. 둥중수 (董仲舒)가 "바람이 불어도 나뭇가지에 윙윙 우는소리가 나지 않고, 비가 내려도 땅위의 흙덩어리를 부수지 않는다면 온 세상에 평화가 찾아올 것이다"라고 한 말을 어떻게 믿을 수 있겠는가? 바람이 나뭇가지를 움직이지 않으면 어떻게 인생에 자극을 주겠으며, 비가 흙덩어리를 부수지 않으면 어떻게 쟁기질을 하고 씨를 뿌리겠는가? 잘 살펴보면 그의 말은 겉만 번지르르하고 알맹이 없는 소리에 불과하여 믿을 게 못된다는 사실을 알 수 있다.[9] 수사슴이 나무에 뿔을 문지르면 왜 불이 나는지, 썩은 나무는 캄캄해지면 왜 빛 같은 것을 발하는지 페레이라에게 물어보자 정확하게 대답하였다. 옛날 책에는 상자 속의 반딧불로 밤에 책을 읽을 수 있다고 적혀 있어서 러허(熱河)에 있을 때 시종들에게 반딧불이 수백 마리를 잡아 큰 상자 안에 넣게 하였지만 글자 하나 읽을 만한 빛도 내지 못하였다. 한대(漢代)의 저술가 둥팡숴(東方朔)는 북극 근처에 결코 녹지 않는 수백 자 두께의 얼음이 있고, 또 땅 속에는 무게가 수천 근이나 되는 쥐가 있다고 기록하였다. 최근에 러시아인들은 그곳이 정말로 얼음으로 뒤덮여 있으며, 거기서 특별한 용도의 도구를 만들 정도로 커다란 상아를 가진 코끼리만한 쥐(곧 맘모스)가 발견되었다고 기록하였다. 그 도구들을 나는 직접 보았다. 나는 책에서 보았을 뿐이지만 믿을 만한 사람들이 확증해 준 이상한 것도 있다. 라시와 창세오는 중국 서쪽의 땅에는 우리처럼 가뭄은 없으나, 다른 형태의 곤경이 찾아오는 것을 알고 있다고 하였다. 때로는 곡식이 곤충으로 변해 날아가 버리거나, 어떤 때는 곡식이 익을 무렵 곡식알갱이에 피가 가득 찬다는 것이다.[10]

한번은 남순하는 길에 장잉에게 어떤 절에 여러 번 가보았다면 다시 가볼 필요는 없고, 나 역시 다른 형태의 성지, 곧 장난(江南)의 사원이나 우타이산(五台山, 이곳에 만주어 송덕문을 새겨 놓았다), 타이산(泰山) 정상(옛날 공자가 이곳에 올라 천하를 내려다보았다고 한다)에 올라가는 것을 더 좋아한다고 말해 주었다. 1684년의 순행길에는 자신의 생명을 바쳐서라도 죽어 가는 부모의 목숨을 구하려는 사람들이 종종 자살하는 절벽으로 가보자는 수행원들의 요청을 받아들이지 않았다. 자살이 행해지는 장소를 방문함으로써 결과적으로 그런 행위를 묵인하는 격이 되지 않을까 염려하였기 때문이다. 아무리 효도를 하기 위해 자살한다 하더라도 자신의 생명을 제물로 삼는 행위는 부모를 도울 모든 기회를 방기하는 짓이다.[11] 그 대신 취푸(曲阜)에 있는 공자의 옛집으로 가서 제물을 올리고 절하였으며 제례음악을 듣고 『대학』과 『주역』의 진강(進講)을 들었다. 그러고 나서 공자의 후손 연성공(衍聖公) 쿵위치(孔毓圻)와 그의 일족 쿵상런(孔尚任)을 들어오라고 하였다.[12]

시위들이 장막을 걷고 공자 성상(聖像)의 먼지를 털어 낸 후에 내가 자세히 물었다. "성상은 언제 만들어졌는가?" "동위(東魏) 홍화(興和) 3년(541) 연주자사 리팅(李珽)이 처음으로 흙을 빚어 상을 만들었다고 합니다." "이 예기(禮器)들은 언제 만들어진 것인가?" "후한 원화(元和) 2년(85)에 장제(章帝)가 와서 제사지내고 남겨 둔 제기(祭器)입니다." "돌에 새겨진 공자의 여러 화상 중 어느 것이 가장 진짜에 가까운가?" "제자인 자공이 그린 것을 진(晉)의 구카이즈(顧愷之)가 다시 그린 그림이라고 합니다." "이 글씨는 누구 것인가?" "송 휘종(徽宗)의 비백자(飛白字)입니다."

그리고 쿵상런에게 물었다. "몇 살인가?" "서른일곱 살입니다." "성인의 몇대 손인가?" "64대손입니다." "쿵위치는 몇대 손인가?" "육십칠대손입니다." "그대는 서른일곱이라는데 자식은 몇이나 두었는가?" "둘입니다." "그럼 서른일곱이 안되었는가?" "아닙니다. 서른일곱입니다." "시는 지을 줄 아는가?" "조금 배웠습니다."

공자가 손수 심었다고 하는 나무가 있었다. "이 나무는 썩지도 않았는데 왜 가지가 하나도 없는가?" "명 홍치(弘治) 12년(1499)에 불이 나서 가지와 잎사귀는 다 타 버리고 몸통줄기만 남았습니다. 그 후로 200여 년 동안 썩지도 않고 잎이 나지도 않은 채 쇠처럼 단단해졌습니다. 그래서 '쇠나무'(鐵樹)로 알려져 있습니다." 하도 이상해서 시종에게 만져 보라고 하였다. "한대의 비(碑)는 어디에 있는가?" "옛날의 서책을 모아 두는 규문각(奎文閣)에 있습니다. 대문 오른쪽에는 후한 원가(元嘉) 연간(153)까지 거슬러 올라가는 백호비(百戶碑)가 있습니다." "왜 백호비라 하는가?" "한대 이후에 성인의 후손으로서 공림(孔林)과 공묘(孔廟)를 돌보는 임무를 맡았던 관직인 백호에 임명된 사람들의 비가 모여 있기 때문입니다."

나는 또 물었다. "문 너머에도 고적(古蹟)이 있는가?" 벽수(璧水)가 있는데 수원(水源)이 없어서 쉽게 마른다고 하였다. 동쪽에서 샘물을 끌어와 사당 안으로 흐르게 하면 벽수가 가득할텐데 칙지가 내리지 않는 한 함부로 이런 일을 할 수 없었던 것이다.

대성전(大成殿)의 대지는 무척 넓었다. 성인의 집은 어디에 있는지 물었다. 강관(講官)의 말로는 노벽(魯壁)의 유지(遺址)가 성인의 저택이 있었던 곳이라 하였다. 성인이 쓰던 우물 난간에 기대어 몸을 구부리고 물을 떠서 마셔 보았다. 노벽의 유지에 대해 물어보자 성인의 9대손이 시황제(始皇帝)가 분서(焚書)를 행할 때 유교경전을 숨겨 놓았던 곳이라고 하였다. 이 경전은 150년 노나라 공왕(恭王)이 왕궁으로 통하는 길을 내려고 건물을 허물게 하자 발견되었다고 한다. 나는 바로 그 자리를 가리키면서 자세히 살펴보았다.[13]

나무와 풀이 공자 묘 위에서 자라고 있었는데, 나는 얼굴을 북쪽으로 향하고 이마를 땅에 대고 절한 다음 대학사 밍주가 가지고 있던 황금술잔에 제주(祭酒) 석 잔을 따라 올렸다. "무덤 위에서 자라는 초목은 무엇이냐? 해나무(楷)는 어디에 쓰이는가? 시초(蓍草)는 없는가? 살펴보게 조금 가져와 봐라. 쉰 개의 잎사귀가 달린 시초가 자라고 있으면 그 걸로 점을 쳐보거라. 잘 맞을 것이다. 여기에도 그런 것이 있느냐?" 그들이 말하기를 지금 눈에 띄지는 않으나 황제의 행차를 기념하여 반드시 자라

고 있을 것이라고 하였다. 그래서 그 풀이 자라는지 살펴보게
하였다. 마침내 약간의 풀을 찾아내자 한 움큼 가져오게 해서
독특한 향기를 맡아 보았다.

다 둘러보고 나서 대성전에 남면하고 앉아서 물어보았다.

"공림(孔林) 주변의 토지는 얼마나 되는가?"

"모두 합해서 18경(頃)입니다. 지난 2천여 년 동안 족인들이
날로 번창하여서 이제는 묘지에 빈 자리가 전혀 없습니다."

"장차 이를 어찌할 작정인가?"

"폐하께서 이렇게 하문해 주시니 천대 후손에게까지 크나큰
축복입니다. 그러나 공림 바깥의 토지는 모두 민전(民田)으로
등록되어 있습니다. 저희들은 절대로 토지를 확장할 수 없습니
다. 저희들은 폐하께서 특별한 은총을 베풀어 주시기만을 바랄
뿐입니다."

나는 수행원들과 함께 웃으면서 말하였다. "상주문을 써서
올려라."[14]

쿵위치에게는 여우 가죽으로 장식한 예복과 검은 담비 가죽
으로 만든 마고자를 주었다. 국자감생 쿵상런과 그 가문의 생원
들에게는 장학금으로 백금 5냥씩을 주었다.[15]

장난 지방에서 양쯔 강을 건너 북쪽으로 올 때 배 밑바닥이
평평한 사선(沙船)을 타고 왔다. 사선은 잔잔한 물결 위를 빠르
게 달렸지만 내가 탄 배나 수행원이 탄 배가 정말로 안전한지 의
심이 생겼다. 그래서 훗날 쑤저우(蘇州)의 조선소를 방문하여
배 만드는 과정을 살펴보았다. 그리고 아름답고 견고한 황선(黃

船)의 설계를 직접 감독하기도 했다. 황선을 타면 바람이 세차게 불어도 전혀 걱정할 필요가 없었다. 이것은 안전성과 관련된 근본적인 문제를 백성들과 함께 의논하여 얻은 결과물이다.[16]

서양의 수학도 쓸모가 있다는 사실을 깨달았다. 제위에 오른 직후 수학에 처음으로 관심을 가졌는데 당시는 예수회 선교사인 아담 샬과 그의 비판자 양광셴(楊光先)이 대립하고 있었다. 이들은 오문(午門, 자금성의 남쪽 대문) 근처에서 각각 자신의 기술이 뛰어나다고 논쟁하였는데, 거기에 있던 대신들은 아무도 논쟁의 내용을 이해하지 못하였다. 샬은 감옥에서 죽었지만 내가 약간의 천문학 지식을 가진 뒤인 1669년에는 샬의 친구 페르비스트를 용서하고 관직을 주었으며, 1682년에는 승진시켰다. 1687년에는 새로이 중국에 도착한 예수회 선교사 퐁타네와 그 일행을 베이징으로 오게 하였다. 그들이 중국 상인의 배를 타고 불법적으로 입국하였으므로 예부에서는 추방시켜야 한다고 주장하였지만 나는 예부의 주장을 받아들이지 않았다. 그리고 1680년대에는 페르비스트와 만주어로 서양의 기술에 대해 토론하였다. 그리말디와 페레이라도 만주어를 배우게 하여 대화하였다.[17]

러시아와 네르친스크 조약을 체결한 후 예수회 선교사인 토마, 제르비용, 부베에게도 만주어를 배우게 하여 서양의 수학과 유클리드 기하학에 관한 논문을 만주어로 쓰게 하였다. 1690년대 초에는 하루에 몇 시간씩 그들과 함께 작업하였다. 페르비스트와 함께 대포

제작공정의 각 단계를 관찰하였으며, 또 그에게 기계장치로 작동하는 분수를 만들게 하였고, 궁궐에 풍차도 세우게 하였다. 맏아들 인티의 지시 아래 훗날 브로카르드(Brocard)와 자르투(Jartoux)를 가세시킨 새로운 집단들은 양심전(養心殿)에서 작업하였다. 나는 시계와 역학에 대해 공부하였다.[18] 페레이라는 나에게 하프시코드*로 푸엔저우의 곡조와 8음계의 구조를 들려주었다. 페드리니(Pedrini)는 나의 아들들에게 음악이론을 가르쳐 주었고, 게라르디니(Gherardini)는 궁정에서 초상화를 그렸다.[19] 나는 또 구체(球體)·정육면체·원뿔의 무게와 부피를 계산하는 법, 거리를 측정하거나 제방의 각도를 재는 법을 배웠다. 훗날 하공(河工)을 감독하러 간 길에 담당관에게 하공계획을 세울 때 어떻게 하면 더 정확한 계산을 할 수 있는지를 서양의 방법을 이용하여 보여주었다. 땅에 측량도구를 꽂아 놓고 아들들과 시위들에게 창과 말뚝으로 여러 지점을 표시하게 하였다. 나는 무릎에 계산통을 올려놓고 철필로 숫자를 쓴 다음 붓으로 다시 옮겨 썼다. 또 땅에다 화살로 도형을 그려 가면서, 원주를 계산하는 방법이나, 개의 이빨처럼 들쭉날쭉한 땅의 면적을 측정하는 방법을 알려주었다. 그리고 몇 초 동안 흐르는 물의 양을 파악하여 단위시간당 흐르는 물의 양을 계산한 다음 시간을 곱하여 수문을 통해 하루종일 흐르는 강물의 양도 계산해 보였다.[20]

* 16~18세기에 쓰인 서양의 건반악기로 피아노의 전신이다―옮긴이.

자르투가 태양의 움직임에서 나타나는 다양한 현상을 분석하는 천체도판을 선물하였을 때 처음에는 받을 가치가 없는 거라고 생각하였다. 사소한 것이든 중요한 것이든 나는 언제나 잘못한 일에 대해 기꺼이 인정해 왔으므로, 마음을 바꾸었다. 그래서 천체도판을 다시 가져오라고 그에게 명령하였다. 그는 지평선 때문에 그리고 지구가 둥글기 때문에 베이징에서 보이는 월식이 서부지방인 쓰촨이나 윈난에서는 보이지 않을 수도 있다는 사실을 계산해 보였다. 또 하늘의 어느 지점에서 일식이 발생할 것인지 추적하였으며, 흠천감에서 계산한 것보다도 더 정확하게 일식이 일어나는 시간을 계산하였다. 셋째아들 인즈(胤祉)에게 창춘위안의 위도를 계산하는 법을 가르쳤더니 북위 39도 59분 30초라고 확정하였다.[21] 중국의 땅과 도시를 그린 지도는 약도였고 거리도 부정확하게 측정되었으므로 서양인들을 보내 제국 전체의 지도를 그리게 하였다. 남쪽 끝에서부터 북쪽으로는 러시아까지, 동쪽 끝에서 서쪽으로는 티베트까지. 이들은 거리에 대한 정확한 수치를 얻기 위해 하늘 각 지점의 각도를 계산하는 방법을 동원하였다.

그러나 나는 이 서양인들을 '대관'(大官)으로 부르지 않으려고 애썼다. 그래서 구이저우 순무 류인수(劉蔭樞)가 구이저우 성의 지리를 조사하기 위해 파견된 예수회 선교사 레지스와 프리델리를 흠차대신이라 칭했을 때 그러지 못하게 했다.[22] 서양의 방법이 우리와 다르고 또 우리보다 약간 진보했을 수도 있지만 그렇다고 완전히 새로운 것은 별로 없다.[23] 수학의 원리들은 모두 『주역』에서 유래했고, 서양의 방법은 그 기원이 중국에 있다. 앨지브러(algebra, 중국어로 아얼주바얼[阿爾朱巴爾]로 음역됨)라 일컫는 산법(算法)은 중국에서 서양으로 전해졌다. 그리고 그들이 우리의 고대 역법 전문가들이 몰랐던 것, 곧 북극의 각도를 어떻게 계산할 것인가를 알려주었지만, 사실상 이것은 주시(朱熹)가 격물에 대해 논하면서 이미 도달하였던 진리—땅은 계란 노른자 모양이라는 것—를 확인시켜 주는 것에 불과하였다. 서양인들도 『주역』에 담긴 원리들을 발견해서 사정(四正, 동·서·남·북—옮긴이)과 사유(四維, 동남·서북·서남·동북)를 모방하였던 것 같다. 그들도 『하도낙서』(河圖洛書)에 기록된 것과 같은 마방진(魔方陣)을 알고 있었다. 마방진은 왼쪽으로부터 숫자 1, 3, 9, 7이 돌아가면서 배열되어 있고, 숫자 5는 가운데 칸에 고정되어 있다. 5는 하늘을 나타내는 3과 땅을 나타내는 2의 합으로서 인간의 조화를 상징하는 것이다.[24]

4	9	2
3	5	7
8	1	6

나는 " '새로운 계산방법'은 실수가 없도록 만들어 준다"거나 "서양역법의 일반 원칙은 전혀 오류가 없다"라고 하면서 그들의 업적을 칭찬하였다. 그러면서도 그것들이 사소한 실수도 전혀 일어나지 않게 할 수는 없으며 수십 년 동안 발생하였던 작

은 오류들이 산더미처럼 쌓여 있다고 말해 주었다.[25]

결국 그들은 내가 아는 것의 한 부분만을 알고 있을 뿐이며 서양인 가운데 누구도 중국 문헌에 정통한 사람은 없다. 다만 예수회 선교사 부베는 예외인데, 그는 중국 책을 엄청나게 많이 읽어서 『주역』까지도 깊이 공부할 수 있는 수준에 이르렀다. 또 그들이 어떤 문제를 토론하는 것을 보면 종종 웃음을 금할 수 없는 때가 있다. 그들이 어떻게 감히 '중국의 대도(大道)'에 대해 이야기할 수 있는가?[26] 그들은 때로 우리의 방식에 익숙하지 못하기 때문에 잘못 행동하기도 하고, 또 무식한 중국인 동료 때문에 잘못된 길로 인도되기도 한다. 교황의 사절로 왔던 투르논은 그의 상주문에서 황제(皇帝), 황상(皇上) 등의 글자는 행을 바꾸어 다음 행의 첫머리보다 한 글자 올려 쓰는 것을 모르고 있었으며, 부적절한 문구를 사용하였다. 또 '황제'를 뜻하는 황(皇)이란 말은 오직 나에게만 사용되는 것인데, 자신들의 임금을 나타내는 말로도 쓰일 수 있다고 하였으며, 발톱이 다섯 개 달린 용무늬가 새겨진 종이에다 상주문을 쓰는 등 여러 가지 실수를 범하였다.[27]

투르논은 1705년 궁정에 도착하였을 때 병에 걸렸으므로 관대하게 대우하여 나를 알현하는 방문 앞까지 들것에 앉아 오도록 해주었고 이마를 땅에 대는 고두(叩頭) 대신 무릎을 굽히고 몸을 앞으로 숙이는 인사를 하도록 허락해 주었다. 또 그는 가부좌를 틀고 앉거나 중국인처럼 앉아 있을 수 없었으므로 환관을 시켜 방석을 여러 개 쌓아 편안하게 앉도록 해주었다. 마비

증세가 점점 심해져서 탕산(唐山)의 온천에도 보내 주었다. 알현하러 왔을 때는 그가 교황의 특사이자 도를 닦는 사람이므로 은총을 베푼다고 말하면서 내가 쓰는 황금술잔에 술을 따라 주었으며 고기·차·과일을 직접 권하였다.[28]

그러나 그는 편견에 가득 차 있었고 믿을 수 없었으며 옳고 그름을 분간하지 못하는 인물이었다. 첫번째 올린 상주문의 요약부분에서 그는 사신으로서의 세 가지 목적을 언급하였다. 곧 교황이 중국의 그리스도 교도를 만나고 싶다는 것, 황제에 대한 교황의 존경심을 전하는 것, 중국에서 그리스도교를 전하는 자들을 황제가 보호해 준 것에 감사를 표시하는 것이었다. 이 대부분은 첫번째 상주문을 올리기 전에 이미 그가 말하였던 내용들이다. 나는 시종 헨카마를 통해 투르논에게 이르기를, 지구를 돌아오는 장거리 여행의 위험을 감수한 것에 견주면 사소한 목적처럼 보인다고 하였다. 그러자 투르논은 교황이 세심하고 학식 있는 사람을 베이징에 상주시켜 모든 선교사들을 감독하는 '감독자'로 삼고, 로마와 연락을 취하게 하고 싶어한다고 하였다. 나의 판단으로는 이 요구 역시 하찮은 것이었으므로 만일 이것이 교황이 원하는 전부라면 투르논의 임무 역시 이제 끝났다는 사실을 주지시켰다. 교황이 특사를 통해 보내온 편지를 베이징의 예수회 선교사인 제르비용·페레이라·그리말디가 중국어로 번역한 것을 읽고 나서 '감독자'에는 중국에 10년 이상 거주한 자로서 내가 보기에 중국인의 생활과 언어, 풍습을 익히 아는 자가 임명되어야 한다고 덧붙였다. 그렇지 않으면 많은 실수와 혼란이 야기될 것이다. 어쨌거나 나는 헨카마를 유럽에 보내 이와 비슷한 일을 시키지는 않을 것이다. 이에 대해 투르논은 헨카마를 통해 내가 베이징의 예수회 선교사들의 압력에 양보한 것이 틀림없다는 반응을 보내 왔다. 그래서 나는 조정의 신하들에게 예수회 선교사들 중에 누가 이런 무의미한 '감독자' 직을 기꺼이 맡으려 할 것 같은지 물어보았다. 그리고 예수회 선교사들에게 그들이 결코 그 '감독자' 직을 수락하지 않을 것이라고 투르논한테 말하도록 하였다. 교황 특사가 가장 중요하게 여기는 것은 베이징과 로마 사이의 상호 서신교환이라고 제르비용과 페레이라가 알려주었다.[29]

그래서 나는 투르논을 불러 마주보고 말하였다.

"교황(강희제는 교황을 교왕으로 낮추어 불렀다―옮긴이)은 건강한가?"

"건강하십니다. 폐하께서 저희들에게 베풀어 주신 크나큰 환대에 대해 들으신다면 그분의 건강은 더욱 좋아지실 것입니다."

"짐이 서양인들에게 관대함을 베풀어 왔다는 그대의 말은 옳다. 군주는 관대하면서도 정의로워야만 그 관대함이 비로소 의미가 있다. 정의는 스스로 설 수 있고, 자신의 존재이유를 충족시키는 경향이 있지만, 관대함은 정의로부터 나와야만 한다. 짐은 서양인들이 처신을 잘하고 처벌받을 만한 행동을 하지 않는 한 관대함으로 대해 왔다. 그러나 우리의 법에 저촉되는 행동을 하기 시작한다면 우리의 법에서 정한 최고의 형벌을 받아야만 할 것이다. 그때는 짐이 개인적으로 용서하고 싶더라도 어쩔 수 없다." 통역자인 제르비용에게 내가 얼마나 심각하게 이런 말을 하는지 강조해 달라고 하였다. 그리고 덧붙이기를 "교왕과 그대는 오랫동안 고향을 떠나 이 낯선 땅에서 참고 견뎌 온 유럽인들을 동정해야 할 것"이라고 하였다.

특사 투르논이 말하였다. "저보다 더 그들을 동정할 수 있는 사람은 없을 것입니다. 그들이 여행기간에 겪었던 고통을 저도 경험해서 잘 알고 있기 때문입니다."

"우리는 비공식적인 시간에 비공식적인 장소에서 만나고 있으니, 그대는 보다 자유롭게 말할 수 있고, 마음껏 웃어도 좋다."

"폐하께서는 심각한 문제를 유쾌하게 다루고 계십니다. 폐하께서는 이 광대한 제국을 유쾌하게 다스리십니다."

"아마도 그대의 체력으로는 더 이상의 대화가 무리인 것 같은데, 괜찮겠는가?"

"저의 체력과 영혼은 폐하의 친절하시고 관대하신 말씀에 완전히 회복되고 있습니다."[30]

이 순간에 나는 투르논과 통역자, 그 밖의 배석자들에게 다과를 베풀고 계속 이야기하였다. "그대는 왜 이곳에 왔는가? 짐은 중개자를 통해 이 점을 누차 그대에게 물었다. 그리고 그대가 한 대답도 아직 기억하고 있다. 그러나 지금은 그대가 짐 앞에 있으니 지금까지 밝히지 않고 가슴속에 남겨 둔 것들을 허심탄회하게 말해 보라. 그대의 말이 유창하게 나오지 않더라도 염려하지 말라. 더 이상 감추지 말

고 자유롭게 이야기하고 행동하라."

투르논은 감사함에 대한 빚을 갚고, 황제와 교황 사이의 상호 접촉을 제도화하기 위하여 왔다고 말하였다. 그는 또 서양의 통치자들은 그런 접촉을 높이 평가한다고 하였다.

"그런 문제를 다루는 데 적합한 인물을 천거해 보라."

투르논이 대답하였다. "상호관계를 적절하게 다룰 책임 있는 당사자는 교황에게 신임받는 사람이어야 하며 서양의 군주들, 특히 교황청의 관행에 정통한 사람이어야만 합니다."

나는 눈썹을 치켜올리며 말하였다 "중국은 서양과 공통의 관심사를 갖고 있지 않다. 종교를 위한 것이라면 그대들의 입장을 받아들일 수 있다. 그 대신 그대들의 사고와 교리를 넘어서는 부분에 대해서는 관여하지 말라. 비록 중국에 온 선교사집단이 서로 다른 나라 출신이지만 모두가 같은 신앙을 갖고 있다. 바로 그런 이유 때문에 여기 있는 서양인은 누구라도 그대가 이야기하였던 교왕과 연락을 주고받을 수 있다. 짐은 도대체 네가 말하는 교왕에게 신임받는 사람이 무엇을 의미하는지 모르겠다. 우리 중국에서는 적임자를 고르는 데 결코 그런 차별을 두지 않는다. 어떤 사람은 내가 앉아 있는 용상과 아주 가까이 있고, 어떤 사람은 중간 정도에 있고, 어떤 사람은 아주 멀리 떨어진 곳에 있다. 그런데 이 사람들에게 기본적인 충성심이 없다면 내가 그들에게 어떤 일을 맡길 수 있겠는가? 그대들 중에 누가 감히 교왕을 속일 수 있겠는가. 그리스도교에서는 거짓말하는 자는 신을 노엽게 한다면서 거짓말을 금하고 있지 않은가?"[31]

특사가 대답하였다. "이곳에 거주하는 선교사들은 모두 정직합니다. 그러나 그들은 교황청이 어떻게 돌아가는지 그 내막을 잘 모릅니다. 유럽의 여러 나라의 많은 사절들이 로마에 모여듭니다. 그들은 협상경험이 많기 때문에 여기 있는 선교사들보다 더 적임자라고 여겨지는 것입니다."

그래서 내가 말하였다. "만일 교왕이, 흠잡을 데 없이 행동하고 여기 있는 서양 선교사들처럼 고상한 재능이 있는 사람을 보낸다면, 그리고 그가 결코 다른 사람에 대해 간섭하거나 위세를 부리지 않는다면, 여기 있는 사람처럼 따뜻하게 대접받을 것이다. 그러나 만일 그대가 요구하는 것처럼 '감독자'에게 다른 선교사를 통제하는 권한을 준다면 많은 심각한 문제들이 발생할 것이다. 그대는 여기서 우리와 함께 40년을 보낸 서양 선교사들을 보아 왔다. 그런 사람조차 우리 궁정의 일에 대해 충분한 지식을 갖추지 못하였는데 어떻게 금방 서양에서 온 사람이 더 잘할 수 있겠는가? 짐은 그런 사람과 사이좋게 지내면서 일을 잘 처리할 수가 없다. 우리가 일하려면 통역자가 있어야 할텐데, 그러면 불신과 어색함이 생길 것이다. 그런 사람은 실수로부터도 자유롭지 못할 것이다. 그가 모든 선교사들의 '감독자'로 임명된다면 다른 사람이 받아야 할 비난도 대신 감당해야 하고, 또 우리의 관례에 따라서 처벌도 받아야 할 것이다."

그럼에도 불구하고 투르논은 적임자가 있다고 제안하였다. 그러나 나는 말하였다. "이것으로 충분하다. 명말 마테오 리치가 왔을 때부터 지금까지 우리는 서양 선교사들을 궁정에 두어

왔다. 우리는 그들을 비난할 아무런 이유가 없었다. 짐의 이 증언이 서양에 알려지기를 바라는 바이다." 투르논은 훌륭한 선교사들만이 계속 파견되었다고 말하고 앞으로도 그들을 보호해 달라고 하였으며 나의 인품을 찬양하였다. 나는 말하였다. "그대의 임무는 끝났다. 교왕에게 잘 설명하라." 문지방에서 그를 배웅하며 이렇게 덧붙였다. "그대의 뜻은 알았다"고. 그가 나간 후 토마와 페레이라, 제르비용에게 말하였다. "짐은 투르논 앞에서 그대들을 많이 칭찬하려고 애썼다. 그러나 투르논이 그대들에 관해 한마디라도 호의적으로 말하도록 만들 수는 없었다. 확실히 그는 그대들을 좋아하지 않고 있다. 그대들을 믿지 않으며 극도로 의심하고 있다."[32]

여러 차례 반복해서 전갈을 보냈음에도 불구하고, 투르논은 서양 선교사들이 수용한 중국인의 전례문제에 대해서 언급하려 하지 않았다. 이 문제와 관련하여 나는 1700년 베이징 거주 신부들이 제시한 다음과 같은 입장에 동의하였다. 공자는 중국인들로부터 위대한 스승으로 존경받지만, 행복이나 벼슬, 재물을 얻기 위해 그의 이름으로 기도하지는 않는다. 조상숭배는 사랑과 추모의 정을 기리기 위한 것이지 조상의 은덕을 받기 위한 것은 아니다. 조상의 위패를 모시긴 하지만, 조상의 영혼이 그 위패 속에 거한다고 믿지는 않는다. 하늘에 희생을 바칠 때 그것은 물리적인 푸른 하늘에 바치는 것이 아니라 만물의 주인이자 창조주께 바치는 것이다. 만일 지배자인 상제(上帝)가 천(天)으로 불린다면, 그것은 황제에 대한 존칭 이상의 의미를 지

니지 않는다.[33]

　투르논은 대답하지 않았지만 가톨릭 주교 메그로(Maigrot)
가 러허에 와서 대답해 주었다. 하늘은 물질이므로 숭배의 대상
이 되어서는 안되며 오직 '하늘에 계신 하느님'의 이름으로만
기원하고 경외심을 나타내야 한다고. 메그로는 중국 문헌에 무
지하였을 뿐 아니라 가장 간단한 한자조차도 알지 못하였다. 그
러면서도 그는 중국의 도덕체계가 잘못됐다고 주저없이 비판하
였다. 그는 황제에게 경의를 표하는 말인 '폐하'(陛下)라는 용어
를 "어떤 장인(匠人)이 만든 돌계단에 존경을 표시하는 말입니
까?"라고 물은 때도 있었다. 나는 또 '만세'(萬歲)라고도 불리
는데 역사가 시작된 이래 오늘날까지 7,600년밖에 지나지 않았
으므로 이것 역시 문자 그대로의 뜻이 아님은 말할 나위가 없
다.[34] 한낱 미물조차도 죽은 어미를 위해 여러 날을 슬퍼하거늘,
죽은 어머니에 무관심한 서양인들은 금수만도 못한 자들이다.
그런 자들이 어찌 중국인에 견줄 수 있겠는가? 우리가 공
자를 존경하는 이유는 덕(德)을 숭상한 그의 원칙과
교육체계, 윗사람과 조상을 공경하라는 가르침 때문
이다. 서양인이 그들의 성인들을 존경하는 이유는
그들의 고귀한 행위 때문이다. 서양인은 날개 달린
사람(천사를 가리킨다—옮긴이)을 그려 놓고 다음과
같이 말한다. "이들은 마치 날개 달린 것처럼 민첩한 하
늘의 영적 존재를 나타내는 것이다. 실제로 날개 달린
사람은 없지만." 나는 그들의 이런 주장을 논박하는 것이

적절치 않다는 사실을 알고 있지만, 피상적인 지식밖에 없는 메그로는 중국의 신(神)을 문제삼았다. 그는 여러 날 동안 생트집을 잡고 격한 감정을 주체하지 못한 채 떠들어 댔으며, 자신의 뜻을 이루지 못하자 가톨릭의 가르침을 어긴 범죄자로 그리고 중국에 대한 반역자의 신세로 전락하여 도망쳤다.[35] 내 아들 인렁은 부베에게 다음과 같이 말하였다. "부처나 다른 우상이 그려진 옷이 있다면 그런 옷을 입을 수 있는가? 그들도 숭배받는 사원을 갖고 있고, 그대들도 그대들의 신을 숭배하려고 사원을 짓는다. 그대들이 그대들의 종교에 몰두하는 것을 누구도 비난하지 않는다. 그러나 그대들이 전혀 알지 못하는 것을 트집잡는다면 마땅히 비난받아야 한다."[36]

　　모든 나라에는 저마다 숭배하는 어떤 영적 존재가 있다. 몽골인이나 이슬람교도, 먀오족, 뤄뤄족(羅羅族), 그 밖의 외국인들도 그러하며 우리 청조도 마찬가지이다. 어떤 사람들은 뱀은 두려워하나 두꺼비는 두려워하지 않는 반면 어떤 사람들은 두꺼비는 두려워하나 뱀은 두려워하지 않는다.[37] 이와 같이 사람들이 무서워하는 대상이 저마다 다르듯이 나라마다 발음과 문자도 다르다.[38] 그러나 가톨릭에서는 베드로회가[39] 예수회와 싸우고 부베는 마리아니와 다툰다. 예수회 소속 포르투갈인은 그들의 교회에 포르투갈인만 있기를 원하고 프랑스인은 오직 자기들만 남아 있기를 원한다. 이러한 대립을 부추기는 존재는 하늘의 하느님이 아니라 악마이다. 악마는 인간을 악에 빠뜨리는 일밖에 하지 않는다고 서양인한테 들었다.[40]

마침내 나는 서양 선교사들에게 마테오 리치가 중국의 전례를 우상숭배가 아니라며 수용하였던 입장을 따르라고 말하였다. 그리고 이런 입장을 수용하였다고 해서 교황이 유럽으로 소환한다면 그때는 내가 예수회 선교사에게 "그대들은 중국에 오래도록 거주해 왔고 이곳의 기후에 익숙해져 있으며 또 중국인들을 사랑하므로 돌려보내지 않겠다"고 말해 주려 한다. 만일 교황이 그대들을 범죄자로 낙인찍고 돌려보내라고 요구한다면 다음과 같이 회신하겠다. "페레이라를 비롯한 중국 거주 선교사들은 이곳의 기후에 익숙해졌고 짐을 위해 오래도록 열심히 일해 왔다. 그대는 돌려보내라고 하지만 짐은 그들을 산 채로 돌려보내기를 원하지 않는다. 그들의 머리를 잘라 보내겠다." 교황은 이런 식으로 그들을 모두 '제거'한 것에 만족해할 것이다. 또는 다음과 같이 주장하겠다. 가톨릭 교회는 이교에 대해 굉장히 엄격한데 부베는 중국 문헌들을 공부하였으므로 명백히 이단자이다. 그런데도 왜 가톨릭 교회는 그를 회중 앞에서 화형에 처하여 배교를 정죄하고 그가 세운 교회를 허물어 버리지 않는가라고.[41]

1703년에 남순(南巡)하였을 때 마음대로 중국을 돌아다니는 선교사들을 발견한 이래, 그들을 좀더 주의 깊게 살피고 더욱 강력하게 통제하리라 결심하였다. 서로 다른 나라에서 온 사람들을 몇 개의 집단으로 묶어서 대도시에 거주케 하고 이름과 거주지를 등록시켰으며, 새롭게 도래한 자들은 나의 허락 없이는 거주하지 못하게 하였다. 너무 많은 서양인들이 중국에 왔으므로 진짜 선교사와 선교사인 체하는 백인들을 구분하기가 무척 어려웠다. 나는 투르논에게 다음의 사실을 명백하게 밝혔다. "지금부터 우리는 서양에서 온 사람 중에 다시 서양으로 돌아가지 않을 사람들에 한해서 중국 거주를 허락하려 한다. 1년 있다 서양으로 돌아가길 바라면서 건너오는 사람들에게는 결코 거주허가를 내주지 않을 것이다. 그런 사람들은 대문 밖에 서서 집안에 있는 사람들이 무얼 하는가에 대해 왈가왈부하는 자와 다름없기 때문이다. 이처럼 쓸데없이 참견하는 자말고도 이익을 노리는 탐욕스런 장사치들이 있는데 이들의 거주도 허락하지 않을 것이다."[42] 투르논 및 메그로와 의견을 나눈 후 나는 중국 체류를 원하는 모든 선교사들은 일생 동안 중국에 남겠으며, 전례에 관해서는 마테오 리치의 입장을 따르겠다는 서약서에 서명시켰다. 서명을 거부하는 사오십 명은 광저우(廣州)로 추방하였다. 투르논은 마카오로 내보냈고 그의 비서 아피아니 (Appiani)는 베이징의 감옥에 가두었다.[43]

이런 단호한 조치가 취해졌음에도 불구하고 서양인은 나의 화를 돋우었다. 우리 선박들이 해외로 팔려 나가고 있고, 배의 용골대를 만드는 데 쓰는 단단한 목재가 광둥 바깥으로 선적되어 나간다는 보고가 올라왔다. 루손과 바타비아는 중국인 범법 자들의 피난처가 되었다. 네덜란드인들은 남해에서 강고하게 버티고 있었다. 나는 연해지방에 거주하였던 자로서 현재 베이징에 살고 있는 자들을 일제히 조사하라고 명령하였다. 그리고 연해지방의 총독들을 불러모아 "서양의 여러 나라들 때문에 중국이 곤경에 처할까 염려된다." "이는 짐의 예측이다"라고 하였다. 이와 유사하게 일찍이 나는 러시아의 잠재적 위협을 막기 위해서는 중국이 강해져야 한다고 경고한 바 있다.[44] 천마오 장군은 네덜란드·프랑스·에스파냐·영국이 가해 오는 위험도 위험이지만 선교사와 장사꾼들이 공모함으로써 빚어지는 위험이 더 심각하다고 주장하였다. 나는 그들의 배를 모두 무장해제시키면 별 문제될 것이 없다고 생각하여 그 주장에 동의하지 않았지만, 서양인들이 중국의 각 성(省)에서 선교하는 것을 금지한 1669년의 조칙을 다시금 반포하는 데는 동의하였다.[45]

베이징에 거주하는 세 명의 예수회 선교사인 수아레스·파르낭·모라오가 와서 "저희들은 예부에서 그리스도교를 금지하는 엄한 포고문을 반포하였다는 것을 알고 있습니다"라고 항의하였다. 나는 그들을 안심시키면서 "아니다. 포고문은 엄하지 않다. 또 그리스도교를 금지하지도 않았다. 서약서에 서명하지 않은 서양인들만 선교를 못하도록 하였다. 이런 금지조치는 서약서에 서명한 선교사들에게는 해당되지 않는다"고 설명하였다.

"폐하께서 의도하신 그런 구별이 포고문 속에 분명히 나타나 있지 않습니다."

"분명히 나타나 있다. 짐은 이미 주의깊게 그 포고문을 읽어 보았다. 그대들이 서약하지 않고 선교를 허락받길 원한다면 그것은 헛된 희망에 불과하다."

"하지만 포고문의 첫머리에는 1669년에 내리신 조칙이 인용되어 있습니다."

"그건 사실이다. 그러나 포고문의 요지는 서약하지 않고 선교하는 행위를 금지한다는 것이다."

"저희가 염려하는 것은 지방 관료들이 서약서 소지 여부에 관계없이 저희 모두를 똑같이 취급할지도 모른다는 점입니다. 그들은 저희들처럼 서약서를 지닌 선교사조차도 선교하지 못하도록 할 것입니다."

"그런 일이 생기면 서약서를 제시하면 된다. 그러면 관료들은 그대들의 선교가 허가되었다는 사실을 알게 될 것이다. 그대들은 선교할 수 있으며 선교를 원하는 중국인에게까지도 그렇게 할 수 있다. 서약서가 없는 사람은 이리로 오면 발급해 주겠다."(나는 마지막 부분을 말하면서 빙그레 웃었다.) "어쨌든 서약서를 가진 사람도 일정 기간 동안만 선교를 허락한다. 그 이후에는 사태의 추이에 따라 조치가 취해질 것이다."

"앞으로 서약서 때문에 관원들이 문제를 일으키면 폐하께 도움을 청하러 오겠습니다."

"그런 일이 생기면 짐에게 알리도록 하라."

"특히 예부에서 저희들을 반역자로 취급하는 것이 억울하고 분합니다."

"걱정하지 마라. 그건 예부에서 사용하는 의례적인 말에 불과하다."

"이 조칙이 반포되자마자 관원들은 선교사와 신자들을 색출하는 등 문제를 일으킬 것입니다."

"그런 색출작업은 아주 중요하다. 리빙중(李秉忠)을 광저우로 파견하면서 그에게 서약서가 없는 자들을 색출하여 한 곳에 집결시키라는 짐의 명령을 양광총독한테 전하게 했다. 그리고 신임 양광총독 양린(楊琳)이 광저우로 떠났을 때도 비슷한 명령을 내렸다. 짐은 그의 대답을 기다리고 있는 중이다."[46]

투르논은 나를 알현하였을 때 중국에 있는 서양인은 거대한 바다 가운데 떨어지는 빗방울 몇 개에 불과하다고 하였다. 나는 그 말을 듣고 웃을 수밖에 없었다.[47] 서양인들이 전파하는 종교는 어떤 면에서 중이나 도사들이 내뱉는 조잡하고 부적절한 가르침들과 다를 바가 없다. 왜 그들은 특별대우를 받아야 하는가? 감찰임무를 맡은 한 신하가 상주하기를, 서양의 신은 마리아라는 동정녀의 피를 받아 태어난, 사람의 영혼을 가진 사람의 모습을 하고 있다 한다. 그가 바로 예수로 서양인들은 예수가 전한(前漢) 애제(哀帝) 시기에 태어났고 인간의 죄를 용서하기 위해 십자가에서 죽임을 당하였다고 하며, 노예와 주인이, 남자와 여자가 함께 모여 신령한 물질을 마신다고 하였다. 내가 페르비스트에게 신이 왜 자기 아들을 죽이지 않고서는 아들을 용서할 수 없었는지 묻자 그는 설명하려고 애썼지만 이해할 수 없었다. 노아의 홍수가 있었다는 시기에 중국에서도 홍수가 발생하였는데, 중국에서는 평지의 사람들은 물에 빠져 죽었으나 산으로 도망간 사람들은 살아 남았다. 그들이 이야기한 기적 가운데 몇 가지를 직접 눈으로 보고 싶다고 퐁타네에게 이야기하였으나 아무도 도와 주지 않았다.[48]

과거에는 중과 도사들 모두 국가에서 발급하는 증명서의 빈

칸을 채워 넣게 되어 있었고, 여러 사원의 감독자들은 자기 사원의 중과 도사를 등록시켜야 하였다. 나는 그들이 기부금품을 모으려고 노래하거나 구걸하지 못하도록 하였으며 베이징 거리에다 그들이 섬기는 종교적 우상을 내놓지도 못하게 하였다. 그리고 관아의 허락 없이는 발작 때문에 고통받는 환자를 위해 귀신을 내쫓는 푸닥거리를 하지 못하게 하였다. 중국에는 확실히 중과 도사가 많았다. 1667년의 인구통계에 따르면 7만 9,622개의 크고 작은 사원에 14만 193명의 중과 도사가 산재해 있었다.[49] 그러나 그리스도교 신자들도 많았다. 1688년 페르비스트에게 그리스도교 신자가 정확히 얼마나 되느냐고 물었더니 베이징에만 1만 5,758명이 있다고 하였다.[50] 사원을 폐쇄하고 사람들을 속세로 돌아가라고 명령하는 것은 비현실적인 처사라는 것을 알고 있었지만 '문제가 발생하기 전에 그것에 대비하는 일'은 전혀 해롭지 않았다. 그래서 나는 '무위교'(無爲敎), '백련교'(白蓮敎), '문향교'(聞香敎), '용원교'(龍源敎), '홍양교'(弘陽敎) 등의 모든 사교 종파를 금지시키고, 자신의 관할구역에서 암약하는 사교 지도자들을 단속하지 못하는 모든 관원에 대한 처벌을 강화하였다. 또한 향회(香會)도 금지시켰다. 향회에서는 남녀가 함께 모이고 호색적인 작품이나 각종 비약(秘藥)을 팔았기 때문이다.[51] 또한 비결(秘訣)이나 주술책을 인쇄하는 판목을 태워 버리게 하였다. 아울러 집에서 천문학과 수학을 연구하는 자들을 제외하고는, 개인적으로 금서(禁書)를 소장하는 행위를 계속 금지시켰다.[52]

그러나 나의 치세 동안 오직 다이밍스(戴名世) 한 사람만이 역모를 꾀하는 글을 쓴 죄로 처형되었다. 그는 생원이었을 때 조잡하고 분별없는 글을 써서 간행하였을 뿐만 아니라 반도 우쌘구이에게 협력하였던 팡(方)씨 일족과도 연계되어 있었다. 한림원에 들어간 뒤에도 그는 이전의 문집판목들을 불태워 없애지 않았다. 그는 자신의 문집 『남산집』(南山集)에서 청조가 입관한 뒤인데도 여전히 남명(南明)의 연호를 사용하였다. 공자의 역사서술 원칙에 따르자면 난징의 홍광(弘光) 정권, 푸젠의 융무(隆武) 정권, 처음에는 광둥에 근거지를 두었다가 나중에는 윈난과 구이저우로 옮긴 영력(永曆) 정권도 정당하게 기록되어야 한다고 하였다. 그는 청조가 감시활동을 하였고, 여전히 명조 멸망을 다루는 일을 금기시하고 있으며 청조의 정복과 관련된 증거들이 점차로 없어질 뿐만 아니라 은폐되고 있다고 주장하였다. 그는 또 조정에 제출되지 않은 모든 종류의 책에 관해 알고 있으며, 그 중에는 사관(史館)의 관원들조차 공공연히 사고 싶어하는 책도 있고, 비밀리에 보관된 은퇴학자들의 저술들도 알고 있다고 하였다. 수많은 사실의 편린이 거센 바람에 흩어지고 차가운 잿더미로 변하기 전에, 그는 쓰마첸(司馬遷)이나 반구(班固)처럼 사실들을 취사선택해서 책으로 엮으려는 야망을 품고 있었다. 형부에서는 다이밍스를 능지처사시키고, 열여섯 살 이상의 남자 혈족들은 참수할 것이며, 그 밖의 여자 혈족과 아이들은 노비로 삼아야 한다고 상주하였다. 그러나 나는 자비를 베풀어 다이밍스만을 참수형에 처하였고, 남자 혈족

들의 목숨은 살려 주었다.[53]

정사(正史)는 관료들이 편찬하지만 정사 기록에 대한 궁극적 책임은 그 정사를 편찬하던 시기의 황제에게 있다. 그러므로 『송사』(宋史)나 『원사』(元史)처럼 정사가 왜곡되고 잘못 기록되었다면 후손들에게 비난받는 사람은 바로 정사 편찬을 주관한 황제이다. 그뿐만이 아니다. 『송사』를 편찬한 원대의 사관들은 송나라의 역사를 비웃었고, 마찬가지로 『원사』를 썼던 명의 사관들은 원나라의 역사를 조롱하였다. 나는 이런 짓을 금하였다.

물론 명대에도 어처구니없는 일이 일어났다. 명말의 숭정제(崇禎帝)는 말타기를 배울 때, 환관 두 명에게 고삐를 잡게 하고, 다른 두 명에게는 등자(鐙子)를 붙들고 있게 하였으며, 또 다른 두 명에게는 꼬리 끈을 잡고 있게 하였지만 땅으로 굴러 떨어졌다. 그러자 황제는 곤장으로 말의 볼기를 마흔 대 치게 한 후 변방의 역(驛)으로 쫓아 버렸다. 그리고 궁궐을 꾸미기 위하여 가져 온 돌이 너무 커서 오문(午門)을 통과하지 못하자 그 돌에게도 곤장 60대를 치게 하였다. 즉위 초에 나는 명조를 섬기다가 지금은 나를 모시고 있는 태감 위안번칭(袁本清)에게 명조의 역사에 관해 물어보았다. 또 쓰촨 출신의 장펑거를 시켜 그의 연로한 부친에게 유적(流賊)의 우두머리 장셴중(張獻忠)에 관해 물어보게 하였다. 나는 포로로 잡혀 온 그의 양자들을 직접 볼 기회가 있었는데 그들의 코와 귀가 잘려 있는 것을 확인하였다.[54]

대부분의 역사서들에는 도저히 믿기지 않는 기록들이 약간씩 실려 있다. 『사기』(史記)와 『한서』(漢書)조차도 샹위(項羽)가 진나라 병사 20만 명을 생매장하였다는 내용을 담고 있다. 하지만 어떻게 그런 일이 가능하였을까? 병사들은 수수방관한 채로 매장당하기를 기다리며 얌전히 있었을까? 또 『명실록』(明實錄)에도 도저히 납득할 수 없는 내용이 기록되어 있다. 예컨대 홍치(弘治)연간(1488~1505)에 태후가 숭왕(崇王)을 궁궐로 부르려 하자 『상서』(尚書)에도 그런 전례가 있었음에도 불구하고 관료들이 극력 반대한 것이라든가, 또는 정덕(正德)연간(1506~1521)에 많은 관료들이 궁궐 뜰에서 무릎을 꿇고 있다가 더위로 죽었다는 것 따위이다. 병사들이 완전무장한 채 아무런 고통을 느끼지 않고 뙤약볕 속에서 몇 시간씩 전투하였다든지 또 명나라가 환관 때문에 망하였다는 것도 납득할 수 없다. 명나라 말기에 참으로 사악한 환관이 있었다는 사실은 알지만, 그렇다고 해서 명이 망하게 된 원인이 환관이 권력을 휘둘렀기 때문이라고 하는 것은 완전히 틀린 말이다. 환관의 전횡보다는 당쟁이 근본 원인이었다. 이 때문에 명의 관료들은 조정에서 권력을 놓고 서로 싸웠고 나랏일을 전혀 돌보지 않았다.[55] 또나는 환관들과의 면담을 통해 실제는 무슨 일이 있었는지를 훨씬 자세하게 알 수 있었다. 양롄(楊漣)과 쭤광더우(左光斗)는 감옥이 아니라 오문(午門) 앞에서 맞아 죽었으며, 천계제(天啓帝)는 환관 웨이중셴(魏忠賢)을 '오랜 벗'(老伴)이라 부르면서 모든 것을 맡겼다고 한다. 그리고 숭정제는 글을 잘 읽을 수 있었지만 명말의 어떤 황제도 경전에 대한 식견이 없었고 그 중 몇몇은 사실상 문맹자였다고 한다. 또 숭정제의 죽음에 관해서도 상세히 들을 수 있었다. 리쯔청(李自成)의 군대가 베이징에 입성하였을 때 숭정제는 평민으로 변장하고 환관 몇 명과 함께 숙부집으로 갔다. 그런데 숙부가 문을 걸어 잠그고 연극을 보느라문을 열어 주지 않아 집안으로 들어갈 수 없었다. 그래서 다른곳으로 도망가려 하는데, 환관 왕청언(王承恩)이 그러면 더 심한 모욕을 당할 뿐이라고 하자 결국 자결하였다는 것이다. 숭정제와 함께 자살한 환관은 대부분의 책에 기록된 왕즈신(王之心)이 아니라 왕청언이었던 것이다. 아버지 순치제(順治帝)께서 왕청언에 대한 추모시를 쓰셨기 때문에 나는 이것이 진실임을 안다.[56]

이처럼 사료가 제각각이므로 『명사』(明史) 편찬은 어려운 일이었다. 천계연간(1621~1627)의 실록은 일부가 소실되었고, 숭정연간의 실록은 전혀 남아 있지 않았으므로 베이징에서 간행된 『경보』(京報, 일종의 관보〔官報〕—옮긴이)에 실린 문서의 사본이나 오류투성이의 사적, 또는 비공식적인 역사서들을 이용하여 가까스로 재구성할 수 있었다. 반면에 만력(萬曆)연간(1573~1620)에 관한 자료는 너무 많고, 또 어떤 시기에는 주요한 시대 흐름을 파악하기 힘들 정도로 구체적 행위에 대한 기록이 많다고 『명사』 편찬자들이 불평했다. 이 밖에도 특히 선덕(宣德)연간(1426~1435) 이후의 실록은 심하게 왜곡되었다.[57]

나아가 명조는 우리와 시간적으로 가까워 편견을 갖기 쉬우므로 「본기」, 「열전」, 「지」, 「표」 등이 각각 완성될 때마다 초고를 읽어보고 너무 경박하게 명조의 황제를 비판하지 말라고 편찬자들에게 주의를 주었다. 나는 군주로서 그들의 단점뿐 아니라 장점도 보고 싶었기 때문이다.[58] 수정할 수 없는 완벽한 용어나 문장이란 결코 없으므로, 한림원의 자존심 센 학자들이 뭐라고 말하는가에 상관하지 않고, 그들 역시 편찬자로서 비판으로부터 자유로울 수 없다는 사실을 지적해 주었다. 나는 또 각 왕조를 압축시킨 역사서인 『자치통감』(資治通鑑)을 공부하면서 3년이 넘는 계획을 세워 구두점을 찍고, 학자들에게 보여 검토하게 하고 틀린 곳이 있으면 언제나 바로 잡았다.(당 태종은 간언을 잘 받아들였으므로 신하들과 아주 사이가 좋았다.)[59] 그래서 편찬자들에게 『명사』의 최종본이 완성된 뒤에도 『명실록』을 보존해 두어서 후대인이 살펴볼 수 있도록 하라고 지시하였다. 남을 비판하기는 쉬우나 자신을 비판하기는 어려우며, 과거를 피상적으로만 논의한다면 편찬한 책이 쉽게 읽힐지라도 역사서로서의 가치는 없기 때문이다.[60] 홍무제(洪武帝)와 영락제(永樂帝)는 후계자들보다 훨씬 위대하며 우리의 많은 관례들은 그들에게서 비롯된 것들이다. 선덕제(宣德帝) 역시 그 전통을 잘 유지시켰다는 점에서 훌륭하였다. 이들에 대해서는 결코 경솔하게 비판해서는 안된다. 숭정제도 '나라를 멸망시킨 황제'라고 무지막지하게 비난해서는 안된다. 다만 그는 나라를 잘 다스리려 애썼음에도 불구하고 기울어진 나라를 다시 일으킬 수 있는 현실적인 수단이 없었다. 멸망의 책임은 그보다 앞서 다스렸던 세 명의

황제, 곧 만력·태창(泰昌)·천계 황제에게 있다. 그러므로 이들에게는 제사를 지내서도 안된다.[61]

역사서를 쓸 때에는 사실이 중요하지 공허한 말이나 실속없이 겉만 번지르르한 문장은 필요 없다. 또 너무 서두르다가 중요한 사실을 빠뜨려서도 안된다. 삼번의 난을 진압한 후 대학사들이 『평정삼역방략』(平定三逆方略)을 편찬하여 올렸을 때 나는 다음과 같이 말하였다. "천하에는 진실과 거짓, 득과 실에 관한 공론(公論)이 있는 법인데, 어찌 그대들이 상찬한다 해서 그것에 가치를 더할 수 있겠으며, 상찬하지 않는다 해서 그것을 깎아내릴 수 있겠는가? 무릇 어떤 것을 기록할 때에는 모든 실상을 파악하는 데 힘써야 할 것이다."[62]

치스우(齊世武)가 간쑤(甘肅) 성 순무였을 때, 관할 백성들에게 자신의 공덕비를 세우라고 윽박질렀다. 나는 이 소식을 듣고 그의 관직을 다섯 등급 강등시키면서 이렇게 경고하였다. "진실로 훌륭한 관료라면 아무리 못하게 하더라도 백성들이 스스로 나서서 공덕비를 세워 줄 것이다. 악명 높은 관료라면 윽박질러 공덕비를 세우더라도 훗날에는 백성들이 반드시 부수어 버릴 것이다. 짐이 듣기로는 취진메이(屈盡美)가 광시 성 순무직을 마치고 베이징으로 돌아가자 그를 미워한 백성들이 가래와 호미로 그가 타고 간 말이 남긴 발자국을 파 없애려고 모여들었다고 한다. 어찌 너의 자애로움을 백성들에게 강제로 인정하게 만들 수 있겠는가?"[63]

壽

장수(長壽)

4

늙은 신하에게 주는 시

이제는 몇이나 남았나
늙은 강관(講官)들
세월이 흘러 군주도 신하도 늙어 약해지는데
짐이 할 수 있는 것이라곤 슬퍼하는 것뿐
한때는 큰 야망도 품었지만
이제는 그마저 시들어 버렸네
모든 환상 깨어졌으니
진리를 찾노라며 스스로 괴롭히지 않으리
간단한 해답만 찾겠노라 물러났건만
모든 것은 여전히 흐릿하기만 해
복잡한 것들 짐을 막아서서
기력을 소진시키네
몇 년 전부터는
게을러져 시도 짓지 않았지
이제 적당한 시구를 찾으려 하다
붓에 쌓인 먼지 보니 부끄러워지네

강희제 1720년경[1]

북변을 순행하였을 때 가오스치(高士奇)에게 코피와 설사를 멈추게 하라고 준 약은 익원산(益元散)이었다. 이 가루는 감초뿌리, 동석(凍石)가루, 파 밑동으로 만든 것으로 얼음물에 풀어 마시면 열을 내리고 오줌을 누게 하는 효험이 있다.[2]

왕즈(王隲)는 여든이 되도록 기력을 유지하는 것은 50년 동안 복용해 온 췌선환(萃仙丸) 때문이라고 믿고 있었다. 나는 정확한 조제법을 물어보고 궁정의료원인 태의원(太醫院)에서도 만들어 보라고 지시하였다. 환약의 성분은 인삼, 우유에 절여서 찐 연꽃뿌리, 술에 담갔다가 볶은 앵초와 나무딸기, 찔레나무, 파, 말린 백련꽃봉오리, 쪄서 햇볕에 말린 마디풀, 복숭아씨 각각 2/10냥(兩)이었다. 왕즈는 이 약이 습하고 무더운 날씨가 반복되는 쓰촨에서 특히 유용하였으며, 말라리아 예방에도 효과가 있다고 하였다. 그는 여든 살에도 자식을 얻었고 아흔여섯

살까지 살았던 천댜오위안에게서 처방전을 얻었다고 하였다. 의원 장루(張璐)는 그 처방전을 본 후에, 남순하였을 때 그의 아들이 나에게 주었던 처방전 모음집에 포함시켰다. 그는 원래의 처방전에서 파와 복숭아씨를 빼고 말채나무를 넣었다. 그리고 꿀을 섞고 뭉쳐 환약으로 만들었다. 이 환약은 소금을 약간 푼 물과 함께 공복에 먹는다고 하였다.[3]

웨이샹수(魏象樞)는 처음에는 바오딩(保定)에서 두번째는 경연을 끝내고 실신하였는데 나는 육군자탕(六君子湯)을 내려주었다. 육군자탕은 인삼에 감초뿌리, 귤껍질, 생강, 그 밖의 약재를 섞은 것인데, 위장을 다스리고 구토와 가래를 멈추게 한다.[4] 어의(御醫) 리더충(李德聰)도 노쇠해진 장위수를 진맥한 뒤에 이 약을 주었다. 리더충은 장위수가 약을 먹고 불규칙한 맥박이 고르게 되고 손발의 부기가 빠지며 신경쇠약 증세가 창자에 악영향을 미치지 않게 되자, 복용량을 줄이게 하였다.[5] 나는 또 환관 허상(和尙)이 만든 설사를 멈추게 하는 처방을 시험해 보았다. 단 위장이 안 좋은 노인들에게는 대개 '춘설'(春雪)이라는 인삼농축액을 주었다.[6]

약에는 새싹으로 만든 것, 햇볕에 말린 것, 손으로 뽑거나 이로 물어뜯어서 채취하여 만든 것 등 여러 종류가 있다. 그러나 이 약들은 정확하게 조제해야 하고, 발병원인이 정확하게 진단된 병에 사용하였을 때만 효과를 거둔다. 그래야만 작은 곡식 알갱이 정도의 크기에 불과한 약이라도 강력한 치료효과를 낼 수 있다. 왜냐하면 이 약들은 쇠나 돌멩이에 응축된 힘이나 풀과 나무의 정수를 추출하여 만들기 때문이다.

옛사람들이 "약을 쓰지 않고서도 약의 효력을 낼 수 있다"고 한 말은 아플 때 약을 먹어서는 안된다는 뜻이 아니라, 약을 남용해서는 안되고, 진맥을 정확히 해야 한다는 의미이다. 내가 어렸을 때인 1673년 태황태후께 보약을 드렸는데, 1710년 내가 나이 들어 직접 먹어 보니 보약이란 의원이 조심스럽게 복용시키지 않으면 보통사람에게는 치명적인 해를 끼칠 수도 있다는 사실을 깨달았다. 그래서 리광디에게 보약 사용에 신중하라고 주의를 주었다.[7] 어떤 약은 그 성질상 심장에는 자극을 주지만 위에는 나쁘고, 폐에는 좋으나 콩팥에는 나쁠 수 있다. 우리 만주인 조상들은 보약을 거의 먹지 않았어도 건강하였다. 그래서 나 역시 가능하면 보약을 적게 먹으려 한다. 지금까지는 이를 무시해 왔으나 그러면 오히려 큰 해가 될 수도 있다는 것을 알게 되었다.

건강을 유지하는 데 가장 좋은 방법은 조심스레 먹고 마시며, 규칙적으로 자고 일어나는 것이다.[8] 병이 나면 차고 거친 음식은 멀리하고 오리고기나 생선도 먹지 말아야 한다. 닭고기·양고기·돼지고기는 삶거나 쪄서 먹어야 하며, 구워 먹어서는 안된다. 차선싱(査愼行)이 위장에 심각한 탈이 났을 때 나는 서양 의약품을 약간 보내면서 "가장 중요한 것은 먹고 마시는 것을 조절하는 일이다. 의서에는 '너무 덥거나 습하지 않으면 설사하지 않을 것이다. 금식하지 않더라도 그렇게 아프진 않을 것이다'라고 적혀 있다. 또한

'속을 다 비우면 통증이 멎을 것이다. 통증이 지속되는 것은 속을 비우지 않았기 때문이다'라고도 적혀 있다. 모든 사람들이 조절해야 한다는 점은 알고 있으나 막상 먹고 마실 시간이 되면 그러지 못한다"고 말해 주었다. 양제(楊捷) 장군은 푸젠 성을 공격할 때, 습기와 바닷바람 때문에 엄청난 고통을 당하였는데, 단순하지만 강도 높은 처방에 따라서 하루에 기장밥 한 공기와 고기 1/4근 정도로 절식하였다.(그는 현재 일흔셋이지만 여전히 규칙적으로 활쏘기 연습을 하고 있다.)

노자(老子)는 "한계를 알면 망신당하는 고통은 받지 않을 것이다. 멈출 때를 알면 위험에 빠지지 않고 오래 살 것이다"라고 말하였다. 사람은 자기에게 맞는 음식을 먹고 마셔야 한다. 그런데 무엇이 맞는가는 가족 사이에도 다르다. 가장 좋아하는 음식이라고 해서 마음껏 먹도록 해서는 안되며, 자신이 좋아하는 음식이라고 해서 싫어하는 사람에게 억지로 먹여서도 안된다.[9] 농부들은 먹는 음식이 평범하기 때문에 늙어서도 건강하다. 순행하는 동안 모든 지역의 채소들을 먹어 보고 맛있다고 느꼈다. 나이가 들면서 그런 것이 더 맛있어졌다. 그런데 순행길에서는 백성들이 바치는 과일들을 맛보는 시늉만 낼 때도 가끔 있었다. 이는 내가 과일을 좋아하지 않아서가 아니라, 백성들이 앞을 다투어 처음 딴 과일을 가져왔기 때문이다. 어떤 농작물이든지 처음에는 잘 익지 않은 상태에서 따게 된다. 과일이나 채소는 잘 익었을 때가 가장 맛있는 법, 나는 그때가 되어야 과일을 즐겨 먹는다.[10]

화베이(華北) 사람들은 튼튼하다. 그러므로 그들은 자기들보다 신체가 허약하고 환경도 다르며 위와 장도 다른 장난(江南) 사람들의 변덕스런 식이요법을 흉내내서는 안된다.[11] 수척하고 백발이 성성한 왕즈를 처음 보았을 때 그가 얼마나 병들어 보였는지, 내가 먹는 간단한 음식—그 중에는 생우유, 소금에 절인 사슴의 혀와 꼬리, 말린 사과, 크림 치즈로 만든 과자가 포함되어 있었다—을 추천해 주었다. 이는 그가 실제로는 강건하다는 것을 알고 나서 그에게 췌선환의 처방을 물어 손에 넣기 다섯 해 전의 일이었다.[12]

어떤 병은 다른 병보다 차도가 빨리 나타나지만, 빨리 치료되지 않는다고 그때마다 의원을 바꾸는 짓은 무의미하다. 일단 어떤 의원에게 치료를 맡겼으면 솔직해야 한다. 증상의 일부를 숨기거나 발병 원인에 대해 거짓말하는 따위는 우스꽝스런 짓이다.[13] 백성들도 궁정에서 우리가 치료받듯이 전문 의원들에게 치료받을 수 있다. 태의원에는 적절한 수련을 받고 시험을 거친 100명이 넘는 의원이 11개 과—남자, 어린이, 여자, 장티푸스, 천연두, 궤양, 골절, 눈, 이, 목, 침뜸—로 나뉘어 치료에 임하고 있다. 안과의 민티젠(閔體健)처럼 특히 뛰어난 의원이 있으면 아끼는 신하에게 보내 뛰어난 처방과 침술로 눈을 치료시켰다. 퇴직관료가 병에 걸려 태의원 산하의 약방에 와서 약을 구하면 무엇이든 주도록 하였다. 나의 답변을 기다린다면 시간이 너무 지체될 수도 있으므로, 이때는 상주문을 올려 재가를 받는 절차를 거치지 않아도 되게 하였다.[14]

궁궐에서는 매사에 주의하였다. 먼저 치료용 처방전을 검토하게 하고 그때마다 의원과 환관이 책임지고 서명하게 한 다음, 처방에 따라 약을 조제하여 먼저 그들이 맛보게 한 후에 내게 가져오도록 하였다.[15] 이와 똑같은 방식으로, 서양인들이 가져온 키니네를 먼저 외부인에게 복용시켜 보고 다음에는 황실의 일원에게 복용시켜 보았으며 마지막에 내가 복용하였다.[16] 서양인 의사들은 자신들의 독특한 지식과 기술을 갖고 있다. 그들의 술은 일종의 강장제인데 로드(Rhodes)의 외과용 메스가 내 입술에 난 종기가 번지는 것을 막았던 것처럼 그가 가져온 브랜디와 계피는 심장이 두근거리는 증상을 없애 주었다. 나는 그를 늘 곁에 두었고, 순행길에도 식물학자 바우디노, 약제사 비에라를 함께 데리고 다니면서 의원 마즈쥔(馬之駿)과 탕위지(唐虞際)를 보좌하게 하였다.[17] 타이완 공격 때 펑후(澎湖) 도에서 포탄에 복부를 관통당해 창자가 흘러나왔던 란리(藍理)의 상처를 봉합한 것도 서양인 의사들의 특별한 기술 덕분이었다. 그래서 란리는 '배가 찢어졌던 장군'이라고 불렸다. 남순하였을 때 나는 그의 옷을 풀어헤치게 하여 상처자국을 직접 눈으로 보고 손으로 만져 보았다.[18]

우리에게 필요한 것은 치료와 질병 사이에 조화를 이루는 것이다. 몽골인들은 조르하이라 부르는 식물의 뿌리를 모아서 쑤시고 아픈 관절을 완치하는 데 쓴다. 이를 살펴보니 중국의 속단(續斷, 골절 치료에 쓰는 식물―옮긴이)과 비슷하였다. 한 번은 차성(查昇)이 나와 함께 북변으로 여행하면서 사냥하다가 말에서 떨어졌다. 손이 퉁퉁 부어 손가락조차 구부릴 수 없었고 통증 또한 너무 심하였다. 그래서 양의 배를 갈라 따뜻한 위장 속에 손을 집어넣게 하였더니 통증이 가셨다. 또 갈단 원정시에 사막에서 지혈석(止血石)이라는 것을 주웠다. 이것이 어떻게 해서 지혈효과를 내는지 정확한 원인은 밝혀 내지 못하였지만, 피를 토하는 사람이나, 코피를 흘리는 사람 또는 피 섞인 대변을 보는 사람에게 효험이 있다. 감기를 막아 주는 돌도 있는데 효과가 매우 좋아서 선물로 주곤 하였다. 위와 장을 보호하기 위해 만주인과 몽골인들은 햇볕에 말린 옝게 과일을 이용한다. 나는 신선한 옝게를 더 좋아해서 러허의 궁전에 옮겨 심도록 하였다. 옝게는 또 열이 많은 과일이어서 두세 숟가락만 먹어도 족하다. 머리가 혼란하여 제정신이 아닐 때는 통관산(通關散)을 코 속으로 불어넣으면 재채기를 하게 되는데, 이때 나쁜 기운이 절반쯤 밖으로 나온다. 그런 다음 구합향(九合香)을 피워 냄새를 맡게 하면 환자를 진정시킬 수 있다.[19]

오늘날의 많은 의원들이 지닌 문제점은 집안에 내려오는 만병통치의 비방들이 있다면서 마구잡이로 약을 조제한다는 점이다. 하지만 첫번째 비방이 듣지 않으면 다른 비방으로 치료하려는 것을 볼 때 그들 자신조차 비방의 효능을 믿지 못한다는 사실을 확인할 수 있다. 첫번째 사용한 만병통치의 비방이 정말 효험이 있다면 다른 많은 비방들이 왜 필요하겠는가?[20] 요즘 의원들 중에는 『황제내경』(黃帝內經)을 이해하거나 거기에 실린 중요한 의술을 익힌 자가 거의 없다.[21] 또한 그들의 가르침도 천박하기 짝이 없어 오래 전에 만들어졌다는 의서들이 과연 진짜인지 판단하기 위해 많은 의서들을 읽어보았다. 의원들은 맥박 연구도 하지 않고, 이전에 발생하였던 유사한 증상에 대해서도 무지하며, 부유한 환자와 가난한 환자를 차별하며 명예와 돈을 좇는 데 온 힘을 쏟는다. 종종 그들은 약에 대한 기본 원리조차도 모르며, 환자에게 엉뚱한 문진(問診)을 하고 엉뚱한 진단을 내리며, 어떤 때는 사람들에게 해로운 처방조차 마구 만들어 낸다. 나는 이런 사실을 잘 알고 있고 그래서 슬프기도 하지만 막을 수가 없다. 일거리를 조금밖에 가지지 못하고, 이곳저곳으로 떠돌아다니면서 가까스로 생계를 꾸려 가는 의사들을 모두 법정에 세울 수는 없기 때문이다.[22]

환관 구원싱이 의술을 공부하기 시작하였을 때 다음과 같이 말해 주었다. 정말 의원이 되고 싶다면, 의원으로서 올바른 정신을 갖지 못할까 염려하지 말라. 뭔가를 하고 싶다고 말만 하는 사람은 결코 그럴 기회를 붙잡지 못한다. 의술에는 이를 뒷받침하는 성인의 저작도 없고, 형이상학이 갖는 미묘함도 없지만 그 원리는 아주 심오하다. 맥박을 논하는 데도 삼부(三部), 오장(五臟), 칠표(七表), 팔리(八裏), 구도(九道) 등의 구분이 있으며 이 모두는 서로 아주 다르다. 의술의 원리에 관해서도 수천 종의 책이 있으며, 질병의 이름을 따서 그 병의 전문 치료서라고 이름 붙인 의서도 아주 많이 있다. 이렇게 이야기하자 마침내 그의 기가 꺾였다. "네가 의술의 근원과 세부적인 기술들을 알려고 열심히 공부한다면 아마도 성공할 것이다. 그러나 너의 모든 벗들은 네가 너무 과로해서 병날까 염려할 것이다. 열심히 노력해도 성공하지 못하면 시간만 덧없이 흘러 버려서 다른 사람을 치료해 주기도 전에 너 자신조차도 치료할 수 없게 될 것이다. 이 얼마나 슬픈 일인가! 너는 의술 공부를 단념하거라. 일상적이고 저속한 의술을 배우느니 차라리 아무 것도 배우지 않는 편이 나을 것이다."[23]

늙지도 않고 특별한 힘을 회복하거나 얻을 수 있다고 호기롭게 말하는 도사들이 있다. 이들은 전혀 부끄러움을 모른다. 몇 년 동안 그들을 지켜보아 왔지만 그들 역시 다른 사람들처럼 늙어 갔다. 불로장생을 말하는 자들은 허풍선이에 불과하다. 만일 그들이 불사의 존재라면 왜 천한 이 세상으로 내려와 괴로워하는가? 그들의 주장이 엉터리임은 시간이 조금만 지나면 금방 드러난다. 셰완청(謝萬誠)과 왕자잉(王家營)은 자신들의 '외단'(外丹)술이 효과가 있다는 것을 나에게 확신시키려 애썼지만 그들의 주장은 황당무계하였다. 그들은 술 취한 자나 바보 같았다. 나는 이렇게 말해 주었다. "옛날에 장생불사하였던 사람들은 그런 술법을 한 가지 이상 습득하고 있었다거나 장생불사에 이르는 문과 길이 넓게 열려 있다고 하는 도사들의 말 따위를 믿는다면 반드시 문제가 생길 것이다. 나는 너희 같은 자들을 수백 명이나 겪어 보았다. 너희들이 가진 구체적인 기술은 다르지만 그 근원은 모두 동일하다. 시간이 흐르면 그들은 제몸 하나도 건사하지 못하는 경우가 많았고 어떤 자는 죽기도 하였다." 대도(大道)라는 말의 뜻은 경솔하게 설명할 수 있는 것은 아니다. 어떤 도사들의 말은 믿기가 더욱 어렵다. 그들의 말은 나의 심장을 오싹하게 하여 몸이 떨리게 만든다. 예컨대 "만물을 창조하는 우주의 힘과 경쟁할 정도로 사물에 영향력을 행사하게 되었습니다"라고 거짓말하거나 "오행에 순응하고 팔괘와 조화를 이루게 되었습니다"라고 하거나 "결코 늙지 않을 것입니다"라거나 "부처나 옥황상제처럼 될 것입니다"라고 주장한다.

처음에 셰완청이 말하기를 일곱번째 달에는 몸 속의 기(氣)를 밖으로 빼내고 몸 바깥의 기는 몸 안으로 들어오지 못하게 할 수 있다고 하였다. 그러나 두 달 뒤에는 마음을 바꿔 다르게 말하였다. 나는 그와 왕자잉이 다른 노인들과 별반 다를 바 없다는 점에 주목하였다. 그들의 눈은 흐릿하였고, 이는 빠지고 없었으며, 머리는 희었고, 다리는 휘청거렸으며, 기력은 쇠약하였다. 잠시동안만 말을 해도 제 몸조차 가누지 못하였다.

나는 그들에게 말하였다. "짐이 너희들의 도(道)를 터득하려고 갖은 애를 쓰더라도 그게 무슨 이로움이 있겠는가? 거짓이 없는 알맹이가 있다면 그것이야말로 진짜 대도(大道)이다. 대도는 감히 누구도 속이지 못한다. 내가 할 수 있는 것은 세월이 흘러가도록 내버려두고, '물이 빠지고 바위가 드러나는 것'(水落石出)을 바라보는 것이다. 짐은 장생불사에 대한 증언을 믿지 않으나 진짜로 그런 존재가 있다는 게 확인되면 마음속으로 믿을 수밖에 없을 것이다. 그럼에도 너희들이 이처럼 급하게 서두르는 의도는 무엇인가?"

장생술에는 여러 가지 신비스런 수련방법이 있다. 그런 것으로는 내단(內丹, 약을 사용하지 않고 안마나 체조처럼 자기 몸을 수련하여 장생을 추구하는 것)과 외단(外丹, 약물을 복용함으로써 장생을 추구하는 것)뿐만 아니라 피곡(避穀), 납기(納氣) 등의 호흡법, 방중술 등이 있다. 이런 것들을 얼마나 많이 보아 왔는지 이루 헤아릴 수조차 없다. 그러니 어떻게 그들의 말을 쉽게 믿을 수 있겠는가? 그러나 나는 사람들을 가급적 믿고 싶기 때문에 만사에 내포된 잠재적 가능성까지도 철저히 검토하게 한다. 그래서 가능성이 있는 것들은 살펴보고 그렇지 못한 것들은 거들떠보지도 않는다. 셰완청과 왕자잉의 외단술(外丹術)도 믿을 수 없다고 결론지었다. 우리는 '물이 빠지고 바위가 드러나는 것'을 바라볼 뿐이다. 한 곳에서 수십 년 동안 서 있다거나 작은 방에 여러 해 동안 앉아 있다고 소문이 난 사람들에 대해서도 마찬가지이다. 그들이 오랫동안 앉아 있을 수 있었다고 해도 오랫동안 서 있을 수는 없으며, 또 오랫동안 서 있는 자라고 해서 오래도록 앉아 있는 것은 아니다. 이런 정도의 술법이 뭐가 그리 대단한가? 나는 주의깊게 그들을 관찰하였기 때문에 그들이 터무니없다는 것을 알고 있다. 그래서 장난 지방의 한 백성이 단(丹)을 통한 장생불사의 비밀이 담겨 있다는 책을 바쳤을 때 그에게 돌려주면서 갖다 버리라고 하였다.[24]

수명에 관해서 만주인 무당들은 신들에게 "오! 신들이시여. 저희를 인도해 주시고, 저희와 함께 행진해 주시고, 앞에서 보호해 주시며 뒤에서도 지켜 주십시오. 저희들의 소망을 완전히 이루어 주시고, 머리를 희게 하시고 이를 누렇게 하셔서 장수하게 하시며 우리의 몸이 튼튼하게 해주십시오. 보호자이신 신령님, 가정의 수호신이시여 저희 생명줄을 연장해 주십시오"라고 기도한다.[25]

이가 흔들거려 아플 때, 그 이를 뽑아 버리면 더 이상 아프지 않는데도 왜 치통이 가라앉는 처방을 찾는가? 그러지 말고 이가 흔들거릴 만큼 오래 산 것에 대해 자손들과 함께 기뻐하라. 어릴 때부터 내 곁에 가까이 있었던 사람들 중에는 이런 자연의 섭리에 순응할 줄 모르고 이가 없어서 좋아하는 맛있는 음식을 먹을 수 없다고 슬퍼하는 자들이 있다. 내 윗니도 절반이 빠져 버려 씹을 수가 없다. 그래서 먹고 싶은 음식은 흐물흐물하게 요리시키거나 잘 삼킬 수 있게 절이도록 한다.[26]

평소의 습관을 조심하면 몸을 튼튼히 하고 마음을 조절할 수 있다. 계절의 변화에 따라 자신을 지키려면 꼼꼼히 신경써야 한다. 나는 날씨가 추워지기 전에 미리 따뜻한 옷을 입고, 겨울 한파가 닥치더라도 집안에 틀어박혀 난로불만 쬐지 않고 밖에 나가 사람들과 함께 활동한다. 불을 가까이 하지 않았기 때문에 나는 감기에 안 걸릴 뿐만 아니라, 모자의 귀마개를 덮지 않아도 귀가 안 얼며, 악천후 속에서도 사냥하러 갈 수 있다. 또 나 자신을 잘 다스렸으므로, 부채를 부치거나 모자를 벗지 않고서도 한 여름의 무더위를 참을 수 있다. 찌는 듯한 더위 속에서도 시원한 바람이 들어오도록 창문을 열어 놓지 않는다. 왜냐하면

내 속에 진정한 시원함이 들어 있기 때문이다. 이런 원칙을 무시한 사람들은 내부에서 스스로 차단해 버린 열기 때문에 가을이면 병에 걸리게 된다.

금기(禁忌)가 있으면 지키고 더러운 것이 있으면 가까이 가지 않는다. 감추거나 기피하는 재수 없고 더러운 것들이 있다. 너무 고약해서 광시(廣西) 성의 악취 섞인 증기보다 더 나쁜 냄새도 있다. 이런 냄새는 바로 우리의 뇌에 손상을 입힌다. 그래서 집에 있을 때나 여행할 때나 청결을 유지해서 맑은 공기가 몸을 감싸게 해야 한다. 오물 가까이 있으면 더러워져 청결함이 온통 더러움으로 변한다. 그러나 깨끗해야 한다는 강박관념에 사로잡혀서 흙이 살짝 묻었다고 옷을 던져 버리거나 노복(奴僕)들에게 신발을 신지 못하게 하거나, 하루에도 몇번씩 방을 쓸게 한다거나 다른 사람이 주는 음식에는 손도 대지 않는다거나 해서는 안된다.[27]

신체적 결함이 있는 사람을 조롱하거나 비틀거리다가 넘어지는 사람을 비웃어서는 안된다. 우리 조상들이 경고하기를, 만일 그런 자가 있으면 그 자신이나 자식들도 똑같은 신체적 결함으로 고통받을 것이며, 넘어진 사람을 보고 깔깔거리고 웃기만 해도 다리를 못 쓰게 될 것이라고 하였다.[28] 위대한 만주인의 금기사항 중에는 다른 사람으로 하여금 겨드랑이를 끼어 부축하지 못하도록 하라는 것이 있다. 발이 부어서 움직이기도 힘들고, 발이 땅에 살짝만 닿아도 고통스러워서 수건으로 발을 감싸야만 하고, 의자에 앉아서도 겨우 몸을 가눌 수 있을 때일지라도, 의자에서 일어날 때 약간의 도움을 받는 것으로 족해야지 결코 겨드랑이에 손을 넣어 부축하게 해서는 안된다는 것이다. 나는 누구도 나를 부축하지 못하도록 하였고, 지팡이를 짚지도 않았다. 단지 제례의식에서 너무 오랫동안 서 있어야 할 때, 좌우에서 약간 부축하게 할 뿐이다. 그러나 오늘날의 젊은이들은 이유 없이 좌우의 팔을 부축하게 하는데 이런 행동은 눈꼴사납고 비정상적인 것이다. 남 위에 군림하는 자는 고통스러워도 소리치거나 야단법석하지 말고 조용히 참아 내야 한다. 그들이 자중하지 않는다면, 전혀 도와 줄 사람이 없는 환관이나 가난한 자들은 아플 때 어떻게 하겠는가?[29]

치료할 방법이 없을 때는 기도하면서 하늘이 들어주기를 바라는 수밖에 없다. 할머니께서 병석에 누우셨을 때 나는 이렇게 기도하였다. "하늘의 위대한 신이시여! 제가 할머니인 태황태후를 모실 수 있도록 허락해 주신 당신의 보살핌에 감사드립니다. 그리고 할머니에게 건강과 근력을 주시고 장수하시도록 해 주셔서 감사합니다. 그러나 지금은 성홍열에 걸리셔서 열흘째 위중하십니다. 오늘을 무사히 넘길 수 있을지 알지 못할 정도입니다. 밤이면 저는 쉬지도 먹지도 않고 잠도 자지 않습니다. 저는 몸소 할머니의 약을 준비하고 의원들을 불렀지만 회복할 가망이 없습니다. 저의 온 몸은 근심 때문에 불에 타는 듯 합니다. 어디에 의지해야 할지 모르겠습니다." 4년 전에 할머니께 우타이산에 있는 사원으로 가보시라고 적극 권유하였다. 그곳은 방금 내린 눈으로 뒤덮여 반짝이는 산, 세찬 바람에 흩날리는 폭포, 길을 덮칠 듯이 드리워진 소나무들 때문에 너무나 아름다웠다. 그러나 할머니께서는 그 장관을 보러 가시거나 우타이산의 사원에 가실 수 없었다. 나는 지난 봄에 그 길을 답사해 보았다. 그리고 이번에는 지방민이 바위를 깎아 길을 평탄하게 만드는 것을 감독하고, 가파르고 뱀처럼 구불구불한 산길에서 몸의 균형을 유지하도록 가마꾼들을 훈련시키려고 할머니를 모시는 환관의 우두머리와 함께 갔다. 가마꾼들이 걸음을 옮기자 몸이 흔들리는 것을 보았다. 그들은 차마 내려다볼 수도 없는 골짜기 끝에서 흔들리고 있었다. 그런데 나는 산을 오르는 재주가 없었다. 어릴 때는 담도 오르지 못하였을 뿐만 아니라 깎아지른 듯한 곳을 볼 때마다 현기증이 일었다. 심지어 다른 사람들이 사다리를 타고 담을 넘는 것도 쳐다 보지 못하였다. 나는 편지를 통해 할머니께 우타이산에 오르는 것이 위험하다고 알렸으며, 또 환관을 보내 그가 눈으로 직접 보았던 것을 할머니께 아뢰도록 하였다. 할머니께서는 직접 보시고 싶어하셨지만 곧 마음을 돌이키셨다. 할머니께서는 "산길이 너무나 험하다고 하니 가까스로 여기까지 왔지만 이제 여기서 멈춰야겠소. 더 이상 어쩔 수가 없소. 황상께서는 할미를 위해 우타이산에서 공을 들여주시오. 마치 황상께서 이 할미라도 된 것처럼 정성스럽게 한분 한분의 부처님 앞에서 몸소 기원해 주시오"라고 하셨다.[30]

이제 할머니는 혼수상태에 빠지셨고, 아무 것도 잡수실 수 없지만 모든 음식을 준비시켰으며, 모든 약도 다려 놓았다. 그리고 할머니 침상 곁에 자리를 깔고 할머니께서 뱉어 내시는 아주

가느다란 숨소리를 듣고 있었다. 할머니께서 돌아가시기 전에 나는 서른닷새 밤낮을 옷도 벗지 않고 거의 자지도 않은 채 약을 준비하고, 필요할 것으로 예상되는 모든 것들을 마련해 두려고 애썼다. 그래서 할머니께서 누우려 하시든 앉으려 하시든, 잡수려 하시든 마시려 하시든 부족한 것이 없도록 하였다. 점점 잃어 가는 입맛을 돋워 드리려고 서른 가지의 쌀죽을 준비시켰다. 할머니께서는 나의 등을 쓰다듬어 주시면서 눈물을 흘리셨다.[31]

노인들이 병에 걸렸을 때 돌보아 주지 못하는 것은 참으로 안타까운 일이다. 의원을 부르고 병구안을 하는 데 필요한 돈은 물론 환자들의 말동무가 되어 줄 오랜 벗들도 보내 주어야 한다. 병자가 오랫동안 충성을 바쳤던 신하이든 또는 내 형제들의 노예이든, 또는 만리장성 북쪽에서 수종에 걸려 퉁퉁 부은 예수회 선교사 돌제이든, 자신의 궁궐에 살고 있는 늙은 공주든 간에. 아바하이의 딸 바린 숙혜(巴林淑慧) 공주가 베이징에서 죽어갈 때, 나는 정기적으로 문병하였으며 필요로 하는 모든 것을 주었다. 공주는 얼굴에 미소를 띤 채 죽었다. 그녀를 기리는 조칙에서 나는 "짐은 죽을 병에 걸린 수많은 사람들을 보아 왔지만 이처럼 미소지은 채 죽은 사람은 본 적이 없다"고 하였다.[32]

또 선물을 줌으로써 노인들을 즐겁게 해줄 수도 있다. 해마다 숙혜 공주는 할머니와 나에게 기름에 튀긴 과자와 말린 양고기를 보내 주었다. 그러면 할머니와 나는 검은 담비 가죽과 검은 여우 가죽, 수놓은 비단을 보내 주었다. 나는 언제나 받는 사람이 필요로 하는 것이나 기뻐할 것들을 선물하려고 애썼다. 대

충 되는 대로 물건을 준다면 상대방도 정성들이지 않고 줄 것이
다. 그러면 기껏해야 물건을 교환하는 것에 불과하며 선물에 담
긴 진정한 감정의 교류가 없게 된다. 그래서 나는 황태후께는
장난 지방에서 맛보았던 버찌를 선물로 드렸고, 할머니께는 북
변에서 잡아 풀에 싸서 상자에 넣은 호랑이 고기와 자명종, 외
국산 거울을 드렸다. 둘째아들 인렁에게는 인사하는 새가 달린
시계를, 송고투에게는 망원경을, 장보싱에게는 안경을, 가오스
치에게는 내가 쓰던 코담배통과 코담배를, 베이징 남부의 나쁜
물 때문에 위장병을 앓고 있던 리광디에게는 궁궐 뜰의 맑은 샘
에서 솟아난 신선한 물을 선물로 주었다. 애정과 효성스러움은
자발성과 자연스러움 속에서 우러나는 것이며 고정된 법칙을
만들거나 공식적인 방문을 한다고 생겨나는 것은 아니다.[33]

펑딩추(彭定求)가 거의 일흔이 되었을 때 벼루에다 "고요하
게 지내는 습관을 들이면 수명을 연장할 수 있다"는 글귀를 새
겨 주었다. 나는 매일매일 연습을 통해 오랫동안 조용히 앉아
주변 사람들이 웃거나 떠들어도 상관하지 않고 정신을 집중시
키는 습관을 들였다. 두세 시간만이라도 조용히 쉬게 되면 며칠
동안 어려웠던 시간들을 다 털어 버릴 수 있다. 쉬는 것도 힘들
다는 사람들의 말에 동의하지는 않지만 여러 해 동안 휴식하는
습관을 들여 온 나도 사실은 '진정한 고요함'(眞靜)에 도달하지
못하였다. 이는 나의 잘못이며 다른 누구의 잘못도 아니다.[34]

도사 왕전(王禛)은 무위자연을 연구하면서 옛날 스승들의
가르침을 따랐는데 자기수련에 아주 진지한 것처럼 보였다. 재

능 있고 총명한 사람이라면 열흘 안에 성과를 거둘 수 있고 어리석은 자라도 한 달이면 효과를 볼 수 있을 것이라고 하였다. 나는 판홍쓰(范弘思)를 보내 왕전의 위좌법(危坐法)을 알아 오게 하였다. 판홍쓰는 할 수 있는 만큼 조용하게 앉아 있었고, 그런 다음엔 약간 음식을 먹고 산책하다가 다시 한번 앉아 있었다. 그는 눈앞에서 텅빈 공간이 밝게 빛나다가 그 공간이 노랗고 검은 거대한 공간으로 변해 두 공간이 싸우는 것을 보았다. 그러는 동안에 따뜻한 기운이 그의 온몸에 퍼졌다. 그후에는 오직 노란 공간만이 남아 있었으며 온기는 끊임없이 온몸에 퍼졌다. 두 시간이 지나자 육신과 영혼에 어둠이 깔리는 듯하더니 잠이 든 듯도 하고 들지 않은 듯도 하다가 마침내 이전처럼 사물이 또렷이 인식되었다고 하였다. 이는 도가(道家)들이 말하는 '암흑 속으로 들어가는 것'(入杳冥)이다. 매시간마다 암흑 속으로 들어갈 수 있지만 그것은 차 한 잔 마실 정도의 시간에 불과하다. 판홍쓰가 명상에서 깨어나 왕전에게 이런 현상에 대해 물어보자 왕전은 '(만물과 내가) 만나는 조짐'(會合兆)라고만 말해 주었다. 환관인 리와 펑은 더 오래도록 앉아서 가장 깊은 고요함의 경지에 이르렀다. 그러나 두 환관은 왕전이 자신의 술법에 관해 모든 것을 설명해 주지 않으려 하였다고 말하였다.

나는 왕전에 대해 깊이 생각해 보았다. 그러자 의심이 솟아났다. 그의 술법을 배운다면 천하를 다스리는 일에 게을러질 것이다. 이 도에 빠지면 다시는 현실로 돌아오지 못할지도 모른다는 걱정이 들었다. 우리는 공자로부터 학문과 성장에 필요한 각 단계를 알 수 있으며 황제(黃帝)로부터는 육체의 단계를 알 수 있다. 곧 열여섯이 되면 온 몸이 성숙해져 단단해지고 힘이 넘친다. 스물넷에는 키가 모두 자라고 살과 뼈, 근육이 완성되고, 서른둘에는 기력이 절정에 달한다. 마흔에는 이가 썩기 시작하고 성적 분비물들이 줄어든다. 마흔여덟에는 원기가 쇠하여 얼굴에 주름이 생기고 관자놀이가 허예진다. 쉰여섯에는 육신의 힘이 사라지면서 정액이 고갈된다. 예순넷에는 이와 머리카락이 빠진다. 각 단계를 지나서도 기력을 오래도록 유지하는 사람이 간혹 있으나 이런 사람도 남아 있는 기력을 자녀들에게 물려 줄 수는 없다.[35]

거의 뵐 기회가 없었던 아버지께서는 스물셋에 돌아가셨다. 그때 나는 여덟 살이었는데 사람들이 내 머리를 깎고 하얀 상복을 입혀 주었다. 그리고 건청궁에 있는 아홉 마리의 용이 그려진 누런 비단 휘장 뒤에 아버지의 시신을 모셔 두었다. 아버지의 사망소식을 알리는 종소리는 베이징의 겨울하늘로 퍼져 나갔다. 열다섯에 나를 낳으셨던 어머니 효강(孝康) 황후께서도 얼마 뒤 돌아가셨다. 그리고 1663년 여름 샤오링(孝陵)에 아버지와 후궁인 동고─그녀의 죽음을 애도하여 아버지께서는 효헌(孝憲) 황후 칭호를 내리셨다─의 유해 옆에 묻히셨다.[36] 그때 할머니께서는 내가 샤오링으로 가보지 못하게 하셨다. 지금은 나의 자식들도 많이 죽어서 그 부근에 묻혀 있고 할머니께서도 그러하시다. 그리고 나의 황후 세 명은 다른 능에 묻혀서 나를 기다리고 있다. 지관(地官) 양훙량(楊弘量)과 두루위(杜如

預)는 조상들의 묘지를 잡았던 것처럼 그들의 장지도 골라 주었다. 산들이 능을 사방에서 감싸고 생명의 힘은 서쪽의 타이항(太行) 산맥으로부터 능으로 흘러들었다. 능 주변의 산세는 날아가는 봉황과 구불거리는 용이 합쳐진 형세이며, 멀리 떨어진 분수령에서 솟아난 한 줄기 강물은 능주 위에서 두 갈래로 갈라졌다가 '룽후구'(龍虎谷)에서 다시 합쳐진다.[37]

나이를 먹는다는 것은 정사를 돌보는 데 도움이 되기도 하고 방해가 되기도 한다.[38] 조정에 연로한 대신들이 있다는 것은 좋은 일이다. 누구도 그들을 대신하기 어렵다. 그러므로 그들을 잘 보살펴서 오래 살게 해야 한다. 예순이 넘은 대학사들은 이틀이나 사흘에 한 번씩 조정에 나오라고 권하였다. 중요한 상주문이 그들이 출근하지 않은 날에 올라온다면 별도로 조칙을 내려 연락을 취하면 되는 것이다. 황쭝시(黃宗羲)가 여든이 넘었을 때, 나는 그에게 벼슬은 받지 않아도 좋으니 조정의 정책에 대한 조언자로서 일해 달라고 요청하였지만 응하지 않았다. 스랑(施琅)은 노쇠해지자 이를 구실로 은퇴하기를 요청하였지만, 내가 필요로 하는 것은 육체적인 힘이 아니라 지식이니 관직에 머물라고 하였다. 대학사 펑푸(馮溥)는 예순두 살이 되자 은퇴를 청하기 시작하였는데, 내 생각에는 그의 나이가 많다고는 할 수 있지만, '노쇠한' 사람으로 간주될 정도는 아니었으므로 "짐을 보좌하기를 달가워하지 않는가"라고 물었다. 그리고는 그가 일흔다섯이 될 때까지 내 곁에 붙들어 두었다. 마지막에는 공적인 책임들을 모두 면제해 주고 가끔씩 조정에 출석하라고만 하

였다.[39]

뚱뚱한 사람이나 노인과 병자들은 관대하게 대해야 한다. 그
들은 좀 느리게 움직여야 하고, 한낮의 더위는 피해야 한다. 내
가 다시 불러낸 아주 나이 많은 몇몇 사람들에 대해서는 거동할
수 있는 날에만 조정에 나오도록 해주었고, 또 다른 사람들에 대
해서는 조회 참석을 면제하여 입궐하기 전에 집에서 쌀죽 먹을
여유를 주어 몸의 기력을 지탱함으로써 나를 더 오랫동안 보필
할 수 있도록 하였다. 그러므로 나는 연로한 관료들을 성급하게
탄핵하는 것을 달가워하지 않았다. 그들이 법을 어기지 않고 부
패하지 않으면 그것으로 족하다고 생각하였다. 또 나이에 따라
서 공무를 처리하는 방식도 달라질 수 있다. 중앙관이나 도원(道
員) 이상의 지방관으로서 경험이 많고 나이도 많은 자들은 자
리에 가만히 앉아서 업무를 처리해도 괜찮다. 그러나 이와는 달
리 주현관(州縣官)은 활발히 움직이면서 정력적으로 일을 처리
해야 한다. 또 새로운 임지로 부임해 간 지방관은 아주 심각한
문제에 직면할 수도 있다. 예컨대 간쑤 성 출신인 스이즈(史貽
直)는 습기 많은 장난 지방의 총병관으로 근무하면서 종기·설
사·식욕감퇴·왼쪽 수족마비 등으로 엄청나게 고통받았다. 그
래서 특별히 휴가를 주어 건강을 회복할 수 있도록 하였다.[40]

그러나 능력도 없으면서 관직에 집착하는 늙은 관료들은 해
임해야 한다. 이들은 너무 흐리멍덩해져 중대한 실수를 범하거
나, 또는 하도총독(河道總督) 진푸(靳輔)처럼 젊었을 때 갖추
었던 전문성을 상실하였다. 또 안후이 성 순무 리빙(李鈵)처럼

장수(長壽)
185

얼굴이 노랗게 여위고 입이 비뚤어지고 거의 걷지도 못할 정도로 심하게 병들었을 때는 보직을 바꿔 주어야 한다. 반면에 정말 게으르고 횡설수설하는 자는 반드시 은퇴시켜서, 마치 그들이 영예로운 직책을 계속 맡고 있는 것처럼 보이게 해서는 안 된다. 그리고 어떤 자들은 본인이 은퇴를 바라지 않더라도 젊은 사람들에게 길을 터 주기 위해 관직에서 물러나게 해야 한다. 그렇게 하지 않으면 현재 하위직에 있는 젊은 관원들은 승진도 하지 못한 채 늙어 버릴 것이다.[41]

관료들은 늙고 정신이 오락가락한다는 점을 언제나 은퇴의 이유로 내세울 수 있지만 황제는 그럴 수조차 없다. 인간은 나이가 들수록 정신이 가물가물해진다. 행복도 지나가 버리며 골칫거리만 쌓인다. 바로 이때 우리는 다음과 같은 태(泰)괘의 세계를 떠난다.

군주는 지나친 바를 없애 천지의 도를 완성시키고
모자라는 바를 보태어 천지의 작용이 완전해지게 하며
백성을 인도해 간다.

그리고는 정체와 쇠퇴를 뜻하는 비(否)괘의 세계로 들어가게 된다.

악한 자들이 가로막고 있으니 군자에게 이롭지 못하구나
만물이 교류하지 못하고 멈춰서 버렸다

그런즉 하늘과 땅이 그 기운을 주고받지 못하고

만물이 통하지 못한다

위와 아래가 기운을 주고받지 못하니 천하가

잘 다스려지지 못한다

음이 안에 있고 양이 바깥에 있으며

부드러운 것이 안에 있고 강한 것이 밖에 있으며

소인이 안에 있고 군자가 밖에 있으니

소인의 도는 성(盛)하고 군자의 도는 쇠하는구나[42]

1684년에 남순(南巡)하였을 때는 난징에서 배를 타고 동쪽의 양쯔 강 하류로 내려갔다. 돌풍이 불자 모두 돛을 걷자고 하였으나 그대로 두었다. 돛이 바람을 받아 팽팽해지자 배는 쏜살같이 달렸다. 그런 상황 속에서도 나는 떨어질까 걱정도 않고 뱃머리에서 물고기를 향해 화살을 쏘았다. 몇 년 후 양쯔 강을 다시 건널 때는 가슴이 조마조마하였다. 그리고 지금은 다른 사람들이 양쯔 강을 건너는 것만 보아도 가슴이 떨린다.[43]

나이가 들면 참을성도 없어진다. 젊었을 적에는 노인들이 왜 더위를 참지 못하겠다고 하는지 전혀 이해할 수 없었다. 그런데 사십이 되자 갑자기 내 자신도 여름을 견딜 수 없어 한다는 사실을 깨달았다. 여름에는 무척 노곤하고 감각이 무뎌졌다. 이런 현상은 젊었을 때는 몸이 튼튼하여 수기(水氣)와 화기(火氣)가 조화를 이루지만 늙으면 몸이 쇠약해져 수기가 화기를 더 이상 제압할 수 없기 때문에 일어난다.

1689년에 너무 장시간 과로하면 정신력을 옛날처럼 지탱할 수 없다는 사실을 처음으로 깨달았다. 눈은 더 이상 작은 글씨를 쓸 수 없을 만큼 침침해졌다. 그래서 쑥냄새가 머리를 쪼개는 듯한 두통을 일으킬 때까지 쉴새없이 쑥뜸치료를 받았다. 그때 나는 아직 서른다섯에 불과하였다. 쉰넷이 되던 1708년부터 가끔씩 현기증이 일어났으며, 황태자 인렁의 문제로 속을 썩인 이후에는 수척해지고 쇠약해졌다. 1717년에는 만일 그때까지도 내가 젊고 튼튼하였다면 몇 년을 질질 끌어온 체왕 아라프탄(策妄 阿拉布坦)의 반란을 오래 전에 평정했을 것이라는 점을 깨달았다. 그러나 지금 나의 목은 쉬었고, 다리와 무릎은 쑤시고 기침은 심각한 정도이다.[44]

알란타이와 이창가가 너무 늙어서 기억력이 흐려졌다면서 은퇴하기를 청해 왔을 때, 그들이 해야 할 일은 보다 신중하고 품위 있는 일이며, 기억력을 요하는 일은 그들을 돕는 젊은 장경(章京)들이 맡으면 충분하다고 말해 주었다. 그러나 젊은 장경들의 기억력은 알란타이와 이창가가 젊었을 때 가졌던 기억력보다 못하다는 사실을 깨달았다. 뿐만 아니라 어떤 문제가 발생했을 때 기억력을 충분히 발휘해서 그 개요를 완벽하게 보고함으로써 내가 어떤 결론을 내리기 전에 고려해야 할 모든 측면을 알도록 해줄 수 있는 사람이 거의 없다는 사실도 깨달았다.

나이가 들어서도 나는 여전히 특별한 일에 관계된 구체적인 사항들을 기억할 수 있었다. 예를 들면 중대한 소송사건에 연루된 어터러후가 40년 전 내 활을 만들어 주었던 사실을 기억하였다. 그러나 건망증은 점점 더 심해졌다. 특히 기분이 나쁠 때나 현기증이 날 때는 더욱 그랬다. 비록 여전히 행정상의 세부 사항을 명확히 기억하고 상주문의 내용도 머리 속에 담고 있지만 이전에 읽었던 책의 내용을 잊어버리기 시작하였다. 찾아야 할 문장이 몇번째 권에 있는지, 또는 그 책이 어디 있는지는 여전히 기억할 수 있다 해도, 한 달 정도가 지나 버리면 기껏해야 읽은 내용의 일부만을 기억하였다. 마치(馬齊)에게 말해 주었던 것처럼 "일생 동안 짐이 의지하였던 것은 짐의 뛰어난 기억력이었다."[45]

어렸을 적에는 누구나 정신이 또렷하고 예리하지만 성인이 된 뒤에는 생각이 산만해지고 기억력이 둔화된다. 그러므로 어릴 때 공부할 기회를 놓쳐 버리면 안된다. 일고여덟 살 무렵에 읽었던 책들은 50~60년이 지난 지금에도 잊혀지지 않는다. 그러나 스무 살 이후에 읽었던 책들은 몇 달만 다시 읽지 않으면 잊어버린다. 어렸을 때 공부할 기회를 놓쳤다면 나중에 어른이 되어서라도 반드시 공부해야 한다. 하지만 어려서 공부하였던 것이 떠오르는 햇살과 같다면 어른이 된 뒤에 공부한 것은 촛불과 같다.[46]

장수(長壽)
189

阿Q

황
자 5
들

남순하면서 난징에 머물고 있을 때
황태자로부터 사서(四書) 읽기를 마쳤다는
연락을 받고

성인께선 당신의 집안 사람인 아들에게
『시경』과 예(禮)를 배우도록 하셨지
나라는 집안과는 다르지만
배우는 것은 마찬가지

나는 지금 강남에 있고
너는 삼천리나 떨어진 곳
먼 베이징의 구름 아래 있지만
나의 생각은 너를 떠난 적이 없구나

새벽에 편지함을 열어
촘촘히 쓰인 너의 편지를 꺼낸다
너는 솔직하게 한마디 한마디 얘기해 주는구나
어떻게 사서 읽기를 끝마쳤나

나이가 들면 지식은 늘어나야 하는데
네가 이를 깨닫고 그러려고 애쓰니 참으로 기쁘구나

일취월장하도록 힘쓰고
중단하지 말아라

사람들이 옥을 항상 보물로 여기는 것처럼
너는 흘러가는 시간을 귀중히 여겨라
네가 펼치는 책 속의 옛사람으로부터 배우고
사건 속에 드리워진 깊은 뜻을 살펴라
고기맛을 알아가듯
시간이 지나면 가슴으로 기쁨을 느끼리라

강희제 1684년[1]

강희제는 1654년 5월에 태어났다.

1661 강희제가 즉위한 직후 몽골 보르지긴 씨족 출신인 아유시의 딸이 궁궐에서 강희제를 시중들도록 뽑혀 왔다.

1665 강희제는 헤세리 씨족 출신의 가불라의 딸과 결혼하였다. 그녀가 효성(孝誠) 황후이다.

1667 마기야(훗날의 영비〔榮妃〕)씨가 아들을 낳았으나 세 살 때 죽었다.

1668 장비(張妃)가 딸을 낳았으나 세 살 때 죽었다.

1669 효성황후가 아들을 낳았으나 세 살 때 죽었다.

1670 나라 씨족 출신의 혜비(惠妃)가 아들을 낳았으나 한 살 때 죽었다.

1671 둥(董)씨 가문의 단빈(端嬪)이 딸을 낳았으나 두 살 때 죽었다. 영비(榮妃)가 그녀의 두번째 아들을 낳았으나 두 살 때 죽었다.

1672 혜비(惠妃)가 그녀의 두번째 아들을 낳았는데 살아 남았다. 이 아이가 맏아들 인티(胤禔)이다.

1673 영비가 그녀의 세번째 아이인 딸을 낳았는데 이 아이가 영헌(榮憲) 공주이다.

1674 장비가 그녀의 두번째 아이인 딸을 낳았는데 네 살 때 죽었다. 영비가 그녀의 네번째 아이인 아들을 낳았으나 어렸을 때 죽었다. 효성 황후가 자신의 두번째 아이를 낳다가 죽었다. 이 아이가 강희제의 둘째아들이자 황태자였던 인렁(胤礽)이다. 사흘 후에 귀인(貴人) 주기야가 딸을 낳았는데 이 아이가 단정(端靜) 공주이다.

1675 영비가 그녀의 다섯번째 아이인 아들을 낳았으나 두 살 때 죽었다. 나라 씨족 출신의 통빈(通嬪)이 아들을 낳았으나 다섯 살 때 죽었다.

1677 영비가 그녀의 여섯번째 아이를 낳았는데 이 아이가 강희제의 셋째아들인 인즈(胤祉)이다.

1678 우야 씨족의 궁인 출신인 덕빈(德嬪)이 아들을 낳았는데 이 아이가 강희제의 넷째아들인 인전(胤禛), 곧 옹정제(雍正帝)이다.

1679 통빈이 자신의 두번째 아이인 아들을 낳았는데 한 살 때 죽었다. 귀인(貴人) 고롤로(郭爾羅)씨가 딸을 낳았는데 이 아이가 각정(恪靖) 공주이다. 귀인 고롤로씨의 동생인 의비(宜妃)가 아들을 낳았는데 이 아이가 강희제의 다섯째아들인 인치(胤祺)이다.

1680 덕빈이 그녀의 두번째 아이를 낳았는데 이 아이가 강희제의 여섯째아들인 인쭤(胤祚)로 다섯 살에 죽었다. 다이기야 씨족의 순비(純妃)가 아들을 낳았는데, 이 아이가 강희제의 일곱째아들인 인유(胤祐)이다.

1681 웨이(衛)씨 가문의 궁인이던 양비(良妃)가 강희제의 여덟째아들인 인쓰(胤祀)를 낳았다.

1682 덕빈이 자신의 세번째 아이인 딸을 낳았는데 두 달 만에 죽었다.

1683 귀비(貴妃) 퉁기야씨가(훗날 그녀는 죽기 하루 전에 효의[孝懿] 황후 칭호를 받았다) 딸을 낳았는데 어릴 때 죽었다. 귀인 고롤

로씨가 자신의 두번째 아이인 아들을 낳았으나 한 살 때 죽었다. 귀인 고롤로씨의 동생 이비가 자신의 두번째 아이인 아들을 낳았다. 이 아이가 강희제의 아홉째아들인 인탕(胤禟)이다. 덕빈이 네번째 아이를 낳았는데 이 아이가 온헌(溫憲) 공주이다. 니오후루 씨족인 온희(溫僖) 귀비가 강희제의 열째아들 인위(胤䄉)를 낳았다.

1685 통빈이 그녀의 세번째 아이인 딸을 낳았다. 이 아이가 순각(純愨) 공주이다. 이비가 자신의 세번째 아이를 낳았다. 이 아이가 강희제의 열한째아들인 인쯔(胤祉)인데 열한 살 때 죽었다. 온희 귀비가 자신의 두번째 아이인 딸을 낳았으나 한 살 때 죽었다. 왈류하 씨족 출신의 정비(定妃)가 강희제의 열두째아들인 인타오(胤祹)를 낳았다.

1686 덕빈이 그녀의 다섯번째 아이인 딸을 낳았는데 열한 살 때 죽었다. 장기야 씨족 출신의 경민황귀비(敬敏皇貴妃)가 강희제의 열셋째아들 인샹(胤祥)을 낳았다.

1687 경민황귀비가 그녀의 두번째 아이인 온각(溫愙) 공주를 낳았다.

1688 덕빈이 자신의 여섯번째 아이이자 강희제의 열넷째 아들인 인티(胤禵)를 낳았다.

1689 귀인 위안(袁)씨가 각정(愨靖) 공주를 낳았다.

1691 경민황 귀비가 자신의 세번째 아이인 돈각(敦恪) 공주를 낳았다. 효성 황후의 동생이자 헤세리 씨족 출신의 평비가 아들을 낳았으나 두 달 만에 죽었다.

1693 밀비(密妃) 왕(王)씨가 강희제의 열다섯째아들 인우(胤禑)를 낳았다.

1695 밀비가 자신의 두번째 아들이자 강희제의 열여섯째아들인 인루(胤祿)를 낳았다. 또 서비(庶妃) 왕(王)씨가 딸을 낳았으나 열두 살 때 죽었다.

1697 근빈(勤嬪) 천(陳)씨가 강희제의 열일곱째아들인 인리

(胤禮)를 낳았다.

1698 서비(庶妃) 류(劉)씨가 딸을 낳았으나 두 살 때 죽었다.

1701 밀비가 그녀의 세번째 아이이자 강희제의 열여덟째아들인 인제(胤祄)를 낳았으나 일곱 살 때 죽었다. 구왈기야(瓜爾佳) 씨족 출신의 돈이(惇怡) 황귀비가 딸을 낳았으나 어려서 죽었다.

1702 양빈(襄賓) 가오(高)씨가 아들을 낳았으나 두 살 때 죽었다. 1703년 가오씨가 또 딸을 낳았으나 두 살 때 죽었다. 1706년 가오씨가 또 아들을 낳았는데 이 아이가 강희제의 스물째아들인 인이(胤禕)이다.

1708 서비(庶妃) 니오후루(鈕祜祿)씨가 딸을 낳았으나 한 달 만에 죽었다.

1711 희빈(熙嬪) 천(陳)씨가 강희제의 스물한째아들 인시(胤禧)를 낳았다. 근빈(謹嬪) 세호투(色赫圖)씨가 강희제의 스물둘째아들 인후(胤祜)를 낳았다.

1713 또 다른 서비 천(陳)씨가 아들을 낳았으나 어렸을 때 죽었다. 경빈(敬嬪) 스(石)씨가 강희제의 스물셋째아들 인치(胤祁)를 낳았다.

1716 목빈(穆嬪) 천(陳)씨가 강희제의 스물넷째아들 인비(胤祕)를 낳았다.

1718 이름이 기록되지 않은 한 후궁이 강희제의 아들을 낳았는데 태어난 날 바로 죽었다.

태어나서 조금이라도 살았던 아이들을 포함한다면 강희제는 서른 명의 여인들에게서 쉰여섯 명의 자녀를 두었다. 딸은 스무 명이었는데 그 중 여덟 명은 성인이 되어 결혼하였다. 아들은 서른여섯 명이었고 그 중 스무 명이 성인이 되어 결혼하였다. 결혼한 스무 명 가운데 열여덟 명이 아들을 낳았는데 그 수가 모두 백스물셋이었다.[2]

나는 아들들에게 이렇게 말해 주곤 하였다. "봄과 여름에 어린아이들은 바깥 뜰에서 놀아야 한다. 놀지 못하게 할 이유가 전혀 없다. 난간 주변에 쓸데없이 앉아 있게 하지는 말라."

나는 또 그들에게 천박한 사람들처럼 지껄이지 말고, 너희들의 분노와 욕망을 다스리도록 노력하고, 젊더라도 지나친 성생활은 하지 말 것이며 건장하다고 너무 많이 싸우지 말라고 이야기하였다. 나는 궁궐에 단지 300명의 여인들만 두었으며 그 중에서 개인적으로 나를 모셔 보지 못한 여인들은 서른이 되면 결혼하라고 집으로 돌려보냈다. 너희 아들들도 이처럼 행하라. 여인들의 화장품을 사주느라고 돈을 낭비하지 마라. 궁궐의 마루바닥에 조상 때부터 내려오는 낡은 모피깔개를 까는 것으로 만족하라. 수천 냥짜리 모피외투를 가지려 조르지 마라. 이것은 꼭 필요한 것이 아니다. 게다가 유행은 변한다. 검은 담비가죽 옷이 여우가죽 옷으로 유행이 바뀌고, 여우가죽 옷이 족제비가죽 옷으로 유행이 바뀌어 왔다. 부마 경쥐중(耿聚忠)이 처음 족제비 가죽 옷을 입고 나타났을 때 얼마나 많은 사람들이 몰려들었던 가. 그러나 지금은 유행이 지나 족제비 가죽옷이 그렇게 비싸지 않다. 나는 아들들에게 "생일날은 즐거운 날"이라고 말해 주곤 하였다.[3]

내가 어렸을 때 단 한 사람을 제외한 모든 사람들이 얼마나 나의 활솜씨를 칭찬하였는지 아들들에게 말해 주었다. 그러나 단 한 사람은 나의 활솜씨가 좋지 않다고 말하였다. 나를 비판 하였던 바로 그 한 사람 때문에 나는 지금처럼 훌륭하게 활도 쏘고 말도 탈 수 있게 되었다.[4] 그리고 나는 거의 매일같이 아들 들이 나의 시위들과 함께 과녁에 활을 쏘게 하였다. 그리고 또 그들에게 복장이나 음식, 도구 등을 사용하는 데 있어서 만주인 의 전통을 잃어버리지 말 것이며, 금나라나 원나라 말기를 살았 던 통치자들이 그랬던 것처럼 중국풍에 너무 물들지 말라고 말 해 주었다. 또 탁 트인 넓은 공간에 사는 것을 즐거움으로 삼고, 한인들의 그릇된 취향을 좇아서 병풍으로 막힌 밀실에 자신을 가두지 말라고 하였다.[5]

또 아들들에게 세 종류의 학생이 있다고 말해 주었다. 근면 한 학생, 게으른 학생, 우둔한 학생이 바로 그것이다. 우둔한 학 생은 잘 보살펴 주면 근면한 학생으로 변할 수 있지만 게으른 학생은 다루기가 가장 힘들다. 이들은 자신의 실수로부터 아무 것도 배우지 못하며 매사를 대충대충 넘기고 변덕스럽기 그지없다. 그래서 나는 아들들이 사물의 이치를 천천히 깨우치도록 하였다. 한 가지 사물의 이치를 완전히 터득하면 점차 더 어려운 사물을 연구하게 하여 한 걸음씩 앞으로 나아가게 하였다.[6]

유아 때부터 열살 정도까지 어린애들은 자연스런 본능에 따라 행동한다. 그러나 일단 사리를 분별하는 법을 배우면 그의 행동에 방향성을 부여하는 것은 훈련과 습관이다. 여기서 타고난 지식이나 학습과 고된 노력을 통해 습득한 지식 사이에 적절한 균형을 유지해야만 한다. 지름길이란 있을 수가 없다.[7]

아이의 응석을 받아 주다 보면 아이를 망치게 된다. 제멋대로 굴던 어린애들은 자라서도 편식을 하게 되고, 심한 더위나 추위를 참지 못하는 바보가 되거나 병약해지기가 쉽기 때문이다. 그런 '애정'을 베푸느니 차라리 처음부터 엄하게 대하는 편이 낫다.[8]

내 아들들 중의 몇몇은 다른 사람들의 손에 맡겨 키웠다. 맏아들 인티는 내무부(內務府) 총관(總管) 가루(噶祿)의 집에서, 셋째아들 인즈는 내대신(內大臣) 춰얼지(綽爾濟)의 집에서, 다섯째아들 인치는 황태후의 처소에서 자랐다.[9] 황후에게서 태어난 유일한 아들인 둘째 인렁—두 살 때부터 황태자로 삼았다—만이 동궁에서 내 손으로 직접 키웠다. 그가 네 살 때 천연두에 걸렸으나 죽지 않고 살아 남자 나는 하늘에 희생 제물을 드리고 담당 의원에게 상을 내렸다. 황제인 나는 인렁을 따뜻하게 보살피는 늙은 간호사가 되었다. 나는 그에게 글

읽기를 몸소 가르쳤고, 장잉(張英)과 슝츠뤼(熊賜履)에게 그의
교육을 맡겼으며, 한림원의 가장 뛰어난 학자들로 하여금 도덕
을 가르치게 하였다. 인렁은 학업은 물론 말타기와 활쏘기에도
뛰어났다. 그는 『상서』(尙書)를 웡수위안(翁叔元)과 함께 공부
하였고 왕위안치(王原祁)가 산수화 그리는 것을 곁에서 지켜보
았다. 그에게 정사를 돌보는 원리에 대해서도 가르쳐 주고, 반
란문제에 대해서도 토론하였으며, 내가 갈단을 정벌하러 원정
을 떠났을 때는 나를 대신하여 정사를 돌보게 하였다.[10]

　　그러나 갈단 정벌을 마무리짓고 베이징으로 돌아왔을 때, 인
렁의 궁궐에서 네 명의 인물들—내가 거느린 궁정 요리사 중
두 명과 더주(德住)라 불리는 소년, 찻집에서 온 야토(雅頭)라
는 사내—이 부정한 행위를 저질렀다는 사실을 알았다. 이들은
너무나 사악하고 방자하였으므로 더주와 야토 그리고 요리사
중의 한 명은 처형하라고 명령하였다. 그리고 나머지 요리사 한
명은 집에 감금시키고 그의 아비더러 지키라고 하였다. 이 일이
있기 전에도 다른 아들들이 말썽을 피우는 것을 보아 왔다. 셋
째아들 인즈는 경민황귀비가 죽었을 때 상례를 지키지 않았으
므로 작위를 강등시켜야만 하였다. 맏아들 인티는 1690년의 전
쟁 때 내 동생과 다투는 바람에 베이징으로 돌려보내야만 하였
다. 넷째아들 인전은 너무 감정의 기복이 심하여 얼마동안 몸소
돌보아야만 하였다.[11] 그러나 이들 중의 누구도 인렁과 그 일당
처럼 사악하고 짐승 같은 짓을 해서 나의 얼굴에 먹칠을 하지는
않았다. 인렁은 나에게 올라온 조공품을 가로채고, 내 말을 허

락 없이 타기도 해서 말을 바친 몽골인들의 분노를 샀다. 그는 사치를 좋아하여 유모의 아비인 내무부 총관 링푸(凌普)에게 시켜서 원하는 것이면 무엇이든지 내무부에서 가져오게 하였다. 그는 형제들이나 내가 아플 때 전혀 동정심을 보이지 않았다. 그는 또 한밤중에 나의 처소로 와서 휘장을 찢고 안을 훔쳐보기도 하였다.[12]

1702년에 남순하였을 당시 인렁이 더저우(德州)에서 갑작스레 병이 나자 인렁의 외종조부인 송고투(索額圖)를 보내 간호하게 하였다. 그러나 송고투는 몹시 방자하게도 말을 탄 채로 황태자 행궁의 중문(中門)까지 갔으며, 주변사람들을 두려움에 떨게 하였다. 더구나 송고투가 살인에 관한 말을 하고 다닌다는 정보를 입수하였다. 그래서 1703년 송고투의 가인(家人) 한 사람이 제공한 정보에 근거해서 송고투를 체포하라고 지시하였다. 그리고는 내대신(內大臣)에게 "그 '살인'이 언제 일어나고, 송고투가 누구를 죽이겠다는 건지, 송고투가 죽임을 당한다는 것인지 도저히 모르겠다. 만일 이야기하던 대로 살인이 일어난다면 정녕 지목된 희생자는 누구겠는가?"라고 하였다. 만약 송고투 문제에서 내가 주도권을 잡지 못하면 송고투가 주도권을 장악할 것이라고 나는 직감하였다. 그래서 그의 종자들의 집을 수색하고 거기서 발견된 편지들을 압수하여 마침내 송고투를 처형시켰다.[13]

나는 인렁이 송고투가 죽은 데 대한 복수를 계획하고 있다고 의심하기 시작하였다. 내가 어느 날 밤에 독살을 당할지 아니면 다음날 아침에 죽임을 당할지 전혀 예측할 수가 없었고, 결코 마음의 평정을 유지할 수도 없었다. 그는 태어나면서 자신의 어미를 죽였으며, 낭비벽이 너무 심할 뿐 아니라, 요구하는 것이 끝이 없었고, 남의 일에 지나치게 간섭하였다. 이러니 내가 어떻게 황제의 자리를 인렁에게 물려줄 수 있겠는가?[14]

그런데 1705년에 쑤저우(蘇州) 지방에서 많은 어린아이들이 불법적으로 팔려 나가고 있다는 이야기를 들었다. 이에 나는 황실의 사람들을 조사하였고 왕훙쉬(王鴻緖)에게 이 사건을 샅샅이 파헤쳐 비밀리에 보고하도록 지시하였다. 왕훙쉬가 올린 보고에 따르면 장난 지방에서 상당히 많은 사람들이 매매되고 있었다. 어떤 사람들은 장난 지역의 관료나 상인 또는 상인회관으로 팔려 가고, 또 어떤 사람들은 베이징으로 실려 가 다양한 중개인들을 통해 팔려 나간다는 것이었다. 나의 시위인 우게는 팡(方)씨 부인으로부터 한 사람당 70냥에서 450냥의 은을 주고 세 사람을 사들였으며 마이추와 데쳉게도 몇 사람을 샀다고 하였다.

인신매매 상인의 상당수는 합법적인 존재들이다. 그러나 판푸(范溥)는 달랐다. 봉사를 제공한 대가로 그는 어용(御用) 화살을 받았다. 그는 창녀 여러 명을 베이징으로 데리고 와서 시위들이나 황자들의 집안사람들에게 소개시키면서 이 화살을 자신의 행동을 정당화하는 권위의 상징으로 이용하였다. 그는 미소년들을 사오면서 지방관이 이를 묵인하도록 압력을 행사하는 데도 이 화살을 써먹었다. 판푸는 자오랑위(趙朗玉)의 하인 한

사람에게 그의 아들—배우로 등록되지 않았음에도—을 은
500냥에 팔도록 하였다. 그리고 쑤저우 통판(通判)에게 강제로
거래증서를 작성하게 하였다. 소년의 어머니가 쑤저우 부 아문
으로 탄원하러 오자 쑤저우 지부(知府)는 그 여인이 지방관을
고소하려는 것으로 잘못 알고 옥에 가두어 버렸다. 그녀의 증언
은 끝내 채택되지 않았다. 판푸는 자신이 황제의 대리인이라며
평민들로부터 소년 소녀들을 강제로 사들였다. 이 어린아이들
에게 어떤 일이 일어났는지 우리는 알지 못한다. 거래증서상에
는 소녀들은 '옥 번데기'(玉蛹)로 소년들은 '작은 손'(小手)으로
기재되어 있었다.

　왕훙쉬는 1707년 나의 순행행렬이 후추(虎丘)에 도착하였을
때 주고받았다는 다음의 대화내용도 보고하였다. 판푸가 그의
친척인 청에게 "내가 나쁘다거나 어가 행렬에 경의를 표하지
않는다고 하는 한인대신들이 있다"고 말하였다. 그러자 청은
"이 사실을 귀띔해 준 사람이 환관입니까"라고 물었다. 판푸가
"환관이 아닐세. 우리에게 귀띔한 사람은 황제 앞의 첫번째 사
람이라네" 하고 대답하였다. 그래서 내가 왕훙쉬에게 "그 첫
번째 사람이 누구냐"고 물었다. 그러자 왕훙쉬는 다시
청에게 첫번째 사람이 황제 곁에 있는 시위인지 아
니면 보다 더 높은 자리에 있는 사람인지를 물었
다. 그러자 청은 너무나 겁에 질려서 이름을 말하
지 못하였다. 비록 그 첫번째 사람이 누구인지는
아직도 모르지만, 적어도 이런 사실을 누설한 자가

나의 호위를 담당한 시위 마우가 아니라는 것만은 확신하였다.[15]

범죄를 조사할 때 나는 다음과 같은 원칙을 갖고 있다. 반성하지 않으면 결코 용서하지 않으며, 나에게 하는 보고들을 경솔히 믿거나 그 보고를 부당하게 누군가를 비난하거나 욕보이는 근거로 삼지 않는다.[16] 그러나 나는 아들이 무모하고 난폭하며 무례하게 군다는 보고를 점점 더 자주 듣게 되었다. 그래서 마침내 1708년 10월 11일 시위인 우시(吳什)와 창셰오(暢壽)와 환관 춘주(存柱)를 시켜 수종하는 모든 신하들에게 다음과 같은 조칙을 전하게 하였다. "그대들이 보고 들은 것은 무엇이나 사실대로 짐에게 보고하라. 그대들이 보고하지 않아서 나중에 점차 살인하는 지경에까지 이르러도 끝내 숨기기만 하겠는가? 그대들이 숨기고 보고하지 않아서 (이런 일이 일어난다면) 이는 그대들의 죄이다. 만일 우시·창셰오·춘주 세 사람이 짐의 상유(上諭)를 한마디라도 숨기고 온전히 알리지 않아서 뭇 사람들이 제대로 알지 못하였다면 세 사람 모두 처형할 것이다."[17]

엿새 후에 나는 둘째아들이자 황태자인 인렁을 제왕(諸王)·대신·시위·문무관원 등이 모인 행궁(行宮) 앞에서 무릎을 꿇게 하고 다음과 같은 상유를 내렸다.

"짐은 태조(太祖, 누르하치)와 태종(太宗, 홍타이지), 세조(世祖, 순치제)의 대업을 계승하여 38년 동안 통치해 왔노라. 그간 온 마음을 쏟아서 신하들에게 긍휼을 베풀고 백성들을 보살피면서 천하를 편안하게 다스리는 것을 사명으로 여겨 왔노라. 이제 짐이 살펴보니 인렁은 조상의 덕을 본받지 아니하고 짐의 가르침도 따르지 않고 있다. 입에 담기조차 수치스럽지만 그는 사악하고 뭇 사람을 학대하며 난폭하고 음란하였다. 짐은 20년 동안이나 그를 포용해 왔지만 그 사악함은 점점 더 심해져 조정의 여러 왕, 버일러(貝勒), 대신, 관원들을 욕보이고 권력을 마음대로 휘둘렀다. 또한 파당을 만들고 짐의 일상생활 하나하나를 엿보고 엿듣지 않은 것이 없었다. 나라에는 오직 한 사람의 군주만이 존재할 뿐인데 인렁은 어찌하여 감히 여러 왕들과 버일러와 대신과 관원들을 마음대로 능욕하며 매질하였는가? 평군왕(平郡王) 네르수(訥爾素), 버일러 하이샨(海善)과 푸치(普奇) 공 등은 모두 인렁에게 구타를 당하였다. 고위관료에서부터 말단 병사들에 이르기까지 그에게서 해를 당하지 않은 자가 거의 없다. 짐은 이런 모든 실상을 알고 있었다. 그러나 나는 그의 행동에 대해서 관료들에게 한마디도 하지 않았다. 만약 그들 가운데 누구라도 그의 행동에 대해 말을 꺼낼 것 같으면 인렁이 그를 원수로 여겨 제멋대로 채찍질하고 태형을 가할 것이기 때문이었다. ……이제 나는 결심하였노라. 인렁을 황태자의 자리에서 폐하고 송고투의 여섯 아들을 처형시키도록 하라."[18]

만주인 대신들에게는 내가 분노하는 이유를 가능한 한 상세하게 설명해 주었다. "짐은 수년 동안 역사책을 읽어 오면서 깊이 경계해야 할 바를 깨달았으므로 궁 바깥의 부녀자들이 궁궐에 함부로 출입하지 못하도록 하였다. 또 교활한 미소년들이 짐의 좌우에서 시중을 들지도 못하게 하여 육신을 지극히 순결하게 지켜 왔고 아무런 흠도 없다. 지금 여기 있는 구왐보(關保)와 우시(伍什)는 어릴 때부터 짐의 시중을 들어왔으므로 짐의 행동을 모두 알고 있다. 지금 황태자의 소행이 이 지경에 이르렀으니 짐은 실로 분노와 슬픔을 감출 수가 없다."[19]

나는 또 시위 우시를 통하여 여러 대신들과 시위와 관병들에게 더 이상의 처형은 없을 것이니 전전긍긍할 필요가 없다고 일러 주었다. 또 이 사건과 관련된 어떠한 고발도 더 이상 받지 않을 것이며 나머지 사람들도 모두 용서할 것이라고 말하였다. 나는 너무 분하고 당황하고 애통하여 나 자신을 추스르기가 힘들었던 것 같다.[20] 인렁은 좋은 교육을 받았고 또 세심한 보살핌을 받고 자랐음에도 왜 그런 행동을 하였는지 생각해 보기 시작하였다. 그의 행동을 살펴보면 낮에는 자고 밤에는 음식을 먹는데 수십 잔의 술을 마셔도 취하지 않고 일고여덟 그릇의 밥을 먹어도 배불러 하지 않으니 어찌된 일인가? 귀신이 보인다고 안절부절하면서 거처를 끊임없이 옮기고 비가 오고 뇌성벽력이 치면 겁에 질려 어쩔 줄 몰라 하였다. 천지신명께 제사지낼 때는 두려워하여 예를 갖추지 못하였다. 그의 행동은 엉뚱하였고 사용하는 언어는 비정상적이었다. 그는 마치 귀신에 홀린 듯하였다. 인렁은 힐방전(擷芳殿)에 거처하는 자신의 궁인을 만나러 자주 갔는데 이곳은 어둡고 음침하고 더러운 곳으로 많은 사람이 병들어 죽었다. 인렁이 그곳을 드나들 때 그에게 사귀가 들어간 듯하다. 정녕 그에게 사귀가 들었다면 그의 행동이나 그와 가까운 사람들의 마음조차 얻지 못한 까닭이 납득될 것이다.[21]

그런 와중에 11월 26일 셋째아들 인즈로부터 인렁이 진짜로 귀신에 홀렸다는 소식을 들었다. 인즈는 바한고룽(巴漢格隆)이라는 몽골 출신의 마부 한 명을 거느리고 있었는데, 그는 어릴 적부터 독학으로 의술을 익혀 사람에게 저주를 거는 술법을 알고 있었다. 맏아들 인티가 이런 정보를 얻고서 바한고룽과 두 명의 라마승을 불러들여 인렁을 방자하였다. 인즈가 이 사실을 내게 알려 왔으므로 시위들을 보내 인티의 궁궐을 수색하도록 지시하였고, 그들은 거기에 파묻혀 있던 요사스런 물건들을 찾아내었다. 이 물건들은 주문을 외우면 인렁이 가위에 눌려 꿈속에서 요괴를 만나도록 고안된 것이었다. 인렁을 시중드는 자들로부터 다음과 같은 이야기를 전해들었다. 28일에 이 물건들을 땅에서 파내자 인렁이 갑자기 간질병 환자처럼 발작하더니 얼굴표정이 이상해지고 하마터면 자살할 뻔하였으며, 환관들이 인렁을 둘러싸고 꽉 껴안자 잠시 후에 제정신이 들면서 겁먹고 당황한 표정을 지었다는 것이다. 돌아가신 할머니께서도 내 꿈에 나타나셨는데 평소와는 전혀 다르게, 얼굴에는 슬픔이 가득하였으며 멀찍이 떨어져 조용히 앉아만 계셨다.[22]

나는 귀신들림에 관한 책을 읽어 본 적이 있지만, 전적으로 믿을 것은 못된다고 늘 말해 왔다. 이제는 저주 때문에 사람의 마음이 완전히 바뀔 수도 있다는 사실을 깨닫기 시작하였다. 이전에는 인렁이 저질렀다는 악행들을 그가 행한 것이라고 믿었지만 이제는 그렇지 않을 수도 있다고 생각하였다.[23]

맏아들 인티는 저주를 하였다는 혐의로 체포되었다. 인티는 인렁만큼이나 난폭하며 잔인하고 어리석었다. 그는 인렁이 거느린 장인(匠人)들을 고문하고 그 중 몇몇은 자살케 하였다. 비록 인티가 개인적으로는 나에게 충성스럽고 또 나를 보호해 준 일도 있지만 절대로 나의 후계자가 될 수는 없다. 인렁이 연금되자 인티는 나에게 인렁이 너무나 인심을 잃었으므로 지금 그를 죽인다고 해도 전혀 비난받지 않을 것이라고 하였다. 또 관상쟁이 장밍더(張明德)가 이전에 인쓰를 보고서 훗날 '반드시 아주 귀하게 되리라' 하였으니 그를 황태자로 삼아도 될 것이라고 상주하였다.[24]

인티가 이런 상주를 올리게 된 이유 중의 하나가 관상문제였으므로, 나는 몇 사람을 뽑아 관상쟁이 장밍더를 심문하게 하였다. 심문을 마친 뒤에 그들은 다음과 같이 보고하였다. 순승군왕(順承郡王)의 장사(長史)인 알루(阿祿)가 장밍더를 순승군왕에게 천거하였고, 순승군왕은 인티에게 추천하였다는 것이다. 장밍더는 다음과 같이 증언하였다. "저는 망령이 들어 다음과 같이 말하였습니다. '황태자께서 사나우니 만나기만 하면 제가 그를 찔러 죽일 것입니다.' 그리고 또 날조하여 '제게 비상한 능력을 지닌 열여섯 명의 인물들이 있는데 그 중 두 명을 불러 왕을 뵙게 하겠습니다'고 말하였습니다. 그리고 은을 많이 얻으려고 왕께서 제 말을 따르도록 간청하였습니다. 또 푸치 공(普奇公)이 저를 여덟째 황자님께 천거해 주었습니다. 그분의 관상을 보고 제가 '아름다운 얼굴은 맑고 속되지 않으며 인의(仁

誼)가 돈독하며 복이 많고 수명이 길어 참으로 귀한 상'이라고
하였습니다." 심문을 담당하였던 신하들이 장밍더를 참수형에
처해야 한다고 상주하였다. 그러나 나는 "장밍더의 죄질이 극
악하므로 능지처사하라. 그리고 형을 집행할 때 그자와 관련된
사람들이 입회하게 하라"고 하였다.[25]

  인쓰도 체포하였다. 아홉째아들과 열넷째아들이 그를 끝까
지 변호하자 나는 이들을 칼로 베어 죽이려 하다가 다른 사람들
을 용서해 주었듯이 이들도 용서해 주었다.[26] 너무나 많은 사람
들이 이 사건에 연루되어 있었다. 인쓰의 유모 남편의 숙부는
수누(蘇努)와 결탁하여 음모를 꾸몄다. 수누는 오래 전 그의 할
애비가 나의 증조할아버지 태조(太祖) 황제께 큰 죄를 지어 처
형되었던 것에 앙심을 품고 원수를 갚으려고 음모에 동참하였
다. 또 인쓰의 처는 안군왕(安郡王) 욜로(岳樂)의 손녀인데, 욜
로의 비(妃)는 송고투의 누이동생이었다. 그래서 이들의 자식
들은 인쓰의 처에게 아저씨뻘이 된다며 예를 지키지 않았다. 나
는 자식들에게 순종하도록 타이를 수밖에 없었다. "너희들도
알다시피 짐은 너희들의 군주이자 아버지이다. 짐이 어떠한 명
령을 내리더라도 너희들은 모두 따라야 한다. 이것이 짐의 신하
이면서 아들인 너희들이 취해야 할 첫번째 올바른 도리이다. 만
약 이를 마음속에 새겨 두지 않는다면 훗날 짐이 죽어 시신이
건청궁(乾淸宮)에 안치되자마자 갑옷을 입고 서로 싸우는 날이
반드시 오고야 말 것이다."[27]

  12월 중순이 되자 신하들이 인렁을 복위시켜야 한다는 상주

문을 올리기 시작하였다. 그러나 나는 이제 막 인렁과 함께 다시금 대화를 나누는 정도이지 그를 용서한 것은 아니라고 신하들에게 경고하였다. 문제는 여전히 해결되지 않은 채로 남아 있었다. "폐위된 황태자가 복위되기를 바라는 자들은 기뻐하지 말라. 폐위된 황태자가 복위되기를 바라지 않는 자들은 슬퍼하지 말라"고 하였다. 그래서 12월 25일 만주인과 한인 문무대신들을 창춘위안에 불러모으고 나의 몽골인 사위 다얼한친왕(達爾漢親王) 반디(班第)에게 황태자를 결정하는 논의를 주도하도록 하였다. 첫째아들 인티는 행실이 너무 나쁘므로 논의대상에서 제외하고 나머지 아들들 중에서 대신들이 의견을 모으면 따르겠다고 말하였다. 온종일 논의가 진행되었지만 몇몇이 인쓰를 추천하고, 대부분은 몸을 사려 말하지 않았다. 인쓰를 추천한 자들은 밍주의 아들인 쿠이쉬(揆敍), 에빌룬(遏必隆)의 아들 알링가(阿靈阿), 퉁궈캉(佟國綱)의 아들 올론다이(鄂倫岱) 그리고 왕홍쉬 등이었다. 나는 이들의 제안을 다음과 같은 이유로 거절하였다. "황태자를 세우는 일은 지극히 중요하다. 너희들은 마땅히 온 마음을 기울여 꼼꼼하게 논의해야 한다. 여덟째 아들은 경험이 없을 뿐 아니라 범죄사실도 드러났다. 또 그 어미의 가계도 아주 미천하다. 다시 논의하도록 하라."

논의는 지지부진하였다. 환관 량주궁(梁九功)과 리위(李玉)가 나와 대신들 사이에 연락을 취하느라 분주하게 오갔다. 그러다가 마침내 대신들이 여전히 두려워하고 있으며, 이 사안이 너무 중대하므로 두 명의 환관——물론 이런 일을 맡길 정도로 신임하고 있었지만—이 입으로 옮기는 말만 듣고서는 결정할 수 없다는 사실을 깨달았다. 그래서 한 사람씩 나를 만나러 오게 해서 그들이 생각하는 바를 종이에 쓰게 하고 내게 보이도록 하였다. 그러나 날이 점점 어두워졌으므로 대신들을 집으로 돌려보내면서 밤새도록 이 문제를 숙고해 보고 다음날 새벽에 다시 오도록 명령하였다.

다음날은 인령에 관해 내가 꾼 꿈과 귀신들림이 실제 일어날 수 있다는 생각에 대해 대신들에게 이야기하였다. "그대들도 모두 동의하는가?" 하고 묻자 "예. 저희들도 모두 그렇게 생각합니다"라고 대답하였다. "그대들이 모두 동의한다고 하였으므로 너희들에게 짐이 붉은 먹물을 묻힌 붓으로 쓴 상유를 내린다. 전에 인령을 체포하였을 때 짐은 이 일을 다른 사람들과 의논하지 않았다. 마땅히 그래야 했기 때문에 체포하여 구금하였던 것이다. 나라의 모든 사람들도 짐의 이러한 처분을 옳다고 생각하였다. 요즘도 이 사건을 생각하면 마음이 편치 않다. 하나하나 자세히 이 사건에 대한 처리결과를 살펴보면 사리에 맞는 부분도 있고, 실체가 없는 (왜곡된) 부분도 있다. 더구나 인령의 정신질환이 차도를 보이는 것 같다. 여러 신하들이 그를 애석히 여겼을 뿐 아니라 짐도 역시 그를 가엾게 여겼다. 이제 점차 나아지고 있다 하니 짐의 복이자 여러 신하들의 복이기도 하다. 짐은 이미 사람들로 하여금 그를 돌보게 하였고 짐도 거듭 훈계하여 짐(의 가르침)을 벗어나지 않도록 하고 있다. 이제 짐은 인령을 서둘러서 다시 황태자로 세우지는 않을 것이니 여러 대신들도 그리 알라. 인렁은 절대로 보복하지 않을 것이다. 이는 짐이 힘껏 보증할 것이다."[28]

12월 28일에는 반디와 문무대신들이 황태자를 복위시켜야 한다고 주청하였으나 보류하였다. 이듬해 1월 8일에는 인쓰를 도로이(多羅) 버일러에 복위시켰다.[29] 3월 2일에는 시위, 내대신(內大臣), 만한대학사(滿漢大學士), 상서(尙書) 등을 불러모아 인쓰의 배후에 있는 파당이 누구인지를 캐물었다. 인쓰의 파당을 가려 내기 위한 심문은 밤새 계속되었다. 나는 전모가 드러날 때까지 그만두지 않을 것이라고 말하였다. 그러자 마침내 장위수는 마치(馬齊)가 자신에게 "뭇 사람들이 인쓰를 천거하려고 합니다"라고 말하였던 사실을 고백하였다. 그러자 마치는 분노하면서 자신은 정확하게 "아직 결정되지 않았습니다. 뭇 사람 중에는 여덟째 황자를 천거하려는 사람들이 있다는 소문을 들었습니다"라고만 말하였다고 하였다. 그는 모멸감을 느끼고 옷소매를 떨치며 나의 면전을 떠났다. 그래서 나는 화석강친왕(和碩康親王) 춘타이(椿泰)에게 마치를 심문하라고 명령하였고 춘타이는 마치가 그의 형제들과 함께 처형되어야 마땅하며, 그의 친족들은 해임시키고 처자식들은 헤이룽장으로 유배시켜야 한다고 상주하였다. 그러나 나는 마치의 목숨은 살려 주고 인쓰에게 맡겨서 엄히 구금토록 명령하였다. 반디와 다른 사람들은 인렁의 복위를 또다시 주청하였다. 이번에는 나도 동의하였다. 쇠약해지고 병든 나를 인렁이 지극 정성으로 간호해 주었기 때문이다. 또 방자로 인해 그가 빠져 있던 악귀들의 영향에서도 완전히 벗어났다. 하늘과 조상들을 받들고 믿었으므로 그들이 수십 년에 걸친 나의 노고를 헤아려 곤경에 처한 나를 도와준 것이다. 삼월 중순이 되어 인렁과 넷째, 일곱째, 여덟째, 열셋째, 열넷째, 열다섯째, 열여섯째 아들들과 함께 육로로 더러는 수로로 즈리(直隸) 지방을 순행하였다. 때마침 4~5촌(寸)의 눈이 내려 온 나라에 행운을 가져다주리라 약속하는 것 같았다. 4월에는 대학사 운다(溫達), 리광디에게 명하여 인렁을 황태자로 복위시키는 의례를 주재하게 하였다.[30]

그런데 1711년 12월 겨울철에 창춘위안에서 다시 문제가 터져 나왔다. 나는 "여러 대신들이 황태자를 위한 파당을 결성하였다. 너희들은 모두 짐이 발탁하고 등용한 인물이며 50년 동안이나 짐의 은혜를 입어 왔다. 황태자 편에 붙는 것은 앞으로 무엇을 하기 위함인가? 도통(都統) 오샨(鄂繕)은 이 사실을 알고 있을 것이다"라고 말하였다.

도통 오샨이 말하였다. "신은 황상께서 키워 주시고 발탁해 주셨는데 만일 알고 있었다면 어찌 감히 숨겼겠습니까?"

병부상서 경거(耿額)가 말하였다. "신도 전혀 모르는 일입니다. 알았다면 어찌 아뢰지 않았겠습니까?"

형부상서 치스우(齊世武)가 말하였다. "신은 어느 곳에도 간적이 없습니다. 이 일에 대해서 진실로 아는 것이 없습니다."

내가 말하였다. "짐은 오랫동안 이에 관한 소문을 듣고 있었다. 조사해 보았으나 그 증거를 찾지 못하였으므로 두투(都圖)에게 사람을 보내 추궁하게 하였다. '지금 어떤 사람이 너희들이 파당을 만들었다고 자수하고 증거도 제시하였다. 이실직고 하지 않으면 너의 일족을 모두 참수할 것이다.' 그러자 두투는 모든 사실을 상주문에 적어 올렸다." 나는 두투가 쓴 상주문을 가져다 보였다.

그리고 나서 포의(包衣) 장보량(張伯良)을 결박하여 끌어내 부도통(副都統)들을 살펴보게 하였다. 그리고 부도통 울리(悟禮)를 앞으로 불러내었다. 내가 물었다. "이 사람이 (음모를 꾸미는 자리에) 있었는가?" 장보량은 "그렇습니다"라고 대답하였다. 내가 대신들에게 물었다. "수만(蘇滿)은 변방으로 가서 안 왔다지만, 양다이(楊岱)는 왜 오지 않았느냐?" 누군가가 "병이 나서 못 왔습니다"라고 대답하였다. 내가 장보량에게 물었다. "양다이도 그들 중에 끼여 있었는가?" 장보량은 "늙은 도통 한 사람이 있었습니다"고 대답하였다.

나는 도통 야투(迓圖)에게 물었다. "너는 오산이 무슨 짓을 하려 했는지 아는가?" 야투가 말하였다. "오산은 뭇 사람들 앞에서 늘 황은(皇恩)에 감격한다고 말하면서 이에 보답하려고 하였습니다. 은밀한 일들에 대해서는 신은 알지 못합니다." "야투 너도 모의하는 자리에 있었는가?" "없었습니다."

내가 오산 등을 바라보면서 말하였다. "짐은 증거를 잡지 못하였다. 그러니 어찌 무고한 사람들을 해치겠는가? 너희들은 짐이 늙었다고 말하면서 당여(黨與)를 만들고 방자한 행위를 그치지 않았다. 그러니 이제 짐 앞에서 너희들이 무슨 일을 능히 할 수 있겠는가? 무슨 낯으로 하늘의 해를 바라볼 수 있겠는가? 여러 대신들 중에는 너희들의 당에 가입하지 않은 자가 많이 있다. 그들을 보면 부끄럽지 않은가?"

울리(悟禮)가 말하였다. "신은 황은을 입어 부도통의 벼슬을 받았습니다. 더구나 신은 종실의 한 사람인데 어찌 이런 일에 가담하였겠습니까? 신의 집은 오샨의 집과 가까이 있는데 일찍이 술과 음식을 차려 잔치를 벌인 적은 있으나 그들과 당을 결성한 적은 없습니다."

치스우가 말하였다. "신은 남에게서 아낌을 받는 성품이 못됩니다. 그래서 원래부터 친구가 없었습니다. 신은 오랫동안 황상의 감시 아래 있었습니다. 두투가 무슨 원한을 품었기에 신을 지목하였는지 모르겠습니다. 이 일에 대해서 신은 전혀 알지 못합니다. 다만 오샨이 잔치를 베풀어 음식을 대접한 일이 한 번 있어서 신도 그를 한 번 초대하여 음식을 대접한 적은 있습니다. 만일 정말로 붕당을 결성했다면 저의 일족은 죽어 마땅합니다."

"너는 어느 곳에도 가지 않았다면서 왜 서로 잔치를 베풀어 초청하는 곳에는 갔는가?"

"오샨의 어미가 퉁(佟)씨이므로 그가 저를 외삼촌(舅)이라고 부릅니다. 그래서 서로 번갈아가며 잔치를 열고 초청하였던 것입니다."

내가 말하였다. "치스우, 너는 개돼지보다도 못한 가장 쓸모없는 자다. 너희들은 이런 소인배를 당에 가입시켜서 무슨 득을 보겠다는 것인가? 경거는 송고투의 가노(家奴)였다. 그는 울라(烏喇)에 있을 때 송고투에게 아첨하며 예물을 보냈다. 송고투

처형사건 때 그도 죽여야 마땅했지만 짐이 특별히 용서하였다. 경거는 짐의 그런 은혜를 입고서도 도리어 음모를 꾸미고 당을 만들었다. 너희들의 소행은 모두 경거에게서 비롯되었다."

경거가 머리를 조아리며 항변하였다. "신은 황상의 크나큰 은혜를 입었거늘 어찌 황상을 능멸하겠습니까? 만일 그것이 사실이라면 능지처사를 당해도 달게 받겠습니다."

내가 대답하였다. "송고투 일당은 결코 모두 제거되지 않았다. 너희들은 송고투의 원수를 갚으려 한다. 너희들의 아비와 할애비는 모두 송고투의 노복(奴僕)이었다. 이 일은 정황기(正黃旗)의 대신들이 모두 알고 있다. 그리고 오샨은 이전에 고롤로(郭爾羅)씨의 일족이라 주장하면서 짐이 장악한 기(旗)에 편입하려 하였으나 허락하지 않았다. 그래서 오샨은 지금까지 원한을 품고 있었다. 또 오샨은 짐이 베풀어 준 은덕은 생각지도 않고 도리어 붕당을 결성하여 망령되이 행동하였으니 참으로 불초한 자로다." 그리고 나는 오샨·경거·치스우·울리를 구금토록 지시하였다. 치스우와 오샨은 베이징에 주둔하는 군대의 사령관인 보군통령(步軍統領) 토호치(托合齊)와 당을 만들었다는 것이 확인되었다. 그들의 음모와 부패는 이미 널리 퍼졌다. '아무 데도 가지 않았다'고 주장하는 사람도 실상은 많은 곳을 갔고, 수많은 사람들이 그들과 함께 술을 마셨다는 명백한 증거가 있다. 그들이 엄청난 돈을 횡령하였다는 사실이 밝혀졌을 때, 나는 그들을 처형시키라고 명령하였다.[31]

이 사건을 처리하는 동안 인렁의 이름은 연루되지 않은 적이 없었다. 나는 종실의 한 사람에게 말하였다. "이 모든 사건은 인렁 한 사람 때문에 일어났다. 인렁이 행한 바는 대소를 막론하고 이 나라의 모든 사람들에게 알려졌다. 만일 그가 진심으로 효성스럽고 자비롭게 행동하였다면 온 나라가 인렁이 짐의 아들인 것을 인정하고 멀리하지 않았을 것이다." 그러나 그는 타락한 아첨배들에게 둘러싸여 있었다. 1712년 겨울에는 그의 미치광이 증세가 되살아나서 내가 더 이상 용납하지 못할 정도가 되었다. 그는 자신과 이해관계가 있는 사람들에게 밀정을 보내 동태를 살폈고, 시종들과 처첩들을 때리고 욕하였다. 그러고도 전혀 후회하는 기색이 없었다. 그래서 나는 다시 한번 황태자의 지위를 박탈하고 구금시켰다.[32]

부모들은 저마다 더 사랑하는 자식이 있고 덜 사랑하는 자식이 있다.[33] 인렁을 석방한 이래 몇 년 동안 나는 고통스러운 나날을 보냈지만 조용히 참아 왔다. 이는 정말 어려운 일이었고 나만이 할 수 있는 일이었다. 인렁의 음식과 의복, 장식 등은 나보다 배나 많았다. 그가 꾸짖기를 원하는 사람은 내가 꾸짖어 주지 않은 사람이 없었고, 그가 처벌하기를 원한 사람은 내가 처벌해 주지 않은 사람이 없었으며, 그가 쫓아내기를 원하는 사람은 내가 쫓아내지 않은 사람이 없었다. 다만 그가 죽이기를 원하였던 사람들만은 내가 죽이지 않았다. 내가 이처럼 그의 뜻에 따라 해주었는데도 그의 악행은 고쳐지지 않았다. 나의 가슴은 재가 되어 버렸고 도무지 희망을 가질 수 없다. 신하들은 어느 한편에 충성을 바쳤다가 일이 잘못되면 목숨을 부지하지 못

황자들
219

할 것이라 생각했기 때문에 "(황제와 황태자) 둘 중의 하나는 죽음"이라고 말하면서 두려워하였다. 인렁의 처첩들의 마음도 싸늘하게 식어 버려 황태자의 자리에서 쫓겨나도 모두들 눈물 한 방울 흘리지 않을 것이다. 그를 호위하는 황색 옷을 입은 시위들도 너무나 혹사당하여 웃음을 잃었다. 나는 매일 대신 한 명과 시위 열 명을 보내 그를 살피게 하는데, 인렁은 장님을 앞에 두고 있는 것처럼 제멋대로 행동하였다. 그리고 온갖 사람들을 드나들게 하였다. 나의 얼굴이 야위어 가자 모두들 입을 다물고 누구도 나에게 마음을 풀라는 말을 건네지 않았다. 나는 말하였다. "이제 짐은 최후의 결단을 내렸다. 마음을 풀라고 해도 소용 없는 일이다. 이전에 인렁을 처음 폐위하였을 때 짐은 참으로 분하고 슬펐다. 그러나 이번에는 전혀 개의치 않고 담소를 나누며 일을 처리한다." 나는 조정에 이르기를, 지난 번에 황태자를 폐하였을 때는 몇 사람을 죽였고, 이번에는 한두 명을 죽였다. 나머지 사람들은 두려워 말고 성심을 다하여 나에게 충성을 바쳐서 함께 평안을 누리도록 하겠지만, 앞으로 만일 황태자가 개과천선하였으니 복위시키자고 주청하는 자가 있으면 살려두지 않겠다고 하였다.[34] 첫째인 인티는 여전히 구금되어 있었다. 1714년에 끝없는 교만과 음모, 나의 죽음에 대한 언급, 자신의 지지자들에 대한 자랑, 죽은 매를 선물로 바친 것 때문에 나는 여덟째아들 인쓰를 다시 감금시켰다.[35]

나는 아들들에게 말해 주곤 하였다. 할 수 있을 때 즐거움을 추구하라. 즐거움을 찾다 보면 밝은 분위기가 가득해지기 때문이다. 식사를 마친 후에 우리는 유쾌한 일들에 대해 이야기하였으며 아주 귀한 골동품들을 감상하였다. 그러면 소화가 잘되었고 몸에도 생기가 넘쳤다.

나는 아들들에게 말해 주곤 하였다. 너희들은 직접 주변사람들의 눈을 자세히 살펴보고 그들을 판단하라. 악한 일을 도모하고 있으면 눈에 그대로 나타날 것이다. 눈동자는 맑아야 하며 근심이나 불안으로 얼룩지지 않아야 한다. 앉아 있을 때 사방을 두리번거리거나 걸어가면서 뒤를 돌아보지 마라. 우리 만주인들은 이런 행동을 용납하지 않는다.

도덕의 원칙을 발견하는 데 독서·경연·성찰·경험과 같은 다양한 방법이 있다는 것을 이야기해 주었다. 이런 말도 하였다. 진정한 경외심을 마음속에 품어라. 정중함(敬)이란 가장 사소한 것에까지 사랑과 주의를 기울이는 것을 의미한다. 해야 할 중요한 일이 없을 때는 바로 이 정중함으로 너희들 자신을 추슬러라. 말썽이 생기면 이를 수습하는 데 정중함을 활용하라. 처음 시작할 때만큼이나 끝마칠 때에도 주의를 기울이면서 장기적인 안목을 길러라. 만일 이것이 몸에 밴다면 너희들은 평안해질 것이다. 가슴속에 정중함을 담아 둔다면 마음다운 마음이 너의 중심 깊숙이 자리잡을 것이기 때문이다. 마치 집안을 다스리는 데 능숙한 사람은 집안의 모든 일을 조화롭게 처리할 수 있는 것처럼.[36]

나는 또 아들들에게 시종들을 다루는 데 조심하라고 당부하였다. 이들은 주인의 비위를 잘 맞추고 자신들의 욕망을 채우기 위해 주인들을 유혹한다. 그들의 유일한 관심사는 자신의 이익을 챙기는 것이기 때문이다. 동시에 주인은 종들에 대해 너무 가혹해서도 너무 관대해서도 안된다. 주인은 필요하다면 종에게 벌을 주어야 한다. 그리고 공연히 화내지 마라. 그것은 종들을 두려워하게 할 뿐 아무짝에도 쓸모 없는 짓이다. 이는 비할 데 없이 중요한 것이다. 이것이 사람을 다루는 원칙임을 꼭 기억하라.[37]

나의 경고에도 불구하고 대신들은 제위 계승문제를 끊임없이 제기하였다. 1713년 자오선차오는 새로운 황태자가 지명되어야 한다고 상주하였다. 나는 그의 상주문을 되돌려 주도록 지시하였다. 1717년에는 왕산(王挟)과 어사들이 동일한 내용의 상주를 올렸다. 나는 그들의 행동이 온당치 않다고 말해 주었다. 그때 젊고 무지한 한림원 검토(檢討) 주톈바오(朱天保)가 인렁이 자비롭고 효성스러우며 성현을 닮았다면서 복위시켜 달라고 상주를 올렸다. 그는 내가 인렁을 대면하지 않으려 하므로 비난받아 마땅하며, 인렁 사건의 비극은 자살하도록 내몰렸던 한(漢) 무제의 황태자가 당하였던 비극에 비교될 수 있고, 도통 피양구가 인렁을 파멸시키려 한다고 주장하였다.[38] 나는 주톈바오의 패역을 뒤에서 조종한 자가 그의 아비이며, 두 사람 모두 붕당과 연계되어 있다는 사실을 알았다.[39] 나는 그들이 자신의 죄를 분명히 깨닫도록 지금까지 드러난 인렁의 악행을 다시 한번 말해 주었다. 이에 덧붙여서 새로 드러난 죄상까지도 알려 주었다. 인렁은 어떤 만주 귀족에게 눈에 보이지 않는 먹으로 편지를 써서 자기가 군대를 거느리는 장군이 될 수 있는지의 여부를 물었다. 이 편지에서 그는 자기가 나한테 칭찬받았다고 거짓 주장을 하였을 뿐만 아니라 자기 처를 돌보는 의원에게 그 편지를 주어 몰래 전달하였다. 더구나 인링은 교사인 쉬위안멍(徐元夢)에게 욕을 퍼부었고 숙부와 사촌들에게 욕설을 하였으며, 나의 면전에서 등을 돌린 적도 있었다. 그러므로 인링을 계속 감금시켜야 한다는 것에는 의심의 여지가 없다.[40] 주(朱)씨 부자의 죄는 도저히 용서받을 수 없는 것이었다. 처음에는 주톈바오의 목을 베고 그 후에 아비를 능지처사하라고 하였지만 곧 마음이 누그러져 아들이 참수당하는 장면만을 그 아비가 보도록 하였다.[41]

나는 아들들에게 말하곤 하였다. "봄은 조화로운 시기다. 꽃들은 활짝 피어나며 새들은 쉴새없이 아름다운 노래를 부른다. 이는 세상의 사람들에게도 마찬가지이다. 고요함을 만끽하며 집에서 휴식하고 자신의 일에 만족하라. 그러면 자연스럽게 훌륭한 말을 하고 멋진 행동을 할 것이다. 이런 삶을 살아간다면 부끄러움을 느낄 필요가 없다."[42]

나는 그들에게 말하곤 했다. "봄과 여름에 어린아이들은 바깥 뜰에서 놀아야 한다. 놀지 못하게 할 이유가 전혀 없다."[43]

황자들
223

상유(上諭)

6

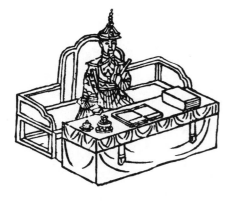

강희제는 1717년 12월 23일 건청궁(乾淸宮)의 동난각(東暖閣)에 여러 황자(皇子)들과 만한대학사(滿漢大學士), 학사(學士), 구경(九卿), 첨사(詹事), 과도관(科道官) 등을 불러모아 다음의 상유를 반포하였다.[1]

짐은 어렸을 때 하늘이 건강함을 주서서 병에 걸린다는 것이 무엇인지조차 몰랐다. 올 봄에 병이 나서 비로소 머리가 어지럽고 몸이 점차 쇠약해지는 것을 느꼈다. 올 가을에 변방 너머로 사냥을 나갔는데 몽골 지방의 기후와 풍토가 아주 좋아서 정신은 나날이 맑아지고 얼굴에 살이 올랐다. 매일 말을 타고 활을 쏘았지만 피곤하여 짜증나는 적이 없었다. 베이징으로 돌아온 뒤에는 황태후께서 편치 않으셨으므로 짐은 낙담하여 자꾸만 어지럼증이 생겼다. 짐은 평소에 꼭 일러두고 싶은 말이 있었으므로 특히 그대들을 불러모아 얼굴을 마주보고 상유를 내리노라.

　종래 제왕(帝王)들이 천하를 다스림에 하늘을 공경하고 조상(의 가르침)을 본받는 것을 가장 중요한 일로 생각하였다. 하늘을 공경하고 조상을 본받는다는 것의 내용은 이렇다. 먼 곳에서 온 자를 부드럽게 대하고, 능력 있는 자를 가까이 두며, 백성

의 세금을 낮춰 주어 재력이 넉넉하게 하고, 모든 사람에게 이
로운 바를 골고루 (나눠 주는 것을 진실한) 이로움으로 여기며,
천하 사람들의 마음을 하나로 묶는 것을 (참된) 마음으로 여기
며, 여러 신하들을 친근하게 대하고 백성들을 자식으로 여기며,
위태로움이 생기기 전에 나라를 보호하고 혼란스러움이 생기기
전에 잘 다스리며, 언제나 부지런하여 한가로이 쉬지 않으며,
관대함과 엄격함에 조화를 이루고, 원칙과 임시변통을 적당히
섞어 사용하여 나라를 위한 장구한 계책을 도모하는 것이다.

자고로 천하를 얻는 데 그 올바름이 우리 청(淸)과 같은 왕조
는 없었다. 태조와 태종께서 처음부터 천하를 얻으려는 마음을
품은 것은 아니었다.[2] 일찍이 우리의 군대가 베이징 가까이 왔
을 때 여러 대신들은 모두 마땅히 명나라를 취해야 한다고 아뢰
었다. 태종황제께서는 "명나라와 우리나라는 원래 사이가 좋지
않았으므로 취하기가 매우 쉽다. 그러나 중국의 군주를 생각해
서 차마 취하지 못하는 것이다"라고 하셨다. 후에 유적(流賊)
리쯔청(李自成)이 베이징 성을 공격하여 함락시키고 숭정제(崇
禎帝)가 스스로 목을 매어 죽자 대신과 백성들은 성문을 나와
(우리를) 맞이하였다. (이에 우리는) 리쯔청의 무리를 소탕하고
대통(大統)을 계승하였다. 옛날 샹위(項羽)가 군사를 일으켜 진
(秦)나라를 공격하였으나 훗날 천하는 마침내 한(漢)에 돌아갔
다. 한 고조(高祖)는 처음에는 쓰상(泗上)의 일개 정장(亭長)에
불과하였다. 원나라 말기에는 천유량(陳友諒) 등이 도처에서
군대를 일으켰으나 천하는 마침내 명(明)에게로 돌아갔다. 명

태조는 처음에는 황각사(皇覺寺)의 한낱 승려에 불과하였다. 우리 청조는 명나라를 계승하였으며 우리의 조상들은 하늘의 뜻에 따르고 민심을 거스르지 않아서 (마침내) 천하를 어루만져 (평안하게) 하였다. 이로 보건대 (우리 청조의) 참된 군주들이 난신적자(亂臣賊子)들을 모두 제거하였던 것이다.

짐은 이제 칠순에 가깝고 제위에 오른 지는 50여 년이 지났다. 이는 모두 하늘과 땅, 조상들의 드러나지 않은 도움 덕분이었고 짐의 보잘것없는 덕 때문은 아니었다. 짐은 어릴 적부터 책을 읽어 고금의 도리를 어설프게나마 깨우쳤다. 무릇 제왕(帝王)에게는 천명(天命)이 있어서 마땅히 장수함을 누리도록 (천명을 받은 자는) 장수함을 누리지 못하도록 할 수 없고, 태평함을 누리도록 (천명을 받은 자는) 태평함을 누리지 못하게 할 수 없다. 황제(黃帝)의 (다스림이 시작된) 첫해로부터 지금까지 4,350여 년이 흘렀으며 황제(皇帝)를 칭하였던 자는 300여 명이었다. 그러나 진나라에서 분서(焚書)하기 이전 삼대(三代)의 일에 대해서는 모두 믿기는 어렵다. 시황제(始皇帝) 원년으로부터 지금까지는 1,960여 년이 흘렀고 황제를 칭하면서 연호(年號)를 가졌던 자들은 모두 211명이었다. 그러면 짐은 어떤 사람인가? 진한(秦漢) 이래로 황제 자리에 오래도록 앉았던 사람 중에서도 가장 오래도록 앉아 있는 사람이다.

옛 사람 중에 자랑하지 않고 족함을 알고 그칠 줄 알았던 자만이 처음처럼 끝도 좋았다. 삼대 이후 제왕을 살펴보니 제위에 오래 있었지만 후세에 유조(遺詔)를 남기지 못한 분도 있고, 수

명이 길지 못하여 세상의 질고(疾苦)를 알지 못한 분도 있었다. 짐은 이미 늙었고 제위에도 오래 있었으니 후세 사람들이 어떻게 평가할지 미리 알지 못하겠다. 또 눈앞의 일 때문에 통곡하며 눈물 흘리지 않을 수 없다. 그래서 먼저 붓 가는 대로 기록해 놓았으나 오히려 천하 사람들이 나의 고통과 슬픔을 알지 못할까 두렵다.

옛날의 제왕들은 죽음을 꺼리는 일로 생각하여 (미리 준비하지 못하였으므로) 그들의 유조를 살펴보면 제왕의 어투도 아니고 마음속에서 말하고 싶었던 것도 아니다. 이는 숨이 넘어가려는 찰나에 문신(文臣)을 찾아 그들 마음대로 기록하게 하였기 때문이다.

짐은 그렇게 하지 않고 이제 미리 너희들에게 짐의 진심어린 마음을 알리려 한다. 짐이 제위에 오른 지 20년이 되던 날에는 30년간 제위에 있을지를 미리 알지 못하였고, 30년이 되던 날에는 40년간 제위에 있을지 미리 알지 못하였다. 이제는 제위에 오른 지 57년이 지났다. 『상서』(尙書) 「홍범」(洪範)에는

> 첫째가 오래 사는 것(壽)이고,
> 둘째가 부해지는 것(富)이며,
> 셋째가 몸이 건강하고 마음이 평안한 것(康寧)이며,
> 넷째가 덕을 쌓는 것(攸好德)이며,
> 다섯째가 수명을 다하고 죽는 것(考終命)이라 하였다.[3]

오복(五福) 가운데 수명을 다하고 죽는 것을 다섯번째에 둔 까닭은 참으로 그러기가 어렵기 때문이다. 짐은 나이가 일흔에 가깝고 아들과 손자, 증손자가 모두 150여 명이며 천하도 태평 스럽다. 비록 풍속을 바로 잡는 데까지는 이르지 못하였지만 모든 사람들이 여유 있고 넉넉하게 하였다. 짐은 항상 부지런하였으며 조심스러웠고 한가로이 쉬지 않았으며 조금도 게으르지 않았다. 수십 년 동안을 하루같이 온 마음과 힘을 다하였다. 이런 정황을 어찌 노고(勞苦)라는 두 글자로 모두 표현해 낼 수 있겠는가? 옛날의 제왕 가운데 혹 수명이 길지 못하였던 자들에 대해 사론(史論)에서 대개 너무나 방탕하고 주색에 빠졌기 때문이라고 평하였다. (그러나) 이는 모두 서생(書生)들이 참으로 순진하고 훌륭한 군주에 대해서라도 흠을 들추어 내려고 비평하기를 즐겨한 데서 비롯된 것이다. 짐이 옛날의 제왕들을 위하여 변명하자면 천하를 다스리는 일이 너무 번거로우므로 힘들고 고달픈 바를 감당하지 못해서 (일찍 죽은 것)이다. 주거량(諸葛亮)은 '죽을 때까지 온갖 정성을 다바쳐 나랏일을 돌본다'고 하였는데, 남의 신하된 자로서 (이렇게 행한 자는) 오직 주거량 한 사람뿐이었다. 그러나 제왕들의 책임은 너무 무겁고 벗어날 수도 없다. 이를 어찌 신하들과 비교할 수 있을 것인가? 신하들은 벼슬살이를 할 만하면 벼슬을 살고 그만둘 만하면 그만둔다. 늙으면 사직하고 고향으로 돌아가서 자손들을 돌보면서 유유자적하게 보낼 수 있다. 그러나 군주들은 평생토록 부지런히 수고하고 쉴 수가 없다. 순(舜) 임금 같은 사람은 '무위이치'

(無爲而治)하였다고 일컬어지지만 남순(南巡)하다가 창우(蒼梧)에서 죽었다. 우(禹) 임금은 손발에 못이 박히도록 수레를 타고 다니며 (치수에 힘쓰다가) 후이지(會稽)에서 죽었다. 이처럼 정사를 돌보는 데 힘껏 노력하고 두루 순행하여 한가로이 쉬지 않았으니 어찌 '무위청정'(無爲淸淨)을 숭상하여 자신을 돌보았다고 할 수 있겠는가?『주역』의 돈(遯)괘에 나타난 육효(六爻)[4]는 군주에 관해서는 언급하지 않았으니 이로부터 군주는 원래 편안히 쉬는 바가 없고, 은퇴하여 자취를 감출 수도 없음을 알 수 있다.* 죽을 때까지 온갖 정성을 다바쳐 나랏일을 돌본다는 것은 바로 이런 경우를 말하는 것이다.

옛 사람들은 언제나 "제왕은 마땅히 일의 크고 중요한 부분에만 관심을 가지고 세세한 부분에 대해서는 관심을 둘 필요가 없다"고 말해 왔다. 그러나 짐의 생각은 그렇지 않다. 한 가지 일에 부지런하지 않으면 온 천하에 근심을 끼치고, 한 순간을 부지런하지 않으면 천대, 백대에 우환거리를 남긴다. 작은 일에 관심을 두지 않으면 마침내는 큰 덕에 누를 끼치게 되므로 짐은 매사를 꼼꼼하게 살펴 왔다. 만일 오늘 한두 가지 일을 처리하지 않고 내버려 두면 내일은 처리해야 할 일이 한두 가지 더 많아진다. 내일도 다시금 편안하고 한가롭기만을 힘쓴다면 훗날에는 처리해야 할 일이 더욱 많이 쌓이게 된다. 황제가 처리해

*『주역』의 돈괘는 소인의 세력이 점차 커지는 때에 군자는 화를 피하고 도를 보전하기 위해 은둔함을 나타내는 것이다. 군자만이 은둔자로서 언급되었고 군주는 직접 언급되지 않았으므로 강희제는 이렇게 말한 것이다―옮긴이.

야 할 일은 지극히 중요해서 미루어서는 안된다. 그러므로 짐은 크든 작든 모든 일에 관심을 쏟고 있다. 상주문에 한 자라도 틀린 것이 있으면 반드시 고쳐서 돌려준다. 모든 일을 소홀히 못하는 것은 짐의 천성이다. 50여 년 동안 문제가 심각해지기 전에 미리 손을 써왔고 천하의 많은 백성들도 짐의 덕을 기려 왔으니 사소한 일에는 관심을 둘 필요가 없다는 말에 어찌 집착할 수 있겠는가?

짐은 어려서부터 강건하였고 근력도 상당히 좋아서 강궁(强弓)을 쏠 수 있었다. 군사를 움직이거나 전투하는 일에도 모두 뛰어났지만 평생 한 사람이라도 제멋대로 죽이지 않았다. 삼번의 난을 평정하고 막북(漠北)을 공략함에 한결같은 마음으로 전략을 짰고 호부(戶部)의 재정은 군비(軍費)나 기근구제비가 아니면 헛되이 써버리지 않았으니 이는 모두 백성들의 기름(을 짠 것)이기 때문이었다. 각지를 순행하면서는 수놓은 채색비단으로 행궁(行宮)을 장식하지 않았으며 한 곳에서 쓴 비용도 일이만 냥(兩, 원문은 金—옮긴이)을 넘지 않았으니 매년 하공(河工)에 지출하는 300여 만 냥의 비용에 견주면 100분의 1에도 못 미친다.

짐은 어렸을 때 책을 읽으면서 주색(酒色)을 조심해야 하며 백성들을 보호해 주어야 한다는 점을 깨우쳤다. 그래서 늙어서도 병에 걸리지 않았으나 강희 47년(1708) 큰 병에 걸린 뒤에는 정신이 많이 상하여 이전만 못해졌다. 하물며 매일 돌보아야 할 정사(政事)가 있고 이 모두를 결재해야 하였으므로 정신은 날마다 밖으로 빠져나가고 때로는 안에서도 닳아 없어지는 것을 느꼈다. 앞으로 혹시 변고를 만나 일시에 한마디도 못하게 되어 짐의 진정한 뜻을 밝히지 못하게 된다면 어찌 안타까운 일이 아니겠는가? 그러므로 정신이 맑은 때에 미리 하나 하나 언급하여 짐의 일생에서 중요한 일들을 모두 밝혀 놓으면 어찌 유쾌한 일이 되지 않겠는가?

　사람의 삶에는 반드시 죽음이 뒤따르니 이는 주시(朱熹)가 "천지가 순환하는 이치는 낮이 끝난 다음에 밤이 오는 것과 같다"고 한 것과 다를 바 없다. 공자도 "만족하면서 살고 하늘의 뜻을 기다리라"고 하였다. 이는 모두 성현의 말씀이니 어찌 (짐이 노쇠함과 죽음을) 두려워하겠는가? 요즘에는 많이 병들고 정신이 흐릿하며 육신도 쇠약해져 움직일 때 부축해 주지 않으면 걷기도 힘들다. 이전에는 마음을 쏟아 천하를 다스리는 일을 짐의 임무로 생각하고 그러다가 죽더라도 대수롭지 않다고 여겼다. 이제 짐은 병들고 두려움도 많아지고 건망증이 심하여, 옳고 그른 것을 거꾸로 판단하여 천하를 다스리는 일에 혼란을 가져올까 두려워하고 있다. 짐의 마음은 천하를 보살피는 데 다 쏟아부어졌고 정신은 온 세상을 다스리느라 흩어져 버렸다. 몸은 쇠하고 정신은 멍하여 몸을 지켜 주지 못하며, 마음은 양분을 공급받지 못하고, 눈은 원근을 분간하지 못하며, 귀는 옳고 그름을 가리지 못하며, 먹는 것은 적은 데 할 일은 많으니 어떻게 오래 지탱할 수 있겠는가? 더구나 평화가 오래도록 지속되어 사람들의 마음이 게을러지면 복이 다하고 화를 부르며 평안함이 떠나고 쇠퇴함이 찾아온다.[5] 군주가 자질구레한 일에만 정신을 쏟으면 신하들이 게을러져 만사가 뒤틀리게 된다. 그 다음에는 반드시 하늘의 재앙과 사람의 해악을 불러오고 마침내는 이 두 가지가 함께 닥쳐 온다. (그렇게 되면) 비록 마음으로는 무언가를 하고 싶어도 정신력이 미치지 못하게 되니 후회해도 어쩔 수 없다. 떨쳐 일어나고자 해도 그러지 못하고 침상에서 신음하며 죽더라도 눈을 감지 못하니 아직 죽지 않았다 한들 어찌 통탄스럽지 않겠는가?

옛날 양(梁) 무제(武帝)는 나라를 세운 영웅이었지만 늙어서는 허우징(侯景)에게 핍박받아 타이청(臺城)에서 화를 당하였다. 수(隋) 문제(文帝) 역시 왕조를 처음으로 연 군주였지만 아들 양제(煬帝)의 악함을 미리 알 수 없었으므로 마침내 평안한 죽음을 맞이하지 못하였다. 또 독이 섞인 단약(丹藥)을 먹고 자살하거나, 떡을 먹고 중독이 되거나, 송(宋) 태조가 멀리서 촛불 그림자를 본 것 따위는 (책에) 기록된 기이한 사건들이니 어찌 우리에게 전철(前轍)이 되지 않겠는가? 이는 모두 일찌감치 (일을) 처리하지 않은 데서 비롯된 것이며 나라의 살림살이와 백성들의 생활에 도움이 되지 않는 것이다. 한 고조(高祖)는 뤼후(呂后)에게 임종시의 부탁을 남겼고 당(唐) 태종(太宗)은 황태자 결정문제를 창쑨우지(長孫無忌)와 의논하였는데 짐은 (책을) 읽을 때마다 참으로 이를 수치스럽게 여긴다.[6] 소인들은 창졸지간에 (황태자를) 폐하고 세우는 일에 관여하고 그것을 도모하여 한 사람을 추대하고 훗날 (이 일로) 복이 굴러오기를 바라기도 한다. 짐의 마지막 숨이 붙어 있을 때까지 어찌 이런 무리들을 용납할 수 있겠는가?

짐이 태어났을 때 결코 신령스럽거나 기이한 징조들이 보이지 않았다. 또 자라날 때도 신기한 징조가 나타나지 않았으며 여덟 살에 제위에 오른 후 지금까지 57년 동안 역사책에 실려 있는 상서로운 별, 상서로운 구름, 기린과 봉황, 지초(芝草)가 나타나는 경사라든가 궁궐 앞에 불타는 진주와 옥이 나타나거나 천서(天書)가 하늘의 뜻을 나타내려고 떨어지는 것 따위의 하늘에서 내려준다는 상서로운 조짐은 사람들로 하여금 말하지 못하게 하였다. 이는 모두 헛된 말일 뿐이다. 짐은 감히 그렇게까지 (잘 다스렸다고 말하지) 못하겠다. 다만 하루하루의 일상을 진실된 마음을 갖고 실제에 도움이 되도록 다스렸을 뿐이다.

이제 신하들은 황태자를 세워서 다스리는 일의 책임을 분담하라고 상주하고 있다. 짐이 갑자기 변고를 당할까 염려되기 때문이다. 죽고 사는 일은 정해진 이치이며 짐도 이에 관해 이야기하는 것을 꺼리지 않는다. 다만 천하를 다스리는 대권(大權)은 한 사람이 모두 장악하고 있어야 한다. 짐은 10년 이래로 짐이 행하였던 일과 짐이 품었던 마음을 모두 적어서 봉해 놓았는데, 이 일은 아직도 끝나지 않았다. 황태자를 세우는 일을 짐이 어찌 잊었겠는가? 제위는 가장 귀중하므로 만일 짐이 (천하를 다스리는) 이 임무를 벗어버리고 편안히 쉬면서 모든 일들에서 풀려난다면 더 오래도록 살 수 있을 것이다. 너희 신하들은 짐의 깊은 은혜를 입었거늘 어찌 짐더러 모든 일을 그만두라고 말할 수 있는가?

이제 짐은 기력이 쇠약해져도 힘껏 버티고 있는데, 천하를 다스리는 일을 자칫 그만두게 되면 지나 온 57년 동안 부지런히 다스려 온 것이 아깝지 아니한가? 짐의 고충과 진실한 마음은 이처럼 한결같다. 늙은 대신들이 짐더러 물러가 쉬기를 청하며 올리는 상주를 볼 때마다 눈물을 흘리지 않는 때가 없다. 너희들은 물러가 쉴 곳이라도 있지만 짐은 물러가 쉴 곳이 어디 있는가? 그러나 수십일간 휴양하고 평온한 죽음을 맞게 된다면 짐의 기쁨을 어찌 말로 다할 수 있겠는가? 앞으로도 세월은 끝없이 흘러갈 터인데 짐도 송(宋) 고종(高宗)처럼 장수할지 알 수 없는 일이로다.

짐의 나이가 쉰일곱 되었을 때 흰 수염이 몇 가닥 생기자 검게 물들이는 약을 가져온 자가 있었다. 짐은 웃으며 물리치고 "여지껏 흰 수염이 난 황제가 몇이나 있었는가? 짐의 수염이 하얗게 된다면 만세에 전해질 아름다운 이야기가 아닌가?"라고 말하였다. 짐이 제위에 올랐던 초기에 함께 일하였던 자들은 지금 한 사람도 남아 있지 않고, 그 뒤에 새롭게 벼슬이 올라, 힘을 합쳐 직무에 힘쓰며 공정하고 법을 준수하는 자들의 흰머리가 조정에 가득하니 참으로 오래되었다고 할 수 있다. 짐도 이에 만족한다.

짐은 천하의 존귀함과 온 세상의 부유함을 다 누렸다. 해보지 않은 일도 없고 겪어 보지 못한 일도 없다. 그러나 늙어서도 한순간 쉬지 못하게 되자 천하가 마치 낡아서 못 신게 된 신발

같고 부귀가 진흙이나 모래처럼 생각되었다. 이제 무사히 평온하게 죽는 것을 짐은 원하며 그것으로 족하다. 너희 대소 신하들은 짐이 50여 년 동안 태평스러운 세상을 만들려고 애쓴 천자로서 근신하였다는 것을 기억하라. 진정 간절한 마음으로 거듭해서 나의 삶이 평온한 죽음으로 마무리되기를 바란다.

이 상유(上諭)는 10년 동안 준비해 왔다. 만약 최후의 유조(遺詔)가 발표된다고 해도 이 상유에서 언급되지 않은 말은 없을 것이다.

짐은 간을 드러내고 쓸개를 끄집어내고 오장(五臟)을 보여주는 것처럼 진심을 털어놓았다.

짐은 말을 맺노라.

1697년 봄에 태감(太監) 구원싱(顧問行)에게 보낸

열일곱 통의 편지

다음 열일곱 통의 편지는 1697년 강희제가 가장 신임하였던 환관 중의 한 사람이었던 태감 구원싱에게 보낸 것이다. 여기에서는 편지의 전문을 번역하였다. 왜냐하면 이 편지들은 강희제의 어투라든가 생각을 엮어 내는 방식들을 잘 나타내 주고 있으며 이 책의 다른 부분―주로 단편적인 기록에 기초를 둔 몽타주―을 이해하는 데 요긴하기 때문이다. 원래 이 편지들은 상자에 봉해진 채 자금성 안에 보관되어 있었는데 1911년 신해혁명 이후에 학자들이 발견하고 원문을 베껴 놓았다가 간행한 것이다. 중국 역사상 다른 어떤 황제도 이와 같은 일련의 편지들을 후세에 전해 주지 못하였다.

첫번째 편지, 2월 8일

구태감에게 유(諭)하노라. 7일에는 바다링(八達嶺)의 갈림길을 지나서 묵었다. 8일에는 화이라이(懷來) 현에서 묵었다. (이곳의) 기후를 살펴보니 베이징과는 크게 달라서 더 춥게 느껴졌다. 예전에 창고에는 이리가죽 안감과 모래여우 가죽 안감이 있었는데 직접 보지는 못하였다. 이 두 가죽 안감으로 (옷을 만들되) 소매에는 우단(雨緞)을 대고 몸통에는 영령주(零寧紬)를 사용하여 만들라. 다 만들었을 때에 상주문들과 함께 보내되 너무 몸에 꽉 끼도록 만들지는 말라. 지난번에 상주문들과 함께 보낸 (옷은) 너무 꽉 끼어서 아주 불편하니 조심하라. 짐이 이곳으로 떠나올 때 덕비(德妃)가 편치 못하였는데 지금은 완전히 나았는가? 홍역에 걸렸던 황자들도 모두 상태가 호전되었으니 궁중 (분위기)도 자연히 유쾌해질 것이다.

　이번에 데리고 온 낙타와 말은 아주 살찌고 사랑스러우며 달

음박질도 잘한다. 베이징 성문을 떠나온 이후 여러 번 유쾌한 소식이 전해 왔다. 짐은 아주 평안하니 특별히 상유하노라.

두번째 편지, 2월 22일

구태감에게 유하노라. (베이징) 성문을 떠난 이래 삼십일 동안 싼윈(三雲)을 지나 남쪽으로 바라보니 웨이저우(蔚州), 잉저우(應州), 옌먼(鴈門), 닝우(寧武) 지방이었고, 북쪽으로 바라보니 펜관(偏關), 사후커우(殺虎口)였다. 화이런(懷仁), 마이(馬邑), 쉬저우(朔州)에서 머물렀는데 이곳의 형세를 살펴보니 옛날에는 전쟁터였으나 지금은 태평스러워 배불리 먹고 기뻐하며 배를 두드리는 백성들이 가득하다. 노인에서부터 어린아이까지 모두 짐의 말 앞에서 머리를 조아리는 것은 남순(南巡)하였을 때와 다름없다. 백성들은 순박하고 풍속은 순후하다. 지난해의 수확이 아주 풍성하여 곡식과 말꼴도 풍족하다.

　짐의 마음은 유쾌하며 몸은 편안하다. 이곳의 기후는 다퉁(大同)보다 약간 따뜻하다. 강에는 얼음이 녹은 곳도 있고 언 곳도 있다. 수행하는 사람들도 모두 잘 있다. 너희들은 이 소식을 궁궐 안 사람들에게 전하여라. 특별히 유하노라.

세번째 편지, 2월 28일

구태감에게 유하노라. 지난번에 편지를 써보낸 후에 다시 닝우관(寧武關) 북쪽의 다수이커우(大水口) 지방을 지났다. 또 커란저우(岢嵐州), 허취싸량(河曲薩梁)을 지나 싼차푸(三岔鋪)

에 도착하였다. 26일에는 리자거우(李家溝)에 도착하였는데 이곳에는 물이 없고 단지 (마른) 우물만 하나 있었으므로 지방관이 인사하러 왔을 때 물이 담긴 항아리 300개를 갖고 왔다. 짐은 길을 지나면서 리자거우의 주민들이 다음과 같이 분분히 이야기하는 것을 들었다. 커란저우에서 뻗어오는 샤오준허(宵尊河)라는 말라붙은 강에 사흘 전부터 홍수가 나서 리자거우의 남쪽 7리(里)까지 덮쳤는데, 지방관들이 짐이 지나는 길이 진흙으로 덮일까 염려하여 제방을 쌓아 막았다는 것이다. 또 어떤 사람은 싼차(三岔) 지방의 말라 붙은 강에 오늘은 물이 흘러 한자러우(韓家樓)에 이르렀으므로 지방민들이 이것도 막았다고 하였다.

짐은 믿기지 않아 직접 가보았다. 과연 그곳에서는 제방을 쌓아 놓고 있었다. 초저녁이 되자 강물이 리자거우에 있는 짐의 처소까지 2척(尺) 높이로 차올라서 300개의 항아리에 담아 온 물은 못 마시게 되어 버렸다.

27일에는 녠우촌(碾塢村)에 이르렀는데 56리가 모두 높은 산과 큰 봉우리로 끊임없이 이어져 있었다. 짐은 이전에는 이처럼 다니기 힘든 산을 가본 적이 없다. 만일 이 지방의 백성들이 짐이 온다는 소식을 듣고 앞을 다투어 길을 정비하여 무사히 올 수 있도록 하지 않았다면 못 올 뻔하였다. 하루 전에 눈이 내렸는데 바람이 불어 눈이 길가에 한 무더기씩 쌓여 있었으므로 수레를 밀고 길을 다니는 데는 아주 편리하였다. 짐의 거처에서 앞으로 1리(里) 떨어진 곳에서 작은 강을 발견하였는데 물이 맑고 맛이 좋았다. 짐을 수행한 관원이나 군사와 백성들은 모두 이 이틀 동안 일어났던 일들을 눈으로 보았는데 짐은 "이는 우연하게 일어난 것일 뿐 기적이라고 말할 것은 못된다"고 말해주었다.

28일에는 황허(黃河) 연변의 바오더저우(保德州)에 이르렀다. 짐은 작은 배를 타고 낚시를 하였는데 강물은 온통 석화어(石花魚)로 가득하였다. 신선하고 맛있어서 글로서는 표현할 수가 없다. 식사거리 중에서는 흰 국수가 가장 맛있었다. 이런 일들은 모두 세세한 것이므로 외부에 전하는 이 편지에서는 더 이상 쓰지 않겠다. 오직 궁궐 안에 있는 사람들에게 알리도록 하라. 특별히 유하노라.

네번째 편지, 3월 4일

구태감에게 유하노라. 짐은 황허(黃河)를 건넌 이래 푸구(府谷)·선무(神木) 현 등지를 지났고 이제 유린(楡林)으로 가까이 가고 있다. 산시(陝西) 지방 산천의 형세는 일종의 별천지라 할 수 있을 정도로 다른데 (살기에) 좋은 곳과 좋지 않은 곳이 있다. 좋은 곳은 풍속이 순후하고, 인심이 옛사람들의 그것과 비슷하며, 물 좋고 흙이 기름지고, 사람들에게 잡스런 병이 없고, 먹을 것도 풍부하고, 산에는 소나무와 측백나무가 있어서 멀리서 보면 제법 볼 만한 경관을 이루고 있다. 좋지 않은 곳이라 하는 지역은 성곽과 보루가 모두 산꼭대기에 있고 촌락은 모두 깎아지른 듯한 벼랑 곁에 있어 (사람들은) 동굴을 만들어 살고 있으므로 산봉우리는 산봉우리답지 못하고 길은 길답지 못하니 가소로움의 극치를 이룬다.

짐은 남으로는 즈리(直隷), 산둥(山東), 장난(江南), 저장(浙江)의 사오싱(紹興)까지 사천여 리를 다녔고, 북으로는 케룰렌 강까지 2천여 리를 다녔으며, 동으로는 관둥(關東)의 울라까지 2천여 리를 다녔다. 지금은 서쪽으로 산시(山西)·산시(陝西) 지방까지 2천여 리를 다녔는데 강과 호수, 산과 시내, 사막과 고비—풀이나 나무가 못 자라고 물도 없는 땅—를 모두 지났다. 종합해 보면 이곳은 남방 지역만큼 산천의 경치가 수려하거나 백성들이 넉넉하지 못하였다.

4일에는 선무 현에서 머물렀다. 오후 늦게 갈단의 반란군 무리가 우리 군영에 도착하니 만주족과 한족의 문무관원과 군대, 백성들이 모두 뛸 듯이 기뻐하였다. 난신적자(亂臣賊子)는 누구나 목벨 수 있다는 말이 우연히 생긴 것이 아니라는 점을 알 수 있었다. 짐은 궁전을 떠나 멀리서 관문과 산을 넘으면서 반드시 (갈단) 반역도를 제거하려 마음먹었는데 이는 허튼 소리가 아니다.

지금은 늦봄이 시작하는 때로서 얼음이 아직 다 녹지 않았고 청명절(淸明節)이 가까웠지만 찬바람도 아직 불고 있다. 올해 베이징의 날씨도 이와 같은지 모르겠구나. 짐의 몸은 아주 편안하며 순행하는 중에 음식도 아주 풍족한데 흰 국수는 특히 맛이 좋다. 궁궐 안의 사람들은 모두 잘 지내는가? 갈단의 일은 조만간 마무리되겠지만 그 시점이 꼭 언제라고 단언할 수는 없다. 짐이 선무 현에서 이곳 고유의 간식 두 가지를 받아서 연희궁(延禧宮)과 익곤궁(翊坤宮)으로 보내니 보고 웃으며 즐기도록 하고 선무 현의 흰 누룩 한 통도 (황태후께) 삼가 보내니 안부를 전하라.

다섯번째 편지, 3월 5일

구태감에게 유하노라. 짐은 닝샤(寧夏)에서 갈단에게서 올 사람을 기다리고 있다. 그가 도착하면 곧 군대를 움직일지를 결정할 것이다. 지금은 말과 낙타가 모두 살이 올라 달려갈 곳이 있으면 즉각 달려갈 수 있다. 닝샤 지방은 (살기에) 좋은 곳이어서 모든 물자의 값이 아주 싸다. 다만 화초(花草)는 없다.

지난 번에 보낸 상주문이 도착하였을 때 봉인을 뜯고 상자를 열어보았다. 그래서 (짐도) 봉인을 사용하여 겉부분을 봉하였으니 다음에 (상주문을) 올릴 때는 (짐이) 봉한 양식대로 봉하여 보내도록 하라. 특별히 유하노라.

여섯번째 편지, 3월 7일

하미(哈密)의 이슬람교도들이 갈단 반역도들을 압송하면서 함께 보내준 토산물 중에서 태양볕에 말린 참외가 제일 맛있었다. 지금 답신과 함께 보내는데, 그 먹는 방법을 모를까 염려되어 특별히 적어 보낸다.

먼저 말린 참외를 찬 물이나 뜨거운 물로 깨끗이 씻은 다음 뜨거운 물에 잠깐 담그면 참외가 말랑말랑 하게 된다. 식혀서 먹어도 되고, 뜨거운 채 먹어도 되는데 그 맛이 아주 신선하며 참외(가 우러난) 물은 꿀물에 말린 복숭아를 탄 것과 비슷하다. (참외가 차지하고 남은) 빈 곳에는 작은 포도를 채워라.

너는 이 사실을 비(妃)들에게 전하여 알려주라. 물건은 비록 보잘것없지만 마음은 참으로 먼 곳에서 전하는 것이니 비웃지 말라.

일곱번째 편지, 3월 7일

구태감에게 유하노라. 짐이 오르도스 지방으로 가자 몽골 왕공들의 비빈(妃嬪)들이 많이 (짐을 알현하러) 왔다. 너는 비빈 한 사람당 솜옷 한 벌과 무명베옷 한 벌씩을 상주문을 보낼 때 함께 보내라. 또 쉬(徐) 상재(常在)*와 두 명의 답응(答應)†은 속옷과 윗옷, 속바지, 명주실로 짠 적삼, 명주실로 짠 속바지, 비단 신과 버선이 부족하니 연희궁의 비(妃)에게 전하여 양을 가늠하게 하고 모두 만들면 상주문을 올릴 때 함께 보내라.

여덟번째 편지, 3월 28일

구태감에게 유하노라. 지난 번 편지를 보낸 후에 짐은 삼변(三邊) 지역의 녹기병을 거느리고 사냥하였는데 토끼와 날짐승이 아주 많았다. 22일에는 싱우잉(興武營)에 이르러 사냥감을 포위하였는데 모두 토끼였다. 짐은 311마리를 쏘아서 잡았다. 23

---

* 청대의 여관(女官)으로 답응(答應)의 아래 품계─옮긴이.
† 청대의 여관(女官)으로 귀인(貴人)의 아래 품계─옮긴이.

일에는 칭수이바오(淸水堡)에 이르렀는데 여전히 토끼가 많았다. 짐은 모두 쏘아서 잡을 수 없었으므로 100여 마리 정도만 쏘아서 잡았다.

24일에는 황허 가까이에 위치한 헝청(橫城)에서 묵었다. 25일에는 황허를 건너 제방 주위에서 묵었다. 26일에는 닝샤에 도착하였다. 이곳의 풍경은 비록 남방지역에는 미치지 못하지만 이번 순행에서 짐이 지나왔던 지방과 비교한다면 하늘과 땅만큼 차이가 있었다. 이곳에는 온갖 물자가 다 있고 식품값도 싸다. 서쪽으로는 허란(賀蘭)산맥에 가깝고 동쪽으로는 황허에 임하고 있으며 성의 주변은 모두 논이다. 예로부터 구변진(九邊鎭)의 하나였다. 짐은 이미 칠변진(七邊鎭)에 다다랐는데 지나온 변진 가운데 오직 닝샤만이 언급할 만하다. 이제 짐이 닝샤에 이르러 얻은 토산물 몇 가지를 황태후께 삼가 바치고 또 비빈들에게도 내리니 너는 기록한 대로 (황태후와 비빈들에게) 보내라. 특별히 유하노라.

26일에는 닝샤에 도착하였다. 27일에는 판량둥(潘良棟)에게 토산물을 주어 (황태후와 비빈들에게) 드리도록 파견하였다. 이름과 받을 물건이 기록된 자에게는 그대로 주고 기록되지 않은 자에게는 판량둥이 전하는 말에 따라 (조치)하라.

아홉번째 편지, 윤3월 15일

구태감에게 유하노라. 짐은 닝샤에서 열아흐레 동안 머물렀다. 오늘부터 황허가 크게 굽이치는 곳에 위치한 바이다(白塔) 지방

으로 가고 있다. 이곳은 닝샤로부터 400리 떨어져 있으며 오르
도스의 두링공(都稜公) 하룬(哈倫)의 본거지이다. 짐은 바이다
지방에 도착하면 상황을 파악하고 계획을 세울 것이다. 이후로
는 베이징과의 거리가 점점 가까워질 것이다. 특별히 유하노라.

열번째 편지, 윤3월 18일

구태감에게 유하노라. 짐의 이번 거사(擧事)는 물론 갈단의 반
역도들을 (소탕하기) 위함이지만 또한 서쪽 변방너머 외뢰드(厄
魯特) 부족도 (대비)하고자 하는 것이다. 이들은 부족의 지파가
아주 많아서 반드시 (투항을) 받은 후에야 장구한 계획이 설 수
있다. 베이징 성문에서 출발하였을 때는 (이를) 드러내 놓고 말
하지는 않았지만 베이징을 떠나온 이후에는 각 처에 사람을 보
내 짐의 뜻을 선포하였다. 이전에 이따금씩 투항자의 소식을 알
려준 것 외에 지금은 시하이(西海) 주변에 거주하는 외뢰드의
모든 부락민들이 귀순하여 짐이 있는 곳으로 오려고 출발하였
다. 짐은 손을 들어 이마에 대고 한없이 기뻐하였다.

　덕을 쌓아서 하늘과 땅을 감동시키고 그 도움을 받아 한 명
의 군사도 파견하지 않고도 수십만의 무리를 투항시켰으니 이
는 실로 기대를 훨씬 넘어선 성과이다. 이 소식을 들은 군영(軍
營)의 모든 사람들이 서로 축하하였으며, 끝없는 기쁨으로 생
각하였다. 이 때문에 소식을 전하려고 편지를 써보낸다. 이에
특별히 유하노라.

열한번째 편지, 윤3월 23일

구태감에게 유하노라. 짐이 닝샤에 있을 때는 아주 고민스럽고
피곤하였지만 관문을 출발한 이래 물과 흙이 좋으므로 상쾌해
졌다. 산시(山西)와 산시(陝西) 두 곳의 산천과 황사(黃沙), 사
람을 놀라게 하는 높은 절벽들을 떠나오니 참으로 기쁘다. 요즘
은 물길을 따라 내려가니 배를 타고 갈 기회가 많다. 황허의 물
속에는 물고기가 적지만 양안(兩岸)의 버드나무, 대왐풀(난초
과의 다년생 풀―옮긴이), 갈대 속에는 멧돼지와 야생마, 사슴
등이 많다. 이에 특별히 유하노라.

열두번째 편지 윤3월 26일

구태감에게 유하노라. 지난번에 보낸 오이는 아주 맛있었다. 이
후로 매번 상주문을 올릴 때 반드시 함께 보내라. 무와 가지도
함께 보내라. 짐은 이미 바이다 지방에 도착하였다. 특별히 류
허우얼을 사신으로 보내어 황태후께 문안인사를 드리고 별다른
일은 없으신지 (여쭙게) 하였다. 이 사람은 괴이하며 담대하니
어찌 가까이 두고 부리겠는가? 그는 참으로 악하니 이곳으로
돌려보내지 말고 경사방(敬事房)에 가두고 집으로 돌아가지 못
하게 하라. 특별히 유하노라.

열세번째 편지, 4월 1일

구태감에게 유하노라. 4월 1일에 짐은 친히 병마(兵馬)가 지나
가는 것을 보았다. 며칠 안으로 군량을 운반하는 일이 끝나면

그날로 돌아가려 한다. 대략 하지를 전후해서 베이징에 도착할 것 같다. 이 소식을 많은 사람에게 알릴 필요는 없고 비빈(妃嬪)들에게만 알려라. 특별히 유하노라.

열네번째 편지, 4월 3일(?)

구태감에게 유하노라. 짐은 황허 강변에서 몽골의 여러 부락민들과 여러 날 놀고 웃었더니 마음과 정신이 상쾌하다. 짐은 여러 번 나다녀 보았지만 이처럼 마음을 넓혀 주고 뜻에 흡족한 경우는 없었다. 너는 궁궐 안의 사람들에게 이런 소식을 전하여 걱정하지 않게 하라. 황허 강변에서부터 장자커우(張家口)를 거쳐서 베이징으로 가면 900여 리이다. 만일 사허커우(沙河口)와 다퉁(大通)을 거쳐 베이징으로 가면 1,200여 리이다.

짐은 닝샤로 사람을 보내 음식과 곡식, 국수 등을 구해 오게 하였다. 국수는 궁궐에서 먹는 것보다 더 낫고 포도도 아주 맛있다. 우리가 주둔한 곳과 변방은 아주 가까워서 온갖 물자가 다 있다. 다만 날씨가 춥지 않아 강물이 얼지 않으니 이동하기 곤란한 것이 아쉽다. 집에 있는 너희들은 도리어 짐을 위한답시고 춥지 않을까 걱정하는데 이는 참으로 우스운 일이다.

2일에 (여기서부터) 상류 50리에 있는 시얼하(席爾哈) 지역이 얼어서 길이 1리 정도의 (얼음) 다리가 두 군데 생겼다는 보고가 들어왔다. 그러나 (시얼하 얼음다리) 아래위로는 어느 곳도 언 곳이 없었다. 짐이 사람을 보내 살펴보고 오게 하였는데 과연 그러하였다. 참으로 이상한 일이다.

열다섯번째 편지, 4월 7일

구태감에게 유하노라. 짐의 일이 모두 끝났다. 육로와 수로로 나누어 돌아가는데 대략 하지를 전후하여 베이징에 도착할 수 있을 것이다. 특별히 유하노라.

열여섯번째 편지, 4월 17일

구태감에게 유하노라. 지난번에 짐은 "반드시 (갈단) 반역도를 제거하려 마음먹었는데 이는 허튼 소리가 아니다"라고 말한 바 있다.

갈단은 이제 죽었다. 그리고 그의 부하들은 모두 귀순하였다. 짐의 큰 임무가 완수되었다. 두해 동안 짐은 세 번이나 원정하면서 바람이 휘몰아치고 비가 쏟아지는 사막을 건너면서 이틀에 하루씩만 음식을 먹었다. 사막은 초목도 없고 물도 없는 땅이며 황사(黃沙)가 심해 사람이 살 수 없는 곳이었다. 사람들은 이런 것을 고난이라 할 수 있겠지만 나는 그렇게 부르지 않는다. 사람들은 그런 일을 피하지만 나는 피하지 않았다. 천신만고 끝에 이런 큰 공을 세웠다. 갈단이 없었다면 짐은 하루도 이런 일을 언급조차 하지 않았을 것이다.

이제 하늘과 땅 그리고 조상들의 도움을 입어 성공하였으니 짐의 일생은 즐겁다고 할 수 있을 것이다. 소망을 다 이루었다고 할 수 있다. 원하던 것을 모두 손에 넣었다고 할 수 있다.

곧 궁궐에 도착하면 따로 이야기하겠다. 지금 붓과 먹으로 모두 적기는 무리인지라 그 대강만을 썼을 따름이다. 특별히 유하노라.

열일곱번째 편지, 4월 29일

구태감에게 유하노라. 짐은 29일에 사후커우(殺虎口)를 지났
다. 여기서 장자커우(張家口)를 지나 베이징으로 갈 터인데 대
략 5월 15일을 전후하여 도착할 것이다. 지난 번 상유에서 하지
무렵에 베이징에 도착할 것이라 말하였지만 황허의 풍랑이 (일
정을) 그르치게 하였으므로 늦어지게 되었다. 사후커우 밖은 시
원하며 무덥지 않다. 지금도 아침에는 가죽 마고자를 입는 자도
있고 길가의 물과 풀들도 서쪽 변방과는 아주 다르다.

짐은 아주 평안하고 시중드는 자들도 모두 잘 있으니 '마음이
너그러워 몸이 살찐다'고 할 만하다. 짐은 집으로 돌아가고 있
다. 특별히 유하노라.

열일곱 통의 편지 원문(原文)

* 원서(原書)에는 없지만 옮긴이가 독자들의 편의를 위해 『淸聖祖諭旨』(故宮博物院 編, 『掌故叢編』 第1輯, 1930년 재판본) 속의 강희제 편지원문을 실었다. 띄어쓰기는 옮긴이의 판단에 따랐다.

첫번째 편지(二月 八日)

諭顧太監 初七日過八達嶺岔道駐蹕 初八日到懷來縣駐蹕 看天氣與京中大不相同 甚覺寒冷 前者庫上做狼皮筒子皮襖一件 沙狐皮筒子皮襖一件 未曾有面 爾將此二件 袖用雨緞 身用零寧紬 做完時報上帶來 做時不可太緊了 先報上帶來的 因做得太緊 甚是不堪 須要小心 朕來是德妃有些恙 如今全好了麽 阿哥們出疹的相比都有好了 宮中自然淸吉 這一次的駝馬甚肥可愛走路亦好 自出門卽重重喜報來也 朕體大安 特諭

두번째 편지(二月 二十二日)

諭顧太監 朕自出門以來 卅日之間歷盡三雲 南望則蔚州應州鴈門寧武 北望則偏關殺虎口 駐蹕則懷仁馬邑朔州 觀其形勢 乃古戰場之域 今則太平鼓腹之民也 黃童白叟挾老扶幼 叩首馬前 如南巡無異 民情樸實風俗淳厚 因去歲收成甚好 米草亦裕 朕心暢快 身體安和 天氣比大同暖些 河也有開處也有不開處 隨來的人都好 爾等將此傳知裏邊 特諭

세번째 편지(二月 二十八日)

諭顧太監 前者書去之後 又走寧武關北大水口地方 又走岢嵐州河曲綵到三岔鋪 二十六日到李家溝 此處無水只有一井 地方官伺候三百缸水 朕正住在途間 見李家溝來的民紛紛說話 岢嵐州來的乾河 名叫宵霤河 這三日前發大水 至李家溝南七里 地方官恐泥濘御道 用堤打住 又有人說此三岔乾河 今日有了水竟到韓家樓 地方民又堵着 朕實

不信到了看起來 果然是眞就此開了堤 到申末河水到李家溝御營深有
二尺處 三百缸水也不曾用 二十七日到碾塢村 五十六里皆高山大嶺
連亘不斷 朕從來未走這樣不好山 若不是地方民一聞朕來 爭先收拾
萬萬走不得 頭一日下雪風括的 在道傍一堆一堆堆起來 推車的走道
的甚得便易 營前一里之地又得一小河 水清味佳 此二日 凡隨侍官員
軍民 無不目睹其事 朕說不過偶爾 如此不足爲奇 二十八日到保德州
黃河邊上 朕乘小船打魚 河內全是石花魚 其味鮮美書不能盡 吃食皆
有 惟白麵最好 此皆細事外報不增寫得 惟叫裏邊知道 特諭

네번째 편지(三月 四日)

諭顧太監 朕自渡河以來 歷府曲縣神木縣等處 將近楡林 凡陝西地方
山川形勢 又是一種別樣景也 有好處 亦有不堪處 所以好處者 風俗
淳厚 人心似古 水土好 人無雜病 植物亦多 山上有松樹栢樹 遠看可
以看得 若說不堪處 凡城堡都在山頂上 村庄都在破崖旁 做洞居住
嶺不成嶺 道不成道 可笑之極矣 朕南方走過 直隸山東江南浙江以至
紹興四千里 北至可魯倫二千餘里 東至關東烏拉二千餘里 西巡今到
山西陝西二千餘里 江湖山川沙漠瀚海不毛不水之地 都走過 總不如
南方之秀氣 人民之豐富也 初四日駐蹕神木縣 申時嘎爾但賊子到了
大營滿漢文武軍民人等 無不踴躍懽喜 可見亂臣賊子人人得而誅之之
語 豈偶然哉 朕在客路迢遞關山 心實除賊意不虛發 況暮春之初 氷
雪未盡 淸明在邇 寒風猶存 不知今歲京中亦是如此否 朕體甚安一路
飮食甚裕 白麵更好 問宮裏都好麼 嘎爾但的事 只在早晚間了 但不
能略定日期耳 朕在神木得土物點心二種 送到延禧宮翊坤宮去 看看
笑笑 恭進神木白麵一匣請安

다섯번째 편지(三月 五日)

諭顧太監 朕在寧夏等嘎爾但來人到時 纔定用兵 今馬駝皆肥 凡有走
處卽刻行走 寧夏地方好諸物最賤 但無花草耳 這一次報來時 封也開
了 匣也開了 所以外邊用封封了 再報來時 照此封樣封了來 特諭

여섯번째 편지(三月 七日)

哈密回回送嘎爾但賊子 所帶來的土物 惟晒乾詁果其味甚美 今隨報

帶去 又恐不知用法 故特書之於左 先用凉水或用熱水洗淨後 用熱水
泡片時 不句冷熱皆可食得 其味相鮮 瓜水似挑乾密水 有空處都用蕢
蕢葡挑添了 爾等傳知妃們 物雖微而心實遠也 不可爲笑

일곱번째 편지(三月 七日)

諭顧太監 朕走鄂爾多斯地方 蒙古富金們來的甚多 爾將妃嬪們的綿
衣 每位一套 綿紗衣 每位一套 報上帶來 又徐常在 二位答應 襯衣
夾襖 夾中衣 紡絲布衫 紡絲中衣 緞靴襪 都不足用 傳於延禧宮妃 着
量做完時 報上帶來

여덟번째 편지(三月 二十八日)

諭顧太監 前者報去之後 朕領三邊綠旗兵 打圍兎鷄多的非常 二十二
日到興武營 滿圍都是兎子 朕射三百十一支 二十三日到淸水堡 兎子
如前 朕卽不能射了 只射一百有零 二十四日到橫城黃河邊上駐蹕 二
十五日過河駐蹕河邊上 二十六日到寧夏 此處風景 雖不如南方 比朕
一路走過的地方 有霄壤之分 諸物皆有 吃食亦賤 西近賀蘭山 東臨
黃河 城周都是稻田 自古爲九邊 朕已到七邊 所過之邊地 惟此寧夏
可以說得 朕今抵寧所得土物數件 恭進皇太后又賜妃嬪們數件 爾按
字送去 特諭 二十六日抵寧 二十七日卽差潘良棟捧土物 恭進去了
凡有字者 照字送去 無字的潘良棟口傳

아홉번째 편지(閏三月 十五日)

諭顧太監 朕在寧夏住了十九天 自閏三月十五日起身 往黃河灣白塔
地方去 離寧夏四百里 是俄爾多斯都稜公哈倫 所居之處 朕到白塔
自有相機調度 自此以後離京漸近了 特諭

열번째 편지(閏三月 十八日)

諭顧太監 朕此一擧 雖爲殘賊噶爾但 亦欲西邊外 厄魯特種類甚多
必收之後 方爲萬年之計 出門時縱未明言 自離京後 卽使人各處宣布
朕意 先已前後歸誠者報過之外 今西海內外所居 額魯特全部落歸順
已經起身 往行在來了 朕擧手加額 喜之不盡 有德而感動 天地默祐
一卒不發 收數十萬之衆 實出望外 滿營中聞者 無不相慶 以爲無疆

之喜 因此發報所以寫去 特諭

열한번째 편지(閏三月 二十三日)

諭顧太監 在寧夏甚是悶倦 自出口以來 方爲淸爽水土好 將山陝二處
的秀氣黃沙 怕人高崖別了 深爲可喜 近日順流而乘舟而行者亦多 黃
河中魚少 兩岸檉柳席芨草蘆葦中 有野豬馬鹿等物 特諭

열두번째 편지(閏三月 二十六日)

諭顧太監 前者進來的王瓜甚好 以後每報必須帶來 蘿葡茄子也帶來
朕已到白塔地方 特使劉猴兒 請皇太后安去並無別事 此人怪而胆大
豈可近使 甚是可惡 不必打發他回來 在敬事房鎖了 等別叫他家去
特諭

열세번째 편지(四月 一日)

諭顧太監 四月初一日 朕親看兵馬過去 訖此數日內 理運糧事畢 卽
日回鑾 大略夏至前後到京 此話不必叫多人知道 妃嬪們知道罷了 特
諭

열네번째 편지(四月 三日?)

諭顧太監 朕在黃河邊上 與蒙古諸部落 日日頑笑 心神爽健 朕出外
最多 未似這一次心寬意足 爾傳與裏邊 不必掛念 自黃河邊上 走張
家口 至京九百餘里 若走沙河口大通 至京一千二百餘里 朕使人到寧
夏 尋得食物米麵等物 麵比上用麵還强 葡萄甚好 此處與邊墻相近
所以諸物都有 只恨不冷河不凍 難以行走 爾等在家 反爲朕怕冷 實
爲可笑 初二日報到 上流五十里 地名席爾哈 結氷成橋二道 約一里
有餘 上下全無結氷處等 朕使人去看 果是如此也 是一件奇事

열다섯번째 편지(四月 七日)

諭顧太監 朕事已畢 分陸路水路回去 大槪夏至前後 可以到京 特諭

열여섯번째 편지(四月 十七日)

諭顧太監 前者朕曾有言 心實除賊意 不虛發之句 今嘎爾旦已死 其

下人等俱來歸順 朕之大事畢矣 朕兩歲之間 三出沙漠 櫛風沐雨 並
日而飱 不毛不水之地 黃沙無人之境 可謂苦而不言苦 人皆避而朕不
避 千辛萬苦之中 立此大功 若非嘎爾旦 有一日朕再不言也 今蒙天
地宗廟嘿祐成功 朕之一生可謂樂矣 可謂致矣 可謂盡矣 朕不日到宮
另爲口傳 今筆墨難盡書 其大槪而已 特諭

열일곱번째 편지(四月 二十九日)

諭顧太監 二十九日過殺虎口 自口外走張家口進京 大約五月十五日
前後到去 先有上諭 夏至前後 到京之語 因黃河風浪所悟以遲了 口
外涼爽不甚熱 至今朝間有穿皮褂者 一路水草 與西邊大不相同 朕體
安泰 隨侍人等俱好 可謂心廣體胖而回家去矣 特諭

유조(遺調)

강희제는 제위에 오른 지 예순한번째 되던 해의 열한번째 달 열세번째 날, 곧 1722년 12월 20일에 죽었다. 사망시 다음의 조서가 강희제의 유조(遺調)로 백성들에게 반포되었다.

종래 제왕(帝王)들이 천하를 다스림에 하늘을 공경하고 조상(의 가르침)을 본받는 것을 가장 중요한 일로 생각하였다. 하늘을 공경하고 조상을 본받는다는 것의 내용은 이렇다. 먼 곳에서 온 자를 자상하게 대하고 능력 있는 자를 가까이 두며, 백성의 세금을 낮춰주어 재력이 넉넉하게 하고, 모든 사람에게 이로운 바를 골고루 (나눠 주는 것을 진실한) 이로움으로 여기며, 천하 사람들의 마음을 하나로 묶는 것을 (참된) 마음으로 여기며, 여러 신하들을 친근하게 대하고 백성들을 자식으로 여기며, 위태로움이 생기기 전에 나라를 보호하고 혼란스러움이 생기기 전에 잘 다스리며, 언제나 부지런하여 한가로이 쉬지 않고 나라를 위한 장구한 계책을 도모하는 것이다.

짐은 이제 칠순이 되었고 제위에 오른 지 예순한 해가 되었다. 이는 모두 하늘과 땅, 조상들의 드러나지 않은 도움 때문이었고 짐의 보잘것 없는 덕 때문은 아니었다.

역사책을 살펴보니 황제(黃帝)의 (다스림이 시작된) 첫해로부터 지금까지 4,350여 년이 흘렀으며 황제(皇帝)를 칭하였던 자는 301명이었지만 짐과 같이 제위에 오래 있은 황제는 아주 드물었다. 짐이 제위에 오른 지 20년이 되던 날에는 30년간 제위에 있을지를 미리 알지 못하였고, 30년이 되던 날에는 40년간 제위에 있을지 미리 알지 못하였다. 이제는 제위에 오른 지 61년이 지났다. 『상서』(尙書)「홍범」(洪範)에서는 다섯 가지 복(福)을

첫째는 오래 사는 것(壽)이고,

둘째는 잘사는 것(富)이며,

셋째는 몸이 건강하고 마음이 평안한 것(康寧)이며,

네째는 덕을 쌓는 것(攸好德)이며,

다섯째는 수명을 다하고 죽는 것(考終命)이라 하였다.

오복(五福) 가운데 수명을 다하고 죽는 것을 다섯번째에 둔 까닭은 참으로 그러기가 어렵기 때문이다. 짐은 나이가 일흔에 가깝고 부유함으로 말하자면 온 중국을 소유하였으며 자손도 백오십여명에 이른다. 천하(백성)도 평안하고 즐거워하니 짐의 복 또한 많다고 하겠다. 혹시 갑자기 죽을지라도 마음은 태연하다. 생각해 보니 제위에 오른 이래 비록 풍속을 바로 잡는 데까지는 이르지 못하였지만 천하를 평안하게 하고 모든 사람들이 여유있고 넉넉하게 하고자 애썼다. 짐은 항상 부지런하였으며

조심스러웠고 한가로이 쉬지 않았으며 조금도 게으르지 않았다. 수십년 동안을 하루같이 온 마음과 힘을 다하였다. 이런 정황을 어찌 노고(勞苦)라는 두 글자로 모두 표현할 수 있겠는가? 옛날의 제왕 가운데 혹 수명이 길지 못하였던 자들에 대해 사론(史論)에서 대개 너무나 방탕하고 주색에 빠졌기 때문이라고 평하였다. (그러나) 이는 모두 서생(書生)들이 참으로 순전(純全)하고 훌륭한 군주에 대해서라도 흠을 들추어 내려고 비평하기를 즐겨한 데서 비롯된 것이다. 짐이 옛날의 제왕들을 위하여 변명하자면 천하를 다스리는 일이 너무 번거로우므로 힘들고 고달픈 바를 감당하지 못해서 (일찍 죽은 것)이다. 주거량(諸葛亮)은 "죽을 때까지 온갖 정성을 다바쳐 나랏일을 돌본다"고 하였는데, 남의 신하된 자로서 (이렇게 행한 자는) 오직 주거량 한사람뿐이었다. 그러나 제왕들의 책임은 막중하고 벗어날 수도 없다. 이를 어찌 신하들과 비교할 수 있을 것인가? 신하들은 벼슬살이를 할 만하면 벼슬을 살고 그만둘 만하면 그만둔다. 늙으면 사직하고 고향으로 돌아가서 자손들을 돌보면서 유유자적하게 보낼 수 있다. 그러나 군주들은 평생토록 부지런히 수고하고 쉴 수가 없다. 순(舜) 임금과 같은 사람은 '무위이치'(無爲而治)하였다고 일컬어지지만 남순(南巡)하다가 창우(蒼梧)에서 죽었다. 우(禹) 임금은 손발에 못이 박히도록 수레를 타고 다니며 (치수에 힘쓰다가) 후이지(會稽)에서 죽었다. 이처럼 정사를 돌보는 데 힘껏 노력하고 두루 다니며 순행하여 한가로이 쉬지 않았으니 어찌 '무위청정'(無爲淸淨)을 숭상하여

자신을 돌보았다고 할 수 있겠는가?『주역』의 돈(遯)괘에 나타
난 육효(六爻)는 군주에 관해서는 언급하지 않았으니 이로부터
군주는 원래 편안히 쉬는 바가 없고, 은퇴하여 자취를 감출 수
도 없음을 알 수 있다. 죽을 때까지 온갖 정성을 다바쳐 나랏일
을 돌본다는 것은 바로 이런 경우를 말하는 것이다.

자고로 천하를 얻는데 그 올바름이 우리 청(淸)과 같은 왕조
는 없었다. 태조와 태종께서 처음부터 천하를 얻으려는 마음을
품은 것은 아니었다. 일찍이 우리의 군대가 베이징에 가까이 왔
을 때 여러 대신들은 모두 마땅히 명나라를 취해야 한다고 아뢰
었다. 태종 황제께서는 "명나라와 우리나라는 원래 사이가 좋
지 않았으므로 취하기가 매우 쉽다. 그러나 중국의 군주를 생각
해서 차마 취하지 못하는 것이다"라고 하셨다. 후에 유적(流賊)
리쯔청(李自成)이 베이징 성을 공격하여 함락시키고 숭정제(崇
禎帝)가 스스로 목을 메어 죽자 대신과 백성들은 성문을 나와
(우리를) 맞이하였다. (이에 우리는) 리쯔청의 무리를 소탕하고
대통(大統)을 계승하였다. 그리고 전례(典禮)를 살펴서 숭정제
를 장사지냈다.

옛날 한(漢) 고조(高祖)는 쓰상(泗上)의 일개 정장(亭長)에
불과하였다. 명(明) 태조는 황각사(皇覺寺)의 일개 승려에 지
나지 않았다. 샹위(項羽)가 군대를 일으켜 진(秦)을 공격하였
으나 천하는 마침내 한에게 돌아갔고 원(元) 말에는 천위량(陳
友諒) 등이 봉기하였으나 천하는 마침내 명에게로 돌아갔다.
우리 청조는 명나라를 계승하였으며 우리의 조상들은 하늘의

뜻에 따르고 민심을 거스르지 않아서 (마침내) 천하를 어루만져 (평안하게) 하였다. 이로 보건대 (우리 청조의) 참된 군주들이 난신적자(亂臣賊子)들을 모두 제거하였던 것이다.

무릇 제왕(帝王)에게는 천명(天命)이 있어서 마땅히 장수를 누리도록 (천명을 받은 자는) 장수를 누리지 못하도록 할 수 없고, 태평을 누리도록 (천명을 받은 자는) 태평을 누리지 못하게 할 수 없다. 짐은 어려서부터 책을 읽어 고금의 도리를 조잡하게나마 깨우쳤다. 또 젊어서 힘이 넘칠 때는 강궁(强弓)을 쏠 수 있었다. 군사를 움직이거나 전투하는 일에도 모두 뛰어났지만 평생에 한 사람이라도 제멋대로 죽이지 않았다. 삼번의 난을 평정하고 막북(漠北)을 공략함에 한결같은 마음으로 전략을 짰고 호부(戶部)의 재정은 군비(軍費)나 기근구제비가 아니면 헛되이 쓰지 않았으니 이는 모두 백성들의 기름(을 짠 것)이기 때문이었다. 각지를 순행하면서는 수놓은 채색비단으로 행궁(行宮)을 장식하지 않았으며 한 곳에서 쓴 비용도 일이만 냥(兩)을 넘지 않았으니 매년 하공(河工)에 지출하는 300여 만 냥의 비용에 비교하면 100분의 1에도 못미친다.

옛날 양(梁) 무제(武帝)는 나라를 세운 영웅이었지만 늙어서는 허우징(侯景)에게 핍박받아 타이청(臺城)에서 화를 당하였다. 수(隋) 문제(文帝) 역시 왕조를 처음으로 연 군주였지만 그 아들 양제(煬帝)의 악함을 미리 알 수 없었으므로 마침내 평안한 죽음을 맞이하지 못하였다. 이는 모두 일찍이 (일을) 처리하지 않은 데서 비롯된 것이다.

짐은 자손이 100여 명이고 나이는 이미 일흔이다. 제왕(諸王), 대신, 관원, 군인과 백성 및 몽골인들 모두 짐의 나이가 많은 것을 안타까워하지 않는 사람이 없다. 이제 나이가 많아 죽는다 할지라도 짐은 기쁘다.

태조 황제의 아들인 예친왕(禮親王) 다이산(代善)과 여요왕(饒餘王) 아바타이(阿巴泰)의 자손들도 모두 평안하게 살고 있다. 짐이 죽은 후에 너희들이 마음을 합하여 (나라를) 보전하면 짐도 또한 흔쾌하고 편안하게 죽을 것이다. 넷째아들 옹친왕(雍親王) 인전(胤禛)은 인품이 고귀하고 신중한 것이 짐을 아주 닮았으니 반드시 대통을 이을 수 있을 것이므로 짐을 이어서 제위에 올라 황제가 되게 하라. 전례(典禮)를 준수하여 상복(喪服)을 입은 후에 27일이 지나면 (상복을) 벗어라. 이를 천하에 포고하여 모두가 듣고 알게 하라.

유조(遺詔)와 6장에서 전문을 번역한 상유(上諭)를 비교해보면, 유조는 결말 부분이 약간 길고 낙관적인 점을 제외하면 상유의 문장 중에서 열 문단을 가위질하여 순서를 약간 바꿔놓은 것에 불과하다는 사실을 알 수 있다. 그래서 유조는 온화하고 따뜻하며 상투적인 방식으로 장엄하게 꾸며지기는 하였지만 전체적으로 강희제의 진솔한 마음을 드러내지는 못하고 있다. 유조에는 빠졌지만 상유에는 포함된 강희제의 말들은 다음과 같다.

"……짐은 이미 늙었고 제위에도 오래 있었으니 후세 사람들이 어떻게 평가할지 미리 알지 못하겠다. 또 눈앞의 일 때문에 통곡하며 눈물흘리지 않을 수 없다. 그래서 먼저 붓 가는 대로 기록해 놓았으나 오히려 천하 사람들이 나의 고통과 슬픔을 알지 못할까 두렵다.

옛날의 제왕들은 죽음을 꺼리는 일로 생각하여 (미리 준비하지 못하였으므로) 그들의 유조를 살펴보면 제왕의 어투도 아니고 마음속에서 말하고 싶었던 것도 아니다. 이는 숨이 넘어가려 할 때에야 문신(文臣)을 찾아 그들 마음대로 기록하게 하였기 때문이다."

유조에는 빠졌으나 상유에는 포함된 다른 중요한 문단들의 내용은 다음과 같다.

강희제가 자신의 현기증과 낙심에 대해 이야기하는 서두 부분.

진(秦)에서 많은 책을 불태워버렸으므로 삼대(三代)와 그 이전 시기에 대한 기록들은 정확하지 않으며 전반적으로 믿을 수 있는 역사는 진대부터 시작된다는 강희제의 언급. 그리고 강희제 자신은 역대 황제 누구보다도 오랫동안 제위에 있었다는 언급.

훌륭한 황제는 행정상의 세세한 부분까지 관심을 가져야 하며 대강의 원칙들에만 주의를 기울이는 데 만족해서는 안 된다는 강희제의 주장.

정신적이고 육체적인 힘이 쇠약해지면서 나타나는 여러 가지 질병과 능력부족, 그리고 죽음의 중요성에 대해 곰곰이 생각하는 긴 문장.

제위 계승문제와 관련하여 지난 날의 중국역사에서 나타났던 여러 가지 반역과 어리석음의 사례를 지적한 부분.

이전 왕조의 역사기록에서 황제나 황제의 행위와 관련하여 나타났다는 징조들과 이적(異蹟)들을 믿지 않는다는 솔직한 말.

황제는 한가롭게 지내기도 어렵고 관료들처럼 은퇴하여 쉴 수도 없다는 통명스러운 구절들(비록 이 주제에 관한 보다 냉정한 구절들이 유조에 일부 포함되어 있기는 하지만).

백발, 허무감, 최후의 상유가 존중되고 전해지기를 바라는 고뇌에 찬 바람으로 채워진 마지막 부분.

빠져 버린 부분들을 살펴볼 때 유조의 작성자들 —이들이 조정의 대신들인지, 강희제의 아들 옹정제인지, 만주인 조언자들인지, 신뢰하던 대학사들이었는지 모르지만— 이 얼마나 황제의 인상을 존엄하게 유지하려고 고심하였는지 알 수 있다. 원래 강희제는 자신을 고통스러워하고 의심스러워하는 인간으로 드러냈다. 그는 또한 (황제의 인간적인 면모를 지우고 존엄함의 화신으로 만들어 버리는) 역사적 전통 속에서 과연 그 자신이 있는 그대로 정직하게 기억될 수 있을지에 대해 의심하고 있었다. 유조는 강희제가 회의하던 것이 얼마나 옳았는가를 보여준다. 여기에는 강희제가 단지 그림자로서만 나타나고, 상투적인 어투들만이 남았으며, 그의 넘치는 힘과 분노 그리고 정직함과 고통스러움이 모두 빠져 버렸다.

250년 후, 유조를 부록에 수록하고 강희제 스스로 원래의 상유를 말하게 한 것은 역사가에게 즐거운 일이었다.

유조(遺詔)

273

지은이 주

* 한적본의 경우 『大淸聖祖仁皇帝實錄』(이하 『聖祖實錄』으로 약칭), 3684(276/ 16b)와 같은
 형태로 표시되어 있다. 3684는 대만의 화문서국(華文書局)에서 청실록을 영인하면서 붙
 여놓은 페이지를, 276은 『聖祖實錄』의 권수, 16b는 16번째 엽(葉)의 뒷면을 표시한다.

강희제의 치세

1 장문(長文)의 강희제 전기는 아직 중국어로 씌어진 것은 없고 유럽어로 쓰인
 것이 세 편 있다. 조아솅 부베(Joachim Bouvet)는 1699년 불어로 된 강희제
 전기를 썼다. 자신의 직접적인 체험과 떠도는 이야기들을 토대로 해서 쓴 이
 책에서 부베는 강희제를 한껏 치켜세웠다. 엘로이스 히버트(Eloise Hibbert)
 는 주로 예수회 선교사들이 남긴 자료를 토대로 비교적 가벼운 강희제 전기를
 1940년에 출간하였다. Lawrence D. Kessler는 1969년 박사학위논문으로
 "The Apprenticeship of the K'ang-hsi Emperor, 1661-1684"를 썼다. 아직
 간행되지 않은 이 논문은 한문 자료들을 광범위하게 섭렵했으나 연구시기가
 강희제의 청년기에 한정되어 있다.[지은이는 중국어로 된 강희제 전기가 아직 없
 다고 했으나 이 책이 간행된 이후 중국에서는 최근까지 다수의 강희제 전기가 출판
 되었다. 대표적인 것으로는 孟昭信, 『康熙大帝全傳』, 吉林文史出版社, 1987; 孟昭信,
 『康熙帝』, 吉林文史出版社, 1993; 郭松義, 楊珍, 『康熙帝本傳』, 遼寧古籍出版社, 1996;
 孟昭信, 『康熙評傳』(中國思想家評傳叢書), 南京大學出版社, 1998 등이 있다. 한편
 Kessler의 박사논문은 K'ang-hsi and the Consolidation of Ch'ing Rule, 1661-
 1684라는 제목으로 1976년 시카고 대학 출판사에서 간행되었다. 또, 폐황태자 인
 렁을 중심으로 강희제 시기의 다양한 정치적 사건을 다룬 저서로 Silas H. L. Wu(吳
 秀良), Passages to Power, K'ang-hsi and his Heir Apprent, 1661-1772,
 Harvard U.P., 1979가 있다─옮긴이.]
 일본에서는 강희제의 전기가 20세기에 출판되었다. 西本白川, 『康熙大帝』,
 春秋社, 1925; 長與善郎, 『大帝康熙』, 岩波書店, 1938; 田川大吉郎, 『聖祖康熙
 帝』, 敎文館, 1944; 間野潛龍, 『康熙帝』, 人物往來社, 1967 등이 그것이다. 1941
 년 고토 수에오(後藤末雄)는 Joachim Bouvet의 1699년 강희제 전기를 일본

어로 완역하여 『康熙帝傳』이라는 제목을 붙였다. 이상의 모든 저자들은 강희제를 현명하고 강건한 군주—과학기술에 입각한 군사기술과 유교적인 덕망을 잘 결합시킨—로 바라본다. 그리고 저자들 가운데 몇몇은 (중국을 정복한 만주족 군주로서) 강희제가 20세기 전반기 일본인들에게 중국을 어떻게 점령하고 다스릴 것인가에 대한 본보기를 보여줄 수 있다고 생각했다. 니시모토 하쿠센(西本白川)은 이민족 출신의 지배자에 대한 연구가 일본인들에게 좋은 본보기가 될 수 있다는 점에 주목하여 1941년에 재판을 간행하였다. 나가요 요시로(長與善郎)는 자신이 쓴 책의 부제(副題)를 '支那統治の要道'라고 붙였으며 결론 부분에서는 이 책이 일본이 중국을 아우르는 데 참고할 만한 요점이 될 수 있다고 썼다. 다가와 다미키치로(田川大吉郎)도 진보와 기술에 대한 강희제의 견해에 대해서 뿐만 아니라 예수회 선교사들이 중국에 온 초창기에 발휘했던 힘에 대해서도 관심을 기울였다. 마노 센류(間野潛龍)는 강희제를 루이 14세와 (우호적으로) 비교하는 데 관심을 기울였으며 그의 인간적인 모습들을 강조하였다. 마노 센류가 『康熙帝』를 출판했던 1967년에는 일본학자들이 강희제의 치세를 더 이상 일본의 현실정치와 밀접하게 관련시켜 연구하지는 않았다.

그러나 Lawrence D. Kessler의 연구를 제외한다면 위에서 언급한 연구성과들은 한문 원사료들에 충분한 토대를 두고 쓰인 것은 아니다. 뿐만 아니라 Bouvet가 처음 만들어 낸 예수회 선교사들의 (강희제에 대한) 이미지에 상당히 의존하고 있다. 따라서 비록 이따금 어쩔 수 없이 겹치는 부분도 있지만, 나는 앞에서 열거한 여러 종류의 강희제 전기에서 다루어진 항목들을 다시 언급하지는 않았으며, 확실히 믿을 수 있는 원전 한문 자료들을 인용하는 데 역점을 두었다.

중국어로 쓰인 두 편의 논문 역시 언급할 만한 가치가 있다. 류다녠(劉大年)은 1961년 『歷史研究』에 「論康熙」라는 논문을 발표하였다. 이 논문의 영문제목은 "Emperor Kang'-hsi, the Great Feudal Ruler Who united China and Defended Her Against European Penetration"이다. 여기서 우리는 훗날의 저술에서 중요한 주제가 될 것들—강희제를 분별력있는 반제국주의자로 파악하는 시각—이 부각되는 것을 볼 수 있다. 류다녠은 또 청과 러시아 사회가 처했던 경제적 현실에 따라서 강희제와 표트르 대제가 무슨 조치를 자유롭게 시행할 수 있었는가에 대해 고찰함으로써 두 통치자를 비교하고 있다. 위안량이(袁良義)는 1962년에 발표한 논문 「論康熙的歷史地位」에서 류다녠의 몇몇 주장들을 비판하였다. 위안량이는 강희제가 위대한 역사적 인물이라는 점에서는 류다녠과 의견을 같이하였지만, 17세기 유럽의 군사적 역량을 과대평가하였다는 점, 당시의 경제적 상황—특히 당시 사회를 지배한 지주에게 서로 다른 유형이 있었다는 점—을 지나치게 단순화시켰다는 점, 만주족과 한족간의 민족적 긴장관계를 대수롭지 않게 평가하였다는 점을 비판했다.

강희제의 치세에 대해 간략하면서도 가장 뛰어난 학술적인 접근으로는 *Eminent Chinese of The Ch'ing Period* 의 pp. 327~331에 실린 팡자오잉

(房兆楹)의 글이 있다.

2 부록1의 네번째 편지를 참조하라.

3 Marguerite Yourcenar, Mémoires d'Hadrien(Paris: Plon, 1953); 영어번
역은 *Memoirs of Hadrian*(New York: Farrar, Straus and Young, 1954).

4 『聖祖實錄』, 3684(276/16).

5 "Une heure n'est pas qu'une heure, c'est un vase rempli de parfums,
de sons, de projets et de climats. Ce que nous appelons la réalité est
un certain rapport entre ces sensations et ces souvenirs qui nous
entourent simultanément Marcel Proust, A la Recherche du temps
perdu, XV: Le Temps retrouvé [Paris:Gallimard, 1949 edition], p. 35).

1장 사냥과 원정

1 『康熙帝御製文集』, p. 1308.

2 高士奇, 『蓬山密記』, p. 1.

3 『庭訓格言』, pp. 59b~60; 『聖祖實錄』, 2093(155/5b); 『清聖祖諭旨』, p. 13;
高士奇, 『蓬山密記』, p. 1.

4 『聖祖實錄』, 2093(155/6b).

5 『清聖祖諭旨』, p. 17. 일하무케는 문자 그대로 옮기면 '강꽃'(花水)이라는 뜻이
다. Norman, *Manchu Dictionary*, pp. 291, 211.

6 『清聖祖諭旨』, p. 17b. Norman, *Manchu Dictionary*, p. 68, cing k'o muji.

7 Bell, *Journey*, pp. 164~171; 『康熙帝御製文集』(제2책), 卷33, pp. 11~16;
Carroll Malone, *Peking Summer Palaces*, pp. 21~24.(매사냥에 대한 참고
서적은 드물다. 그러나 『聖祖五幸江南全錄』, p. 4의 장군 란리[藍理]가 여섯 마리의
매를 선물로 바친 기록을 참조하라. '架鷹奉犬侍衛太監'에 대한 특별한 언급은 『聖祖
實錄』, 3628(272/11); Du Halde, *General History*, IV, 309, 310, 317, 319에 있
는 Gerbillon의 편지를 참조하라. 특히 319쪽에는 강희제가 스물 다섯 마리 내지
서른 마리의 매를 기르며 한 마리당 관원 한 사람이 붙어서 보살피고 있다는
Gerbillon의 말이 실려 있다. 보다 이른 시기의 매사냥에 대해서는 Schafer,
"Falconry in T'ang Times"를 참조하라. 강희제의 요구로 유럽의 매사냥에 관해
쓴 것으로 Buglio가 번역한 Dehergne의 "Fauconnerie, plaisir du roi"가 있다.)

8 제6장의 상유(上諭). D'Orléans, *Conquerors*, p. 107에 실린 Verbiest의 편
지 참조.

9 강희제가 특별히 좋아한 Pereira의 말이다. D'Orléans, *Conquerors*, p. 144
에 실린 Pereira의 편지.

10 『清聖祖諭旨』, pp. 4, 1b, 8b의 강희제 편지.

11 D'Orléans, *Conquerors*, pp. 105, 135, 142; Du Halde, *General History*,
IV, 327의 Gerbillon 편지. Norman, *Manchu Dictionary*, p. 416에 수록된
'울라나의 학명은 prunus humilis이다. 『清聖祖諭旨』, pp. 18, 18b에 세 군데

의 서로 다른 언급이 있다. 『聖祖實錄』, 1350(101/20).

12 D'Orléans, *Conquerors,* p. 139.

13 『聖祖實錄』, 1350(101/20); 高士奇, 『松亭行紀』, p. 9b; Du Halde, General History, IV, 358; 『淸聖祖諭旨』, p. 18. 강희제는 양의 비계로 감싸거나 소금물에 절인 물고기 쉰 마리를 황태후에게, 백 쉰 마리를 후궁들에게 보냈다.

14 高士奇, 『松亭行紀』, p. 15b; Du Halde, *General History,* IV, 360, 362, 365; D'Orléans, *Conquerors,* p. 141.

15 高士奇, 『扈從東巡日錄』, p. 8b.

16 『聖祖實錄』, 3797(285/9b~10).

17 『聖祖實錄』, 3298(247/12b).

18 Du Halde, *General History,* IV, 321~322 및 369~370.

19 Ibid., IV, 359.

20 高士奇, 『扈從西巡日錄』, pp. 3~4; D'Orléans, *Conquerors*, pp. 112, 139~140, 146; Du Halde, *General History,* IV, 379.

21 高士奇, 『扈從西巡日錄』, p. 3; 『聖祖實錄』, 1430(107/9b), 2550(190/8).

22 『聖祖實錄』, 2550(190/8b) 및 2553(190/14).

23 『聖祖實錄』, 2757(205/13). 원문에는 화살이 나하리(拉哈里, 학명은 ilex latifolia) 나무를 부러뜨렸다는 내용도 있는데 이는 너무 좋게 이야기하려다 보니 극단적으로 과장된 것 같다.

24 『庭訓格言』, p. 90.

25 『庭訓格言』, p. 50; D'Orléans, *Conquerors*, pp. 123~24; 『聖祖實錄』, 3558(267/16b).

26 高士奇, 『扈從西巡日錄』, pp. 3~4.

27 『聖祖實錄』, 1832~1833(136/11b, 12b, 13); Norman, *Manchu Dictionary*에 따르면 나(納)와 하리(哈里) 그리고 하(哈)와 하다(哈達)이다. 이 사냥터에 대해서는 『淸代一統地圖』, p. 104 참조.

28 『庭訓格言』, pp. 97, 49b~50.

29 高士奇, 『扈從東巡日錄』, p. 5.

30 Du Halde, *General History,* IV, 365, 369.

31 『王大司農年譜』, p. 36.

32 Flettinger MS., fol. 2319v.

33 張英, 『南巡扈從紀略』, p. 17.

34 『聖祖實錄』, 2873(213/29b).

35 『庭訓格言』, pp. 106b~107.

36 De Harlez, *Religion Nationale,* pp. 141~43.

37 『庭訓格言』, pp. 106b~107.

38 『聖祖實錄』, 1436(108/8).

39 『庭訓格言』, p. 71b.

40 『聖祖實錄』, 1437(108/10); 高士奇, 『扈從東巡日錄』, p. 5; Bell, *Journey*, p. 169; 『聖祖實錄』, 2511(186/17); Du Halde, *General History*, IV, 320; D'Orléans, *Conquerors*, p. 137.

41 『聖祖實錄』, 2470(183/23), 3035(227/9b).

42 『聖祖實錄』, 2470(183/24).

43 『聖祖實錄』, 2307~2308(171/26b~27); 『清史』, p. 2578.

44 『清聖祖諭旨』, p. 7; 『聖祖實錄』, 2306(171/23b).

45 『庭訓格言』, pp. 28b~35; 『清聖祖諭旨』, p. 20; 『聖祖實錄』, 2688(200/11b). 霍亂을 콜레라로 번역하였다.

46 『庭訓格言』, pp. 20b~21; 『清聖祖諭旨』, pp. 9, 13b.

47 『清聖祖諭旨』, pp. 14b~15.

48 『聖祖實錄』, 2093(155/6b).

49 『聖祖實錄』, 깃발에 대해서는 3558(267/16), 규표에 대해서는 2076(154/4), 별자리 도판에 대해서는 D'Orléans, *Conquerors*, p.116.

50 『聖祖實錄』, 1882(139/31b~32). 삼(參)과 자(觜)는 모두 오리온 자리에 있는 별이다.

51 『聖祖實錄』, 3559(267/17).

52 『聖祖實錄』, 군대에 대해서는 2345(174/2), 짐마차꾼은 2309(171/29b). 행상 인은 2470(183/24).

53 『聖祖親征朔漠日錄』, p. 6b.

54 『聖祖實錄』, 2340(173/32); 『聖祖親征朔漠日錄』, p. 3.

55 『聖祖實錄』, 2309(171/29); 『庭訓格言』, pp. 21 및 33b~34b; 『清聖祖諭旨』, p.4b.

56 『聖祖西巡日錄』, p. 25b; 『聖祖實錄』, 2280~2281(169/20b~21) 및 2346(174/3).

57 『庭訓格言』, pp. 33b~34; 『聖祖實錄』, 2308(171/28); 高士奇, 『扈從東巡日錄』, p.3b; 『聖祖親征朔漠日錄』, p. 4.

58 『聖祖實錄』, 2911(217/2).

59 『聖祖西巡日錄』, p.9b; 高士奇, 『扈從西巡日錄』, p. 1.

60 『庭訓格言』, p.104; 『聖祖親征朔漠日錄』, p. 6; 『聖祖實錄』, 2879(214/10).

61 『聖祖西巡日錄』, pp. 11, 20.

62 『聖祖實錄』, 1544(115/24).

63 당기기 힘든 활에 대해서는 『聖祖實錄』, 2041(151/14b), 2167(160/25b); 사 냥총에 대해서는 2114(156/19b); 양손 사용에 대해서는 1570(117/16).

64 『聖祖實錄』, 2702(201/20). 1700년의 무과거(武科擧)에서 강희제는 이전에 참 관했던 "열 두세번의 무과거 중 그 어느 때보다도" 응시자들(의 자질)이 뛰어 났다고 말했다.

65 『庭訓格言』, pp. 34b~35.

66 『庭訓格言』, p.25. 종두(種痘)를 '천연두 백신을 접종시켰다'로 번역하였다.
Wong, K. Chimin & Wu, Lien-teh, *History of Chinese Medicine*
(Tientsin, 1932)의 "variolation" 부분 참조.

67 『庭訓格言』, pp. 28b~29.

68 『淸聖祖諭旨』, pp. 4b, 6, 8b. 구원싱(顧問行)에게 보낸 모든 편지는 1696~
1697년 갈단 원정시에 쓰였다. 『聖祖實錄』, 1911~1912(141/22b~23).

69 『聖祖實錄』, 2264(168/15); 2266(168/20); 2274(169/8).

70 『聖祖實錄』, 2280~2282(169/20~24, 2~6, 6, 7~8, 14, 13, 17).

71 『聖祖實錄』, 2315(172/5b)(Ahmad, *Sino-Tibetan Relations in the
Seventeenth Century* 는 이 원정에 관계된 많은 티베트 자료들을 영어로 번
역하여 수록하고 있다.) 작전논의가 확산되었던 것에 대해서는 『聖祖實錄』,
2319~2322(172/13~19).

72 『聖祖實錄』, 1119(83/18b), 2295(171/2b), 2313(172/2), 2321(172/18b).

73 『聖祖實錄』, 2320(172/16), 2325~2333(173/1, 10b, 12, 13b, 17, 18).

74 『聖祖實錄』, 2334(173/19b).

75 『聖祖實錄』, 2337~2338(173/26~27).

76 이야기의 줄거리는 『聖祖實錄』, 2361~2365(175/5~14); 강희제가 제 5대
달라이 라마의 죽음에 대해 느꼈을 당혹감에 대한 그럴듯한 설명들은 Ahmad,
Sino-Tibetan Relations in the Seventeenth Century, pp. 44~53. 갈단은
15년 전에 죽었다.

77 『聖祖親征朔漠日錄』, pp. 8b~11. 이 자료는 『聖祖實錄』과 Ahmad, *Sino-
Tibetan Relations in the Seventeenth Century*, pp. 310~323에 영어로 번
역된 한문문서와 티베트어 문서들을 보충해 주고 있다.

78 『聖祖實錄』, 2415~2416(180/6b~7).

79 『聖祖實錄』, 2433(181/13).

80 『聖祖實錄』, 3249(243/17~18).

81 부록 A의 구원싱에게 보낸 강희제의 편지 참조. 『故宮文獻』 2/1, p. 129에 실
린 차오인(曹寅)에 대한 강희제의 조서. 『聖祖實錄』, 2462(183/7); *Eminent
Chinese of the Ch'ing Period*, pp. 267~268; 『淸聖祖諭旨』, pp. 6b~7.

82 Du Halde, *General History*, IV, 365~367에 실린 Gerbillon의 묘사.

2장 다스림

1 『康熙帝御製文集』, p. 2477.

2 『聖祖實錄』, 3165(236/14). 『聖祖仁皇帝起居注』, p. 422.

3 Richard Wilhelm 옮김, *I Ching*, pp. 217, 676; 『聖祖實錄』, 1487(112/1).

4 『聖祖實錄』, 1966(146/3~4). 후(胡)씨 가문의 다른 가족들은 교수형에 처해
졌다. 이와 유사하게 향리에 거주하는 신사(紳士)들이 이웃사람들을 괴롭힌 사
건에 대해서는 『文獻叢編』, pp. 113~29 참조.

5 『聖祖實錄』, 2740(204/3b). 또 다른 본보기로 처형시킨 사건은 『聖祖實錄』, 1639(122/13).

6 말랑가에 대해서는 『聖祖實錄』, 755~756(55/26b~27), 다른 두명의 관료에 대해서는 783(57/26), 섹세에 대해서는 2496(185/15).

7 능지처사에 대해서는 Staunton, *Penal Code*, pp. 269~70. 주융쭤(朱永祚) 에 대해서는 『聖祖實錄』, 3167(236/17)(또 一念和尚에 대해서는 Spence, *Ts'ao Yin*, pp. 234~36), 주산태자(朱三太子)에 대해서는 『聖祖實錄』, 3145(235/9), 사건의 발단에 대해서는 『聖祖實錄』, 3103〔232/10b〕, 주(朱)가 구심점으로 작용한 것에 대해서는 『聖祖實錄』, 3116(233/8). 이라국산의 배경 에 대해서는 『聖祖實錄』, 2273(169/6b). 이라국산에 대한 공격은 『聖祖實錄』, 2468(183/19b~20), 2479~2480(184/6b~8). 처형은 『聖祖實錄』, 2500(185/23). 갈단에 대해서는 『聖祖實錄』, 2541(189/14b). 우싼구이의 시 체에 대해서는 『聖祖實錄』, 1336(100/11b). 경징중과 다른 반란 참여자에 대 해서는 『聖祖實錄』, 1336~1337(100/11b~14).

8 밍주는 즉각적인 처형을 주장했다. 『聖祖實錄』, 1336(100/12b). 황태자 인렁 사건에 대해서는 이 책의 제5장 참조.

9 『庭訓格言』, pp. 38b, 80b~81. 『聖祖實錄』, 3365~3366(272/6b~7). 예컨 대 어느 뚱뚱한 환관은 범죄자가 처형된 이후에야 형 집행을 유예한다는 조칙 을 갖고 왔다.

10 성문 폐쇄에 대해서는 『聖祖實錄』, 622(45/4), 양치룽에 대해서는 『聖祖實錄』, 625(49/9), 627(45/13b~14), 도적들에 대해서는 『聖祖實錄』, 668(48/23b).

11 『聖祖實錄』, 692(50/16). (장군 라이타가 의도적으로 부녀자들을 잡아갔을 때, 강 희제는 하찮은 일로 치부해 버리기는 했지만.『八旗通志』卷 152, pp. 28b~29.)

12 『聖祖實錄』, 1388(104/15).

13 『庭訓格言』, pp. 106b~107 ; 『聖祖實錄』, 2767~2768(206/14b~16) ; 『李光 地年譜』卷2, p.56. 이 모든 절차에 대한 목격자의 진술은 韓菼, 『有懷堂文稿』, 卷8, pp. 14~17b.

14 『聖祖實錄』, 2700(201/16). Sun, *Ch'ing Administrative Terms*, no.1718.

15 『聖祖實錄』, 3371~3372(252/18b~19).

16 『聖祖實錄』, 2768(206/16), 2927(218/6b), 2621(195/18b).

17 韓菼, 『有懷堂文稿』, 卷8, p. 16b.

18 韓菼, 『有懷堂文稿』, 卷8, p. 14b. 다른 사례들은 Wu, "Emperors at Work," p. 218.

19 『聖祖實錄』, 2700(201/15b~16).

20 『庭訓格言』, p. 109. 단트실라의 사례는 『庭訓格言』, pp. 79b~80, *Eminent Chinese of the Ch'ing Period*, p. 268.

21 Fu Lo-shu, *Documentary Chronicle*, I, 76, 91, 121. 러시아와의 전투와 네 르친스크 조약의 전과정을 담고 있는 문서들에 대한 번역에 대해서는 Fu Lo-

shu, *Documentary Chronicle*, I, pp. 56~103 참조. 러시아측 자료와 중국측 자료에 대한 상세한 참고문헌 목록을 담고 있을 뿐 아니라, 이 시기에 대한 포괄적인 조망을 담고 있는 책으로는 Mancall, *Russia and China: Their Diplomatic Relations to 1728* 이 있다. 또 Fletcher의 유용한 논문 "Aleksandrov on Russo-Ch'ing Relations"를 참조하라.

22 『庭訓格言』, p. 39b;『聖祖實錄』, 1415(106/18).

23 『聖祖實錄』, 3018~3019(225/16b~17).

24 『聖祖實錄』, 1550(116/8);『庭訓格言』, p. 80; *Eminent Chinese of the Ch'ing Period*, p. 653; 네덜란드인들을 도망가게 내버려둘 것인가를 놓고 벌였던 논쟁에 대해서는『李光地年譜』卷1, p. 39 참조. 스스룬(施世綸)과 스스퍄오(施世驃)의 전기는 *Eminent Chinese of the Ch'ing Period*, pp. 653~654.

25 『聖祖實錄』, 1047~1048(76/6~8), 1054(78/19), 1084(80/27b), 1140(85/12).

26 기예슈에 대해서는『聖祖實錄』, 1171(88/2b), 1172(88/3). 이창가에 대해서는『聖祖實錄』, 1185~1186(89/2b~3).

27 『聖祖實錄』, 1312~1313(98/16~17).

28 『聖祖實錄』, 1336~1337(100/11b~13), 1356(102/4), 1357(102/5).

29 『聖祖實錄』, 1311(98/13), 1367(102/25), 1378(103/20b).

30 『聖祖實錄』, 1320(99/8),『康熙帝御製文集』, pp. 211~13(12/6b~9).

31 『聖祖實錄』, 599(43/5). 상즈신과 경징중에게 보낸 특사는 한인(漢人)이었다.

32 적임자 선발에 대해서는『聖祖實錄』, 599(43/6). 만주의 토지와 건물에 대해서는『聖祖實錄』, 600(43/9). 표준화에 대해서는『聖祖實錄』, 612~613(44/8~9). 긴급대책에 대해서는『聖祖實錄』, 617(44/17b). 긴급대책의 세부사항이 무엇인지는 알 수 없지만 강희제가 미스한(米思翰)·몰로·밍주와 함께 난위안(南苑)에서 많은 시간을 보낸 것(『聖祖實錄』, 572[41/3b]) 그리고 바로 이때 신뢰하던 왕시(王熙)를 한인 병부상서로 임명한 것이 흥미롭다.(『聖祖實錄』, 588[42/11b]) 이 시기의 일기기록 일부가『聖祖仁皇帝起居注』에 실려 있다. 만주인 감시인에 대해서는『聖祖實錄』, 602(43/11b).

33 삼하와 당구리는 앞에서 언급한 네 명의 만주인 감시인에 포함되어 있다.『聖祖實錄』, 614(44/12).

34 『八旗通志』, 卷155, pp. 25~27b;『聖祖實錄』, 614(44/12b).

35 장군 선발은『聖祖實錄』, 663(48/13); 선물에 대해서는『聖祖實錄』, 616~617(44/16b~17); 기도는『聖祖實錄』, 623(45/5).

36 이에 관한 강희제의 생생한 언급이 다음 여러 부분에서 나타난다.『聖祖實錄』, 820(60/3b~4), 1085(80/29), 1223(91/25b~26).

37 『聖祖實錄』, 751(55/18b)의 만주인에 대한 분노와『聖祖實錄』, 752(55/20b)의 한인 장수들에 대한 칭찬을 대조해 보라. 한문사료들을 토대로 구성한 삼번의

난 전과정에 대한 개관은 Ts'ao, *The Rebellion of the Three Feudatories* 참조. 또 *Eminent Chinese of the Ch'ing Period* 에 실린 우쌘구이·샹즈신·경징중 전기의 여러 가지 언급들도 참고하라. 삼번의 난이 일어난 배경에 대한 상세한 연구로는 神田信夫,「平西王吳三桂の研究」가 있다.

지은이 주
283

38 『庭訓格言』, pp. 17〜19.

39 라사리를 아끼는 내용을 담은 조서는 『聖祖實錄』, 1152(86/7b). 라사리의 일대기는 『八旗通志』, 卷236, p.20. 또 다른 칭찬이 『會典事例』 17586(1052/2b)에 있다.

40 태화전(太和殿)의 화재는 『聖祖實錄』, 1160(87/3), 지진은 『聖祖實錄』, 1107(82/18), 병에 걸린 것은 『聖祖實錄』, 1160〜1161(87/4b〜5).

41 송고투에 대해서는 『庭訓格言』, pp. 8b〜9; *Eminent Chinese of the Ch'ing Period*, pp. 663〜66; 웨이상수는 『聖祖實錄』, 2203(163/17); *Eminent Chinese of the Ch'ing Period*, pp. 848〜49; 송고투의 부유함에 대해서는 『聖祖實錄』, 1435(108/6); 웨이상수가 송고투를 미워한 것은 『聖祖實錄』, 2203(163/17).

42 강희제의 일반적인 언급은 『聖祖實錄』, 2203(163/17), 1610(120/15); 말을 줄여야 할 필요성에 대해서는 『聖祖實錄』, 1499(112/2b), 2146(159/3b); 리광디(일대기는 *Eminent Chinese of the Ch'ing Period*, pp. 473〜475)에 대해서는 『聖祖實錄』, 2763(206/5b), 2900(216/3); 펑펑(일대기는 *Eminent Chinese of the Ch'ing Period*, pp. 613〜14)에 대해서는 『聖祖實錄』, 3246〜3247(243/12b〜13); 펑펑의 분노는 『聖祖實錄』, 2770〜2771(206/20〜21); 자오선차오(일대기는 *Eminent Chinese of the Ch'ing Period*, p. 80)에 대해서는 『聖祖實錄』, 2763(206/5b), 2836(211/16); 스스룬(일대기는 *Eminent Chinese of the Ch'ing Period*, pp. 653〜654. 여기에는 강희제의 언급도 포함되어 있음)에 대해서는 『聖祖實錄』, 2764(206/8); 양밍스에 대해서는 『聖祖實錄』, 2882,(214/16b).

43 가장 훌륭한 관료들의 명단은 『聖祖實錄』, 2703(201/21), 2734(203/19b); 논의에 대해서는 Wu, *Communication and Imperial Control*, p. 24. 물의 정령들에 대해서는 Werner, *Chinese Mythology*, p. 159; 하신(河神)들의 위계에 대해서는 Werner, *Chinese Mythology*, p.433〜436. 강물의 수위가 낮아진 것은 『聖祖實錄』, 2752(205/3b);

44 기인에 대해서는 『聖祖實錄』, 2944(219/19b). 파당은 『聖祖實錄』, 2409(179/9), 2210(164/3b〜4). 초기의 만주인 고관들로 이루어진 파당에 대한 강희제의 입장은 『聖祖實錄』, 3133(234/13).

45 『聖祖實錄』, 1528(114/24). 강희제가 불 끄기를 지시한 것은 『聖祖實錄』, 1728(128/23b).

46 기인에 대해서는 『聖祖實錄』, 2734(203/19); 1711〜1712년의 과거시험부정사건(科場案)에 연루된 만주인들에 대해서는 Spence, *Ts'ao Yin*, pp. 240〜

254; Wu, *Communication and Imperial Control*, pp. 142~148 참조; 뛰어난 무사에 대해서는 『聖祖實錄』, 2732~2733(203/16b~17b); 총애에 대해서는 『聖祖實錄』, 2236(166/7).

47 『聖祖實錄』, 2409(179/9). 백성들은 어느 관료가 상주문을 올렸다가 그 때문에 죽었다면, 내용이 그 관료가 이전에 올렸던 것과 다름이 없을지라도, 그 상주문을 과대평가하는 경향이 있다는 흥미로운 관찰결과를 강희제가 웨이샹수에게 말해주었다. 『魏象樞年譜』, p. 52.

48 『聖祖實錄』, 2468~2469(183/20b~21) 그리고 2472(183/28b).

49 『聖祖實錄』, 2472(183/28). 정보에 대한 간결한 논의는 Wu, *Communication and Imperial Control* 제3장, 5장, 6장. 부연설명은 Wu, "A Note on the Proper Use of Documents" 그리고 Spence, *Ts'ao Yin* 참조. 기밀누설을 질책하면서 강희 8년 8월 2일에 내린 상유가 강희제의 목소리를 뚜렷이 드러낸 초기의 것이다. 『康熙帝御製文集』, pp. 57~58. 『聖祖實錄』, 439(31/1b).

50 『聖祖實錄』, 3533(265/14b). 주접제도에 대한 가장 전문적인 분석은 Wu, "The Memorial Systems of the Ch'ing Dynasty." 제본(題本)제도에 대한 청대인의 검토는 『陸隴其年譜』, p. 25b.

51 류인수에 관한 논의에 대해서는 『故宮文獻』, 3/1, pp. 116~117 참조. 대신이 시력을 잃어버린 또 다른 사례는 『年羹堯摺』, p. 3. 만주어 주접에 관해서는 Wu, *Communication and Imperial Control*, p. 43. 『故宮文獻』, 1/2, pp. 213, 217.

52 『聖祖實錄』, 3019(225/17).

53 무인(武人)들에 관해서는 『聖祖實錄』, 1445(109/2). 무인들에 대한 일반적인 논의에 대해서는 Wu, *Communication and Imperial Control*, p. 22. 관료들의 좌석에 대해서는 『田雯年譜』, p. 26. 귀가 어두운 관료에 대해서는 Wu, "Emperors at Work," p. 224, n.22. 보다 부드러운 태도로 집안일에 대해 물은 사례는 『魏象樞年譜』, p. 50b. 메모하는 것은 『聖祖實錄』, 2566(191/16b).

54 Du Halde, *General History*, IV, 348~349, 378에 실린 Gerbillon의 편지.

55 『聖祖五幸江南全錄』, pp. 13b, 25b, 32b, 36b, 39b.

56 『聖祖實錄』, 540(38/24).

57 Du Halde, *General History*, IV, 352~353에 실린 Gerbillon의 편지.

58 『聖祖實錄』, 3165(236/13), 3356(251/16b). Spence, *Ts'ao Yin*, pp. 253~254.

59 『聖祖實錄』, 2002(149/19).

60 『聖祖實錄』, 2745(204/14b).

61 일반적인 특징은 『聖祖實錄』, 3409~3410(255/18b~19). 만주인의 거친 면은 『聖祖實錄』, 2479(184/5). 만주인 학자들에 대한 논의는 『聖祖實錄』, 2570~2571(191/24b~25). 강희제의 라사리(喇沙里)에 대한 과분한 칭찬과 쿠러나(庫勒納)와 커쓰타이(葛思泰)에 대한 칭찬은 『聖祖實錄』, 1681(125/21b).

말을 타고 관청으로 들어간 것은 『聖祖實錄』, 1446, (109/4b). 궁궐에서의 혼
란은 『故宮文獻』 1/3, p. 177. 사오간에 대해서는 『聖祖實錄』, 1573(117/22).
주사위 놀이는 『聖祖實錄』, 1769(131/21). 군대 내의 도박은 『聖祖實錄』,
2847(212/9~10). 만주귀족들은 『聖祖實錄』, 2527(188/6). 한탄의 과도한 음
주는 『聖祖實錄』, 2883(214/17b), 3008(224/27). 장기는 『聖祖實錄』,
1706(127/11b). 음주의 폐단은 『庭訓格言』, pp. 27~28, 92b~93b.

62 『聖祖實錄』, 3409(255/18b).

63 『聖祖實錄』, 3409(255/18b), 3782~3783(284/4b~5).

64 강희제의 『주역』 읽기에 대한 자세한 사례는 일강기거주관(日講起居注官)들이
『聖祖仁皇帝起居注』, pp. 485, 488, 491에서 기록한 예(豫)패에 대한 강희제의
탐구를 참조하라. 건패에 대한 언급은 I Ching (Wilhelm), pp. 9, 383. 건패
에 대한 강희제의 논의는 『聖祖實錄』, 1533(115/2).

65 풍패는 『聖祖實錄』, 1483(111/30b). I Ching (Wilhelm), p. 670의 쉰 다섯번
째 패에 대한 언급. 풍패의 세번째 효에 대해서는 I Ching (Wilhelm), p. 215.

66 『庭訓格言』, pp. 23b, 33.

67 첸의 사건은 『聖祖實錄』, 2206(163/24b). 잡담은 『庭訓格言』, p. 33b. 환관의
수는 『聖祖實錄』, 3211(240/10). 환관의 가난은 『聖祖實錄』, 2079(154/9). 환
관과 상주문과의 관계는 『聖祖實錄』, 1530(114/28).

68 첸의 사례는 『聖祖西巡日錄』, p. 5. 『庭訓格言』, p. 38에는 하루에 400건의 공
무를 처리하는 관원의 이야기가 실려 있다.

69 『聖祖實錄』, 760(56/3).

70 하도 보수공사의 원칙은 『庭訓格言』, p. 74. 가격은 『庭訓格言』, pp. 91b~92.
승진은 『庭訓格言』, pp. 72~73b. 하도(河道)에 대한 관찰은 남순 때 행해졌는
데, Spence, Ts'ao Yin 의 4장의 지도들은 시위인 마우가 제작한 것이다. 『聖
祖實錄』, 1816(135/7b).

71 『故宮文獻』, 1/4, p. 180.

72 대조선(大鳥船)은 『聖祖實錄』, 2863(213/9). 해적들의 물자공급은 『聖祖實錄』,
3385~3386(254/2~3b). 기지를 지도에 표시하는 것은 『聖祖實錄』, 3652~
3(274/8~9). 겨울철의 해안 상륙에 대해서는 『故宮文獻』, 1/1, p. 68. 스스파
오의 특수군에 대해서는 『故宮文獻』, 1/3, p. 151. 무기는 『故宮文獻』, 1/4, pp.
94~95. 해적을 조언자로 활용하는 것은 『聖祖實錄』, 3386, (254/3b). 항복권
유자로의 활용은 『聖祖實錄』, 2896(215/20). 관군의 대리인으로 활용하는 것
은 『聖祖實錄』, 2863(213/9). 해적을 잡는 미끼는 『聖祖實錄』, 3166(236/15).

73 『聖祖實錄』, 3385~3386(254/2b~3).

74 『聖祖實錄』, 3379(253/10b). Fu Lo-shu, Documentary Chronicle, I, 118.

75 상인에 대해서는 『聖祖實錄』, 2866(213/15), 3067(229/13b). 지역의 무뢰는
『故宮文獻』, 1/3, p. 145. 상황 점검의 필요성은 『故宮文獻』, 1/3, p. 151에 실
린 강희제의 조칙 참조.

76 강희제가 행간(行間)에 '옳다'고 언급한 것은 『故宮文獻』, 1/4, p. 93과 『故宮文獻』, 1/4, p. 101.

77 『故宮文獻』, 1/3, p. 47. Sun, "Mining Labor in the Ch'ing Period," pp. 50 ~55. 정보를 돈 주고 사는 것은 『故宮文獻』, 1/3, p. 150. 폐광에 대해서는 『李光地年譜』卷2, p. 59.

78 푸젠 성은 『聖祖實錄』, 3246(243/12b). 산시(陝西) 성은 『聖祖實錄』, 2700 (201/16). 산둥 성은 『聖祖實錄』, 2741(204/6)과 『聖祖五幸江南全錄』, p. 48. 할하부는 『聖祖實錄』, 2735(203/22). 산시(山西) 성은 『聖祖西巡日錄』, p. 6. 장쑤 성은 『聖祖實錄』, 2003(148/21b), 1878(139/23b~24).

79 특정 지역에 대한 비난은 『聖祖實錄』, 2229(165/22). 출신지역에 대해서는 『聖祖實錄』, 2055(152/17b~18).

80 『聖祖實錄』, 2222(165/7b), 2818(210/8).

81 부패에 대해서는 Spence, Ts'ao Yin, pp. 241~249. 임무를 이해하지 못하는 것은 『聖祖實錄』, 1605(120/6). 모르는 것을 질문하는 것은 『聖祖實錄』, 1765~1766(131/14b~15). 암송을 주장하는 부분은 『聖祖實錄』, 2882(214/16b). 동향인을 우대하는 자는 『聖祖實錄』, 3009(224/30). 잘못된 주장은 『聖祖實錄』, 2662(198/23b~24). 과거제도의 전반적인 측면은 商衍鎏, 『淸代科擧考試述錄』참조. 과거 응시자들의 시험준비와 생활양식은 Chang Chung-li, The Chinese Gentry.〔김한식·정성일·김종건 공역, 『中國의 紳士』, 신서원, 1993〕 그리고 Ho Ping-ti, The Ladder of Success 〔조영록 외 역, 『中國科擧制度의 社會史的 研究』, 동국대출판부, 1987〕 참조.

82 응시자 구분은 『聖祖實錄』, 3425(256/22). 재산은 『聖祖實錄』, 2662(198/24). 한림원은 『聖祖實錄』, 3859(290/30b). 구두점을 못 찍는 것은 『聖祖實錄』, 『聖祖實錄』, 1706(127/11). 기인(旗人)은 『聖祖實錄』, 1682(125/23). 억양은 『聖祖實錄』, 3330(249/19).

83 거인복시에 대해서는 『顧嗣立年譜』, p. 9b. 또 『聖祖實錄』, 2642(197/8) 참조. 강희제는 어느 향시 응시자를 주목하여 그의 신분을 꼼꼼히 알아보기도 했다. 『聖祖五幸江南全錄』, p. 31. 또 다른 사례는 『錢陳羣年譜』, p. 19b. 강희제는 천천취안(錢陳羣)이 어머니의 병환 때문에 은과(恩科)에 응시하지 못하자 장식이 달린 지갑을 선물로 주었다. 『毛奇齡年譜』, p. 20은 박학(博學)과에 대해 언급하였다. 狄億, 『暢春苑御試恭紀』는 만주어 과거에 대해 언급하고 있다.

84 메이구청에 대해서는 『故宮文獻』, 1/4, pp. 78~79.(강희제가 메이구청의 할아버지인 메이원팅[梅文鼎]을 알고 있었던 것은 『李光地年譜』卷1, pp. 50b~51. 卷2, pp. 17, 18b, 25b.) 밍간투에 대해서는 『淸史列傳』卷71, p. 52b. 왕란성은 『聖祖實錄』, 3804(286/3b). 高士奇, 『蓬山密記』, p. 3. 리두눠는 Eminent Chinese of the Ch'ing Period, p. 491. 이런 방면에서 강희제의 총애를 받은 다른 사람들은 팡자오잉(房兆楹)의 『增校淸朝進士題名碑錄』, p. 245의 보충설명 참조.

85 1685년의 진사합격자는 팡자오잉(房兆楹)의『增校淸朝進士題名碑錄』, pp. 40
~41 참조.

86 천위안룽에 대해서는『淸史列傳』卷14, p.13. 그의 주접은『故宮文獻』, 2/1,
pp. 105~115. 강희제는 그의 초기 주접 중 하나에 대하여 '奏題'(공식적인 상
주문인 제본으로 올려라)고 응답(硃批)했다. 강희제가 그를 질책한 것은『故宮文
獻』, 2/1, p. 111. 후기의 주접은『故宮文獻』, 2/1, pp. 115~128에 실려 있는
데 모두 구체적이며 강희제의 주비가 거의 없다. 천은 나중에 공부상서(工部尙
書)가 되었다.

87 『故宮文獻』, 1/1, pp. 60~66. 상세한 일대기에 대해서는『國朝耆獻類徵初編』,
3567~3568(60/42~43).

88 부도통(副都統)으로 옮겼다.『聖祖實錄』, 1455(109/21).

89 『國朝耆獻類徵初編』, 3580(61/7), 창장시랑(創場侍郎)으로 옮겼다.『張伯行年
譜』卷1, pp. 27b~28에는 강희제가 1707년에 한 말이 실려 있다. 사형판결을
받은 것은『聖祖實錄』, 3531(265/9). 사면된 것은『聖祖實錄』, 3544(266/
11b). 이를 장보싱이 은퇴하기를 청했을 때 했던 말과 대조해 보라.『張伯行年
譜』卷2, p. 15.

90 정(丁)의 파악에 대해서는『聖祖實錄』, 3328(249/15). 1711년에 왕두자오가
논의한 것은『故宮文獻』, 1/1, pp. 63~64. 정(丁)의 성질에 대해서는 Ho
Ping-ti, *Studies on the Population of China*, pp. 24~35.〔정철웅 역,『중국
의 인구』, 책세상, 1994〕허핑티의 분석에 따르자면 강희제는 화베이(華北) 지
방에 대해서는 단위가 다양한 토지보다는 성인 남자인구인 정(丁)에 대해 관
심을 더 가졌음이 틀림없다. 청대의 전부(田賦)에 대한 대단히 명쾌한 연구는
Wang Yeh-chien(王業鍵), "The Fiscal Importance of the Land Tax
during the Ch'ing Period," 1971 참조.〔이 주제와 관련하여 Wang은 *Land
Taxation in Imperial China, 1750-1911*(Harvard Univ. P., 1973)이라는 저서
를 출판하였다.〕

91 정(丁)수를 고정하는 조치는『聖祖實錄』, 3328,(249/15~16b). 세금에 대해
서는『聖祖實錄』, 3305(248/5~6), 3355(251/13~14).『聖祖實錄』, 3483
(257/19)에 따르면 강희 52년(1713)의 人丁戶口 총수는 2,358만 7,224인데
이 해의 盛世滋生丁은 6만 455이다. 몇 년 동안 인정호구의 총수는 2,400만 정
도였다.『聖祖實錄』의 매년 12월 기록의 해당부분을 참조하라.

92 『故宮文獻』, 1/3, p. 179.

93 『聖祖實錄』, 3355(251/13~14b).

94 『聖祖實錄』, 568(40/20b). "與其多一事, 不如省一事."

95 『故宮文獻』, 2/1, p. 136.(조금 내용을 바꾼 번역은 Spence, *Ts'ao Yin*, p. 186.).
스이더에 대해서는『故宮文獻』, 1/4, p. 94. 장구천에 대해서는『故宮文獻』,
1/4, 217.

96 마르사이는『聖祖實錄』, 1635(122/5b~6).

97 『故宮文獻』, 1/4, pp. 66~67.

98 Legge, *The Chinese Classics*, I, 395~396, *Doctrine of the Mean*, XIV, 1, 3, 4. 이 중 네번째 구절을 강희제가 인용하였다.(『聖祖實錄』, 3667〔275/10b〕) 강희제가 이 구절을 칭송한 것은 『淸聖祖諭旨』, p. 21.

99 『庭訓格言』, p. 116.

100 『庭訓格言』, p. 83.

101 『李光地年譜』, 卷1, p. 45에서는 쾌(夬)괘를 뽑은 정황에 대한 설명을 담고 있다. 쾌괘는 *I Ching* (Wilhelm), pp. 168~169. 밍주의 해임은 『淸史』, p. 2569. 괘를 이렇게 풀이한 후에 밍주 파당이 해임되는 극적인 반전이 있었다. 탄핵안은 『聖祖實錄』, 1795~1796(133/17~20b).

102 나쁜 징조를 회피하지 않는 것은 『聖祖實錄』, 3230(242/4b). 징조를 있는 그대로 해석하라는 것은 『聖祖實錄』, 2077, (154/6). 일식과 월식은 『聖祖實錄』, 2413(170/1b), 2504(186/4b). 메뚜기는 『聖祖實錄』, 2196(163/4b), 2062(153/8).

103 인간의 힘이 작용하는 것은 『庭訓格言』, pp. 69b~70. 마음 먹는 것과 다가올 일에 대한 예견은 『庭訓格言』, pp. 76b~77. 주팡단(朱方旦)은 『聖祖實錄』, 1342(101/4), 1346(101/11). 강희제는 1721년에 장군 녠겅야오(年羹堯)를 맹인 뤄(羅)에게 보냈다. 『年羹堯摺』, p. 47.

104 예지에 대해서는 『聖祖實錄』, 3638(273/3b~4). 아마도 이런 예지로 인해 "폭우가 쏟아지거나 번개가 칠 때는 큰 나무 밑에 서지 마라"(『庭訓格言』, p. 19)고 할 수 있었을 것이다.

105 『주역』에 대해서는 『聖祖實錄』, 1572(117/19b). 『주역』의 심오함에 대해서는 『聖祖實錄』, 1483(111/29b).

106 『聖祖實錄』, 3225(241/13b). 근본적인 소리란 '原音'이다.

107 『庭訓格言』, pp. 3, 100. 만주문자 쓰기는 高士奇, 『蓬山密記』, pp. 1, 3. 그리고 『聖祖實錄』, 2908(216/19).

108 『聖祖實錄』, 1589~1590(119/2b~3).

3장 사고(思考)

1 『康熙帝御製文集』, p. 2428.

2 『庭訓格言』, pp. 9b~10.

3 『庭訓格言』, pp. 48b~49. 장인(匠人) 저우씨 영감은 『淸聖祖諭旨』, p. 18b. 궁정 악사 주씨는 『淸聖祖諭旨』, p. 19b.

4 『淸聖祖諭旨』, p. 17b; 『庭訓格言』, p. 47.

5 Legge, *The Chinese Classics*, IV, 346. 강희제의 시에 대한 의견은 『庭訓格言』, pp. 46b~47. 화음에 관해 길게 논의한 것은 『庭訓格言』, pp. 86b~88b.

6 『淸聖祖諭旨』, p. 16b.

7 원리에 대한 생각은 『庭訓格言』, p. 41b. 골동품에 대해서는 『庭訓格言』, p. 61.

앙투안 토마에 대해서는 『庭訓格言』, p. 68b.(Pfister, *Jesuits*, no.163 참조.) 사자에 대해서는 『庭訓格言』, pp. 88b~89, Fu Lo-shu, *Documentary Chronicle*, I, 52. 바다사자에 대해서는 d'Orléans, *Conquerors*, p. 111의 페르비스트 편지.

8 시계에 대해서는 『庭訓格言』, pp. 64b~65. 유리그릇에 대해서는 高士奇, 『蓬山密記』, p. 2.(Fu Lo-shu, *Documentary Chronicle*, I, 113에 부분 번역.) 칠기에 대해서는 『庭訓格言』, p. 63.

9 『庭訓格言』, pp. 1b~3.

10 D'Orléans, *Conquerors*, pp. 142~43의 페레이라의 편지.(토마스 페레이라에 대해서는 Pfister, *Jesuits*, no.142 참조.) 반딧불이와 맘모스에 대해서는 Fu Lo-shu, *Documentary Chronicle*, I, 133. 피 묻은 곡식에 대해서는 『聖祖實錄』, 2699(201/13).

11 사원에 대해서는 張英, 『南巡扈從紀略』, p. 18. 남순에 대해서는 Spence, *Ts'ao Yin*, 4장 참조. 우타이산에 대해서는 『聖祖實錄』, 1530(114/27b). 타이산과 자살에 대해서는 『聖祖實錄』, 1564(117/3b).

12 방문상황에 대한 요약은 『聖祖實錄』, 1575~1578(117/25~31). 또 방문상황에 대한 자세한 기록은 孔尙任, 『出山異數記』 참조.

13 孔尙任, 『出山異數記』, pp. 10~15. 인용문들은 약간씩 생략하였다. 쿵씨들의 나이에 대해서는 『出山異數記』, p. 20b. 유명한 고목(古木)에 대한 강희제의 관심에 대해서는 張英, 『南巡扈從紀略』, pp. 6b~7 참조.

14 孔尙任, 『出山異數記』, pp. 17b~21.

15 孔尙任, 『出山異數記』, pp. 22~24b; 『聖祖實錄』, 1578(117/31).

16 『聖祖實錄』, 1567(117/10). 『聖祖實錄』, 3598(270/15)에는 쑤저우(蘇州)를 방문한 날짜를 기록하지는 않았으나 아마도 선박을 건조하는 현장을 둘러본 때와 같은 시기였을 것으로 짐작된다. 황선(黃船)에 대해서는 『庭訓格言』, pp. 71b~72.

17 『庭訓格言』, p. 86. 조칙의 번역은 Fu Lo-shu, *Documentary Chronicle*, I, 35~38, 44~46, 58, 93. 페르비스트의 편지는 D'Orléans, *Conquerors*, pp. 96, 129.

18 유클리드 기하학과 여러 시간의 작업에 대해서는 *Letters édifiantes*, VII, pp. 186~89. 대포에 대해서는 『清聖祖諭旨』, p. 16b. 기계장치와 샘에 대해서는 *Flettinger MS.*, fol. 2322. 풍차는 *Flettinger MS.*, fol. 2321. 페르비스트의 기계장치 제작에 대한 요약은 Spence, *To Change China*, pp. 26~28. Bosman, Verbiest에는 상세한 내용이 담겨 있다. 인티에 대해서는 『庭訓格言』, p. 57b. *Letters édifiantes*, VIII, p. 88.

19 페레이라와 음악에 관해서는 高士奇, 『蓬山密記』, p. 3b와 Pfister, *Jesuits*, no.382. Pfister, *Jesuits*, no.384, n.1에는 페드리니가 1711년 궁정악사가 되었다고 언급하고 있다. Rosso, *Apostolic Legations*, p. 300에 따르면 페르디

니는 강희제의 셋째·열다섯째째·열여섯째 황자를 가르쳤다. 8음계와 화음에 대한 토론은『聖祖實錄』, 2076(154/3b). 강희제의 셋째아들인 인즈와 음악에 대해서는『方苞年譜』, p. 11b. 훗날에 옹정제가 된 넷째아들 인전이 음악에 조예가 깊었던 것에 대해서는『清聖祖諭旨』, p. 19b. 궁정에서 활동한 게라르디니의 작품에 대해서는 Gherardini MS. 참조. 강희제는 서양인들에게 자신의 후궁 몇몇의 초상화를 그리게 하여 이를 가오스치에게 보여주기도 했다. 高士奇,『蓬山密記』, p. 4; Fu Lo-shu, *Documentary Chronicle*, I, 113 에도 음악과 회화에 관련된 번역이 실려 있다.

20 부피와 구체에 대해서는 Letters *édifiantes*, VII, pp. 190~191. 하공과 원주 계산은『聖祖實錄』, 3271(245/9~11). 수문은『聖祖實錄』, 2076(154/4).

21 잘못의 인정은『庭訓格言』, p. 8. 피에르 자르투는 Pfister, *Jesuits*, no.260 참조. 지구의 둥근 모양은『聖祖實錄』, 241(11b~12). 일식은『聖祖實錄』, 2925(218/1b). 위도는『聖祖實錄』, 3467~3468(260/10b~11).

22 『庭訓格言』, pp. 68b~69b. 장 바티스트 레지스는 Pfister, *Jesuits*, no.236 참조. 강희제의 조치에 대해서는『聖祖實錄』, 3733~3734(283/10b~12b). 이 지도는 오류들이 분석되어 다시금 그려졌다.(Fuch, *Jesuiten-Atlas*) 구이저우 순무 류인수의 발언은『故宮文獻』, 3/1, pp. 126~27. 프리델리는 Pfister, *Jesuits*, no.274.

23 橋本敬造,「梅文鼎の曆算學」, p. 497. 梅文鼎은 *Eminent Chinese of the Ch'ing Period*, pp. 570~71. 그리고『李光地年譜』卷2, p. 17(1703년 강희제가 梅의 연구를 받아들인 것에 대해), 卷2, p. 25b(강희제가 1705년 梅의 책에 대해 토론하고 그를 칭찬한 것에 대해). 문제의 연구는 梅文鼎,『曆算疑問』이다.『曆算疑問』, 卷46, pp. 1~2에는 강희제와의 토론 내용을 수록하였고, p. 3에는 중국과 서구의 曆算 방식의 유사점과 차이점을 적어 놓았다.

24 대수학은『聖祖實錄』, 3271(245/10b). 북극의 각도는『清聖祖諭旨』, p.17. 마 방진은『清聖祖諭旨』, p.11b. Needham, *Science and Civilization*, III, 57. 河圖洛書에 대한 강희제의 경계는『庭訓格言』, p. 76.

25 원칙의 오류는『聖祖實錄』, 2925(218/1b~2). 사소한 실수는『聖祖實錄』, 3307(248/10b).

26 부베에 대해서는 Rosso, *Apostolic Legations*, pp. 305, 268 그리고 웃음은 p. 376.『康熙與羅馬節關係文書影印本』, no.14.

27 Rosso, *Apostolic Legations*, pp. 285, 287;『康熙與羅馬節關係文書影印本』, no.5 또『清聖祖諭旨』, p. 16.

28 Rouleau, "de Tournon" (Stumpf의 일기를 토대로 하고, Candela의 일기를 보충적으로 참고한 박학다식하고 매력이 넘치는 수필), pp. 285, 313, 316~317, 주12와 14.

29 Rosso, *Apostolic Legations*, p. 329;『清聖祖諭旨』, pp. 15b~16. Rouleau, "de Tournon," pp. 288~89, 292~95, 302, 309~10, 주78.

30 Rouleau, "de Tournon," pp. 313~16.

31 Rouleau, "de Tournon," pp. 315~16, 318. 또 p. 318의 주18.

32 Rouleau, "de Tournon," pp. 319~21.

33 Rosso, *Apostolic Legations*, pp. 138~45.

34 Rosso, *Apostolic Legations*, pp. 339~40(『康熙與羅馬使節關係文書影印本』, no.11)과 358(『康熙與羅馬使節關係文書影印本』, no.13).

35 Rosso, *Apostolic Legations*, pp. 340, 353(『康熙與羅馬使節關係文書影印本』, no.11과 13), 메그로가 떠난 것은 p. 366.

36 *Letters édifiantes*, IX, 398.

37 『庭訓格言』, pp. 61b~62.

38 발음에 대해서는 『庭訓格言』, p. 55. 소리(聲音)에 대해서는 『聖祖實錄』, 3225(241/13), 3804(286/3).

39 베드로회와 예수회에 대해서는 Rosso, *Apostolic Legations*, p.348(『康熙與羅馬使節關係文書影印本』, no. 13).

40 부베와 마리아니에 대해서는 Rosso, *Apostolic Legations*, pp. 237(『康熙與羅馬使節關係文書影印本』, no. 4), 368(『康熙與羅馬使節關係文書影印本』, no. 13). 포르투갈인과 프랑스인은 Rosso, *Apostolic Legations*, pp. 234~235. 악마에 대해서는 Rosso, *Apostolic Legations*, p.311(『康熙與羅馬使節關係文書影印本』, no. 7).

41 Rosso, *Apostolic Legations*, p.244(『康熙與羅馬使節關係文書影印本』, no. 4), p.368(『康熙與羅馬使節關係文書影印本』, no. 13).

42 Rouleau, "de Tournon," p. 296의 주 60; Rosso, *Apostolic Legations*, p.239(『康熙與羅馬使節關係文書影印本』, no.2). 중국을 떠나는 어려움에 대해서는 *Gherardini MS.*(편지번호6, 1701년 11월)에 그의 형제에게 보낸 글을 참조하라.

43 Rouleau, "de Tournon," pp. 268, 주7, 287, 주47. 서약서에 대해서는 Rosso, *Apostolic Legations*, pp. 171~178, 171, 주59.

44 『聖祖實錄』, 3598(270/11b); Fu Lo-shu, *Documentary Chronicle*, I, 106, 122~123.

45 Fu Lo-shu, *Documentary Chronicle*, I, 123~126; de Colonia에 대한 de Mailla의 편지에 대해서는 *Lettres édifiantes*, XIV, 86. 천마오에 대한 언급은 p. 315.

46 *Lettres édifiantes*, XIV, 129~133. 축약된 중국어 번역은 Rosso, *Apostolic Legations*, p. 321.

47 Rouleau, "de Tournon," p. 315, 주8과 p. 320.

48 Rosso, *Apostolic Legations*, p. 376(『康熙與羅馬使節關係文書影印本』, no.14). 그리스도교와 불교, 도교 신자의 모임에 대해서는 Fu Lo-shu, *Documentary Chronicle*, I, 105. 동정녀 마리아에 대한 비판은 *Lettres*

édifiantes, XIII, 381~384. 페르비스트의 논쟁에 대해서는 *Flettinger MS.*, fol. 2323v. 노아에 대해서는 Bell, *A Journey from St. Petersburg to Pekin*, p. 154. 기적에 대한 요구는 *Lettres édifiantes*, VII, 140~41.

49 『會典事例』, pp. 11735~11736(501/1~4), 11737(501/5).

50 *Flettinger MS.*, fol. 2320v. 양꽝센(楊光先)은 1660년에 중국의 그리스도교 신자가 100만이라고 과대평가하였다.(Fu Lo-shu, *Documentary Chronicle*, I, 36) 예수회 선교사들은 1694년에서 1703년 사이 베이징에서만 매년 600명의 성인남녀가 그리스도교로 개종한다고 판단하였다.(*Lettres édifiantes*, VI, 79)

51 『庭訓格言』, pp. 40, 43 ; De Groot, *Religious Persecution*, pp. 153~54 ; 『會典事例』 6838(132/4). 『聖祖實錄』, 3188(238/7b), 호색 작품에 대한 금령은 『聖祖實錄』, 1737(129/14b).

52 王曉傳, 『元明淸三代禁燬小說戲曲史料』, p. 22 ; 『會典事例』, 14867(767/3). 『聖祖實錄』, 3307(248/9). 강희제가 실수로 다이밍스와 팡(方)씨 가문을 연좌시켰다는 견해에 대해서는 *Eminent Chinese of the Ch'ing Period*, p. 701. 또 Goodrich, *The Literary Inquisition of Ch'ien-lung*, pp. 77~78.

53 戴名世, 『南山集』, pp. 419~20. 첫번째 부분은 Lucien Mao, "Tai Ming-shih," pp. 383~84에 번역되었다. 청풍(淸風)이란 맑은 바람이란 뜻인데 '청나라의 바람'이란 의미도 된다. 『聖祖實錄』, 3322(249/3), 3381(253/13).

54 황제의 책임은 『聖祖實錄』, 2078(154/7). 『송사』와 『원사』에 대해서는 『聖祖實錄』, 2930(218/11b~12). 조롱에 대한 것은 『聖祖實錄』, 2409(179/10). 숭정제의 엉뚱한 행동은 『聖祖實錄』, 3211~3212(240/10b~11). 위안에 대한 물음은 『聖祖實錄』, 3366(252/7). 장평거에 대한 물음은 『聖祖實錄』, 3397(254/26b). 장셴중의 양자들은 『聖祖實錄』, 3398(254/27).

55 샹위에 대해서는 『聖祖實錄』, 3645(273/18). 명의 당쟁은 『聖祖實錄』, 2078~2079(154/8~9).

56 『聖祖實錄』, 2846(212/7), 3211(240/9), 3397(254/26b), 3454(259/7b). 왕의 자결은 『聖祖實錄』, 2846(212/7b).

57 『聖祖實錄』, 1484(111/32). 비공식적인 역사서에 대해서는 『聖祖實錄』, 3645(273/18). 자료가 너무 많은 것은 『聖祖實錄』, 1505(113/6), 1484(111/32b). 왜곡은 『聖祖實錄』, 1948(144/15).

58 편견은 『聖祖實錄』, 1484(111/32b). 초고의 검토는 『聖祖實錄』, 2077~2078(154/6b~7), 1530(114/28).

59 자존심 강한 한림원 학자들은 『聖祖實錄』, 1505(113/6b). 강희제의 독서에 관해서는 『聖祖實錄』, 1625(121/18), 1957(145/9), 2029(150/17b~18). 당 태종은 『聖祖實錄』, 995(73/21b).

60 『聖祖實錄』, 1746(130/4).

61 홍무제는 『聖祖實錄』, 2409(179/10). 선덕제는 『聖祖實錄』, 2077(154/ 6b).

숭정제에게 망국지군(亡國之君)이라는 오명을 씌워서는 안된다는 점은『聖祖實錄』, 3944(297/8).

62 『聖祖實錄』, 1718(128/3b), 1746(130/4).

63 『聖祖實錄』, 2865(213/13).

4장 장수(長壽)

1 『康熙帝御製文集』, p.2468.

2 익원산(益元散)은 高士奇, 『塞北小鈔』, p. 1. 증상은 高士奇, 『塞北小鈔』, pp. 4b, 6, 9. 익원산의 처방은 張璐, 『醫通』, 卷16, p. 96b. 약과 식물의 이름은 Bretschneider, *Botanicon Sinicum*과 Wallnöfer, *Chinese Folk Medicine* 그리고『中國醫學大辭典』을 참고하였다.

3 『王隲年譜』, pp. 40b〜41. 처방전은 鈕琇, 『觚賸續編』, p. 6437. 이 자료에 따르면 왕즈는 췌선환 덕분에 40여 년 동안 남녀 68명의 연인들과 즐길 정력을 가질 수 있었다고 주장했다. 張璐, 『醫通』, 卷14, p. 113.

4 『魏象樞年譜』, p. 63. 육군자탕은『中國醫學大辭典』, p. 433과 張璐, 『醫通』, 卷16, p. 53b 에 분석되어 있다.

5 『故宮文獻』, 1/4, pp. 192〜95. 여기에 실린 구체적인 내용들은 의학연구에 귀중한 자료들을 구성할 정도로 풍부하다.

6 『清聖祖諭旨』, pp. 20b〜21.

7 『庭訓格言』, pp. 56, 98〜99;『聖祖實錄』, 586(42/8), 3281(246/2b).

8 『聖祖實錄』, 3076(230/7);『故宮文獻』1/2, p. 195;『庭訓格言』, pp. 3b, 56b 〜57.

9 오리고기와 생선은『清聖祖諭旨』, p. 22. 닭고기·돼지고기·양고기를 굽지 않는 것이 궁정의 일반적인 요리법이라는 점은 Bell, *A Journey from St. Petersburg to Pekin*, p.136. 『查愼行年譜』, pp. 14b〜15. 양의 경우는 徐秉義, 『恭迎大駕紀』, p. 2; 董文驥, 『恩賜御書紀』, p. 1b. 노자에 관해서는 『庭訓格言』, pp. 14b〜15. 자신에게 적당한 음식의 선택은『庭訓格言』, p. 48.

10 『庭訓格言』, pp. 35b, 37b.

11 『庭訓格言』, pp. 62b〜63.

12 『王隲年譜』, p. 28.

13 『庭訓格言』, pp. 97b〜98.

14 『會典事例』, 18117〜18118(1005/3b〜6). 궁궐의 안과의 민티젠은『故宮文獻』, 1/4, p.118. 조선 왕의 눈병을 치료한 특수한 약은『聖祖實錄』, 3651(274/5); 관료들에게 약을 준 것에 대해서는 576(41/12).

15 『會典事例』, 18119〜18120(1105/7b〜8).

16 Spence, *Ts'ao Yin*, p. 260.

17 중국인 의원들에 대해서는 高士奇, 『塞北小鈔』, pp. 1, 6b, 9. 서양인 의사와 약제사, 1700년부터 1703까지 봉사했던 수사 Frapperie에 대해서는 PRO,

SP9/239의 주 12, 13에 인용된 편지를 참조. 또 Pfister, *Jesuits*, pp. 555～557(Rhodes), 476(Baudino), 622(Viera), 563(Frapperie) 참조.

18 陳康祺, 『郎潛紀聞三筆』, 卷4, pp. 13b～14b. 부상 부위에 대한 강희제의 호기심을 잘 보여주는 또 다른 사례는 高士奇, 『松亭行紀』, p. 28b. 그들은 몸에 전쟁터에서 입은 스물네 곳의 상처를 몸에 지닌 몽골인 전사를 살펴보았다.

19 서양의 sonchus asper에 해당하는 조르하이에 대해서는 『庭訓格言』, pp. 56. 차성에 대해서는 汪灝, 『隨鑾紀恩』, pp. 288, 3. 지혈은 『淸聖祖諭旨』, p. 11. 감기를 막는 것은 『聖祖實錄』, 2825(210/21b). 엥게는 『庭訓格言』, p. 17b. 통관산과 구합향은 『淸聖祖諭旨』, p. 20b.

20 『庭訓格言』, pp. 98b～99. 『聖祖實錄』, 3076(230/7).

21 『聖祖實錄』, 1613～1614(120/22b～23). 『黃帝內經』의 상당부분은 번역되었다.(Veith, *Huang-ti neiching*)

22 돈을 밝히는 것은 『庭訓格言』, p. 98. 엉뚱한 문진은 『淸聖祖諭旨』, p. 20b. 가까스로 생계를 유지하는 것은 『聖祖實錄』, 3341(250/18b).

23 이 문단은 모두 『淸聖祖諭旨』, pp. 19b～20에 따라 서술하였다. 오장은 심장·폐·간장·신장·위장이다.

24 『庭訓格言』, pp. 85～86. 세와 왕에 대한 상세한 언급이 『淸聖祖諭旨』, pp. 21～22. 책을 팽개친 것은 『聖祖實錄』, 1881(139/30)

25 De Harlez, *Religion Nationale*, pp. 116～117.

26 『庭訓格言』, pp. 44, 84b～85.

27 몸과 마음에 대해서는 『庭訓格言』, p. 3b. 따뜻한 옷은 『庭訓格言』, p. 68. 집에서 난로불만 쬐지 말라는 것은 『庭訓格言』, pp. 74b～75. 모자 귀마개는 『庭訓格言』, p. 75. 더위를 참는 것은 『庭訓格言』, pp. 3b～4. 스스로 시원해지는 것은 『庭訓格言』, p. 4. 금기사항을 지키는 것은 『庭訓格言』, p. 70. 나쁜 냄새는 『淸聖祖諭旨』, p. 14b. 오물을 피하는 것은 『庭訓格言』, p. 9. 병적으로 청결에 집착하지 말 것은 『庭訓格言』, p. 70b.

28 『庭訓格言』, pp. 65b～66.

29 금기에 대해서는 『庭訓格言』, p. 89b. 고통에 대해서는 『庭訓格言』, p. 67. 도움에 대해서는 『聖祖實錄』, 3667(275/10b). 발이 부은 것과 의자 사용은 『聖祖實錄』, 3679(276/5). 제례의식에서 부축받은 일은 『聖祖實錄』, 3313(248/22b). 젊은이들은 『庭訓格言』, p. 90. 조용히 고통을 참는 것은 『庭訓格言』, pp. 67b～68.

30 기도는 『聖祖實錄』, 1775(132/1b). 강희제가 우타이산을 답사한 것은 『聖祖實錄』, 1430(107/19). 편지에서 풍경을 묘사한 것은 『淸聖祖諭旨』, p. 1. 높은 곳을 쳐다보지 못하는 것은 『庭訓格言』, p. 49b. 할머니의 마지막 말은 『聖祖實錄』, 1494(112/15～16), 강희22년 9월 23～24일(환관 자오서우바오(趙守寶)는 『康熙帝御製文集』, p. 260). 강희제와 동행한 사람은 강희제의 할머니가 아니라 효혜(孝惠) 태후라고 『會典事例』, 9261(311/16b)에 기록되어 있으나 이는 『會

典事例』에서 드물게 나타나는 오류이다. 『聖祖實錄』, 1491(112/10b)을 비롯한 다른 문헌들은 모두 강희제의 할머니라는 점을 명백히 하고 있다. 『庭訓格言』, pp. 13~14도 참조하라.

31 『聖祖實錄』, 1776(132/4) 그리고 『庭訓格言』, pp. 83b-84b.

32 『淸聖祖諭旨』, p. 10b. 1701년 10월 8일 제르비용이 베이징에 있는 Le Gobien에게 보낸 편지(PRO, SP9/239, no.13에 수록)에 샤를 돌제(Charles Dolzé) 이야기가 나온다. 강희제는 게라르디니와 두 명의 중국인 관료, 그 밖의 다른 시중드는 자들로 하여금 돌제를 수행하게 하였다. 강희제는 또 베이징의 부베와 벨빌(Belleville)을 오게 해서 돌제를 돌보게 했다.(이 사실을 담은 자료는 Pfister, *Jesuits*, no.230의 돌제 일대기에 덧붙여져 있는 귀중한 것이다. 이는 또 Pfister, *Jesuits*, no.237의 수도사 Charles de Belleville 항목에도 씌어 있다.) 바린 숙혜 공주에 대해서는 『聖祖實錄』, 2640(197/4b) 참조.

33 숙혜 공주에게 선물을 준 일은 『康熙帝御製文集』, p. 135. 숙혜 공주가 기뻐한 것에 대해서는 『庭訓格言』, p. 100b. 황태후는 Spence, *Ts'ao Yin*, p.147. 할머니에 대해서는 『康熙帝御製文集』, p. 264와 『聖祖實錄』, 2701(201/18b). 인렁은 *Flettinger MS.*, fol. 2319v. 송고투에 대해서는 Du Halde, *General History*, IV, 224에 실린 제르비용의 편지 참조. 훗날 강희제는 송고투에게 준 선물을 되돌려 받고 싶다고 말했다.

34 『彭定求年譜』, p. 18; 『庭訓格言』, p. 20b; 『淸聖祖諭旨』, p. 14b.

35 강희제의 조칙이 『故宮文獻』, 1/3, p. 180에 수록되어 있다. 혼돈의 단계에 대한 논의는 『庭訓格言』, pp. 11b~12b 그리고 Veith, *Huang-ti neiching*, pp. 99~100. 강희제가 이 책을 독파한 사실은 『聖祖實錄』, 1613~1614(120/22b ~23).

36 『聖祖實錄』, 3858(290/12b~13).(강희제는 어렸을 때 천연두에 걸리지 않았으므로 자금성 밖에서 유모와 함께 살도록 내보내졌다. 그래서 어렸을 때 부모 슬하에서 하루도 지내지 못했다고 했다.) 순치제의 장례식은 『會典事例』, 11103~11104(456/12~14). 만주인들의 관습은 De Harlez, *Religion Nationale*, p. 48. 어머니에 대해서는 『淸皇室四譜』, p. 48. 황족들의 장례절차는 『會典事例』, 11111~11113(456/27b~32). 요약은 『聖祖實錄』, 159(9/14b). 화장(火葬)에 대해서는 *Eminent Chinese of the Ch'ing Period*, pp. 302, 258.

37 샤오링을 가보지 못하게 한 것은 『聖祖實錄』, 155(9/5), 158(9/14b). 능 주변 지역은 De Groot, *The Religious System of China*, III (Book 1), 1290. 다른 후궁들의 무덤은 『會典事例』, 10806(432/16b). 지관(地官)들의 이름은 『聖祖實錄』, 230(14/28). 그들의 이름이 보이는 이 상주문은 Fu Lo-shu, *Documentary Chronicle*, I, 37~38에 번역되어 있다. 능 주변의 생명력은 De Groot, *The Religious System of China*, III(Book 1), 1284~1285. 능의 명칭과 유지보수에 대해서는 『會典事例』, 16564~16599(943/2~12), 16585(945/6).

지은이 주
295

38 『馮溥年譜』, p. 17b. 『聖祖實錄』, 3225(241/13b), 3287(246/14b).

39 대학사는 『聖祖實錄』, 2173~2174(161/10b~11). 『黃宗義年譜』, 卷2, p. 12. (황쭝시는 저명한 학자로서 멸망한 명에 충절을 지키느라 청의 벼슬을 거부했다. 그의 일대기는 *Eminent Chinese of the Ch'ing Period*, pp. 351~54. 스랑은 『聖祖實錄』, 1832(136/11b). 『馮溥年譜』, pp. 15b~16, 19, 20b.

40 관대함은 『聖祖實錄』, 1832(136/11b~12). 거동하는 것은 『聖祖實錄』, 1653(123/14). 쌀죽은 『聖祖實錄』, 2169(161/1b). 탄핵하지 않는 것은 『聖祖實錄』, 2927(218/5). 관료를 구분하는 것은 『聖祖實錄』, 2737(203/26b)(『聖祖實錄』, 2732(203/16)에 따르면 비록 강희제는 장펑거가 하도총독(河道總督)으로 재임하면서 정력적으로 감찰한 것을 칭찬했지만), 기후의 다름은 『故宮文獻』, 1/4, p. 97.

41 『聖祖實錄』, 1707(127/14), 1769(131/22b), 1843(137/6b). 진푸는 『聖祖實錄』, 2121(157/13). 리빙은 2671(199/5). 게으름은 『聖祖實錄』, 3031(227/2). 자리를 옮기는 것은 『聖祖實錄』, 2992(223/15), 2671(199/6).

42 관료는 늙으면 마음대로 은퇴할 수 있으나 황제는 그렇지 못하다는 것은 『聖祖實錄』, 3618~3619(271/24b~25). 이 지적은 이 책 6장 상유(上諭)의 한부분을 생각나게 할 만큼 어조가 비슷하다. 괘의 번역은 Wilhelm, *I Ching*, pp. 49, 447. 두 괘 모두 『聖祖實錄』, 3667(275/10b)에 이름이 언급되어 있다.

43 『聖祖實錄』, 3032(227/3b~4)은 이전의 문장에 비해 명확함이 떨어지는 언어가 사용된 한 사례이다. 『康熙帝御製文集』, p.1516 도 참조.

44 더위는 『庭訓格言』, p. 43b. 시력 감퇴는 『聖祖實錄』, 1896(140/23b). 쑥뜸 치료는 『庭訓格言』, p. 99b와 『聖祖實錄』, 2278(169/15). 현기증은 『聖祖實錄』, 3099(232/2). 수척해지고 쇠약해진 것은 『聖祖實錄』, 3166(236/16)와 3175(237/5). 체왕 아라프탄의 반란은 『聖祖實錄』, 3639(273/5b). 목이 쉰 것은 『聖祖實錄』, 3663(275/1b~2).

45 알란타이와 이창가는 『聖祖實錄』, 2563(191/10b). 젊은 장경들의 기억력이 좋지 못한 것은 『聖祖實錄』, 3087(231/6b). 어터러후는 『聖祖實錄』, 3644(273/15). 현기증은 『聖祖實錄』, 3661(274/25b). 책의 내용을 잊어버리는 것은 『聖祖實錄』, 3340(250/16b). 내용의 일부만 기억하는 것은 2911(217/1b~2). 마치에게 한 말은 『聖祖實錄』, 3644(273/15).

46 『庭訓格言』, pp. 113b~114.

5장 황자들

1 『康熙帝御製文集』, pp. 546~47. 당시 황태자 인렁은 열 살이었다.

2 출생과 나이, 칭호들은 모두 『淸皇室世譜』에서 따왔다. 칭호는 다음과 같이 영어로 옮겼다. 황후(皇后)는 empress, 귀비(貴妃)는 imperial consort, 비(妃)는 consort, 빈(嬪)과 귀인(貴人)은 concubine, 궁인(宮人)은 palace attendant이다. 많은 후궁들의 가문에 대한 추가 정보는 『淸列朝后妃傳稿』에서

얻었다. 영비(榮妃)는 1727년까지 살았다. 네번째 황자 인전은 훗날의 옹정제
이다. 그가 제위에 오르고 나서야 친어머니 덕빈(德嬪)이 황후 칭호를 받았다.
귀비(貴妃) 퉁기야씨는 1689년 죽기 하루 전에 효의(孝懿) 황후의 칭호를 받
았다.『聖祖實錄』, 1908(141/16b) 참조.『聖祖實錄』, 3697(277/17b)에 따르면
강희제의 마지막 자녀는 이름이 기록되지 않은 후궁이 낳은 아들이었는데 이
아이는 태어난 날 죽었다.

3 자식들에 대한 훈계는『庭訓格言』, p. 59. 지껄이는 것은『庭訓格言』, p. 29. 화
  내는 것은『庭訓格言』, p. 29b. 욕망은『庭訓格言』, p. 22. 후궁의 수를 제한하
  는 것, 싸움, 성생활 등은『庭訓格言』, p. 96. 궁궐의 여인들은『庭訓格言』,
  p.89b. 낡은 모피깔개는『庭訓格言』, p. 65. 모피 외투는『庭訓格言』, p. 14b.
  경의 족제비가죽 옷은『庭訓格言』, p. 48. 생일은『庭訓格言』, p. 1.

4 『庭訓格言』, p. 9b. 아마 이 사람은 아수모얼건일 것이다.(1장 참조) 이 구절은
  Doctrine of the Mean XIV, 5 (Legge, *Chinese Classics*, I, 396) 를 흉내낸
  것이다.

5 『庭訓格言』, pp. 104~05. 1683년 비록 강희제가 이후로는 새해를 기념하는
  잔치상은 만주요리가 아닌 중국요리여야 한다고 명령했지만, 넓은 공간은『聖
  祖實錄』, 1513(113/21b),『庭訓格言』, p. 57.

6 『庭訓格言』, pp. 114, 101b. 이 역시 *Doctrine of the Mean*을 인용한 것이다.

7 『庭訓格言』, pp. 109b, 113. 이 구절은 *Doctrine of the Mean* XX, 9(Legge,
  Chinese Classics, I, 407) 를 흉내낸 것이다.

8 『庭訓格言』, pp. 23, 71.

9 『聖祖實錄』, 3152~3153(235/24b~25), 3345(250/26b).

10 인렁을 몸소 키운 것은『聖祖實錄』, 796(58/19b). 천연두는『康熙帝御製文集』
  I, p. 150. 간호사처럼 돌본 것은『聖祖實錄』, 3133(234/13). 글읽기를 가르친
  것은『聖祖實錄』, 3132(234/11). 스승 탕빈과 의논한 것은 *Eminent Chinese
  of the Ch'ing Period*, p. 710.『翁叔元年譜』, pp. 33b~34. 그림그리는 것은
  韓菼,『有懷堂文稿』, 卷22, p. 23. 정사를 돌보는 원리를 배운 것은『聖祖實錄』,
  3130(234/8b). 정사를 대신 돌본 것은 *Eminent Chinese of the Ch'ing
  Period*, p. 924.

11 인렁의 요리사는『聖祖實錄』, 2493(185/9). 셋째아들은『聖祖實錄』,
  2613(195/2b). 맏아들은『聖祖實錄』, 1995~1996(148/6b~7). 넷째아들은
  『聖祖實錄』, 3152~3153(235/24b~25).

12 『聖祖實錄』, 3128(234/3). 황태자가 몸부림친 것은 Wu, *Communition and
  Imperial Control*의 관련 부분 특히 pp. 52~65 참조. 우 교수는 제위계승에
  관한 상당한 분량의 연구를 완성하였다.

13 『聖祖實錄』, 2816(210/3), 2849(212/13b~14), 2850~2851(212/16~17).
  송고투가 처형된 정확한 날짜는 알려져 있지 않다. 그러나『聖祖實錄』,
  3136(234/19b)에는 강희제가 그를 '置於死'했다고 적혀 있다.

14 『聖祖實錄』, 3127~3128(234/2~4). 실제로 인링이 어머니를 죽인 것은 아니다. 강희제는 다만 인링을 출산하다가 사망한 것을 지적한 것이다.

15 강희제의 조칙은 『故宮文獻』, 1/1, p. 78에 그대로 복사되어 있다. 왕의 보고는 『故宮文獻』, 1/1, pp. 96~100에 실려 있다. 1707년의 순행에 대해서는 『故宮文獻』, 46/4, pp. 18~19와 『聖祖實錄』, 3066(229/12) 참조. 당시 동행한 아들은 인링과 첫째·열셋째·열넷째·열여섯째였다(『聖祖實錄』, 3048[228/4b]).

16 『聖祖實錄』, 3125(233/26b).

17 『聖祖實錄』, 3126(233/27). 사에키 도미(佐伯富)의 논문 「淸代の侍衛につい て」를 제외하면 청대 시위의 역할에 대한 연구는 거의 이뤄지지 않고 있다.

18 『聖祖實錄』, 3127~3128(234/2~3). 송고투의 아들 여섯 명의 이름은 『聖祖實錄』, 3129(234/5). 이들은 그 다음날 죽었다(『聖祖實錄』, 3129[234/6]).

19 『聖祖實錄』, 3130(234/7).

20 『聖祖實錄』, 3129(234/6b).

21 강희제는 이런 증상에 대해 두 건의 조서에서 논의하였다. 『聖祖實錄』, 3131(234/9b~10), 3132(234/11b). 鬼物은 demon, 邪魅는 evil spirit, 狂易은 mad로 번역하였다.

22 요사스런 물건들은 『聖祖實錄』, 3146(235/12). 꿈속의 요괴는 『聖祖實錄』, 3149(235/17). 할머니에 대한 꿈은 『聖祖實錄』, 3151(235/21b).

23 『聖祖實錄』, 3149(235/17), 3151(235/22).

24 『聖祖實錄』, 3128~3129(234/4b~5), 3136(234/20b), 3137(234/22b).

25 『聖祖實錄』, 3138(234/24b), 3143(235/5b).

26 『聖祖實錄』, 3138(234/24). 강희제가 칼을 쥐고 아홉째 열넷째 아들들에게 달려가다 다섯째아들의 만류로 멈춘 것은 아마도 『聖祖實錄』에 소개된 가장 생생한 에피소드일 것이다.

27 『聖祖實錄』, 3144(235/8b), 3145(235/9). 강희제는 1714년에 인쓰를 비난할 때도 거의 같은 말을 사용하였다. 『聖祖實錄』, 3479(261/9b).

28 『聖祖實錄』, 3149~3152(235/17~23). 인쓰의 어머니는 포의(包衣) 집안 출신이다. 강희제가 환관인 량(梁)을 신뢰했던 증거는 『淸聖祖諭旨』, p. 21. 리위에 대해서는 『故宮文獻』, 1/1, p. 96과 Rosso, *Apostolic Legations*, p. 235.

29 『聖祖實錄』, 3154(235/27~28b).

30 장시간에 걸친 열띤 심문은 『聖祖實錄』, 3160~3162(236/4b~7). 마치의 분노는 『聖祖實錄』, 3163(236/9b). 춘타이의 심문은 『聖祖實錄』, 3163(236/10b). 마치에 대한 용서 『聖祖實錄』, 3164(236/11). 인링의 복위는 『聖祖實錄』, 3165(236/13). 순행 도중 내린 눈은 『聖祖實錄』, 3168(236/19b, 20b). 복위의례는 『聖祖實錄』, 3174(237/4).

31 모든 대화는 『聖祖實錄』, 3310~3311(248/15~18b). 파당에 대한 체포와 처벌은 『聖祖實錄』, 3311(248/18b), 3323(249/5b), 3335(250/5b), 3337(250/10b).

32 『聖祖實錄』, 3335(250/6b), 3352~3353(251/7b, 9b). 인렁의 행동에 대한 강희제의 네번에 걸친 논의는 『淸聖祖諭旨』, p.10 참조.

33 『聖祖實錄』, 3311(248/18).

34 『聖祖實錄』, 3353~3354(251/10b~12). 인렁의 폐위를 전국에 공포하는 상유는 『聖祖實錄』, 3369(252/14).

35 『聖祖實錄』, 3478~3479(261/8b~9b). 묘한 에피소드가 『聖祖實錄』, 3586~3587(269/20~21)에 실려 있다. 인쓰가 창춘위안 길 옆의 정원에서 심하게 병이 들자 강희제는 자신이 다니는 길이 막힐까 봐 다른 아들들에게 인쓰를 집으로 옮겨야 하는지를 의논하게 했다. 그러자 아들들은 (여덟째아들 인탕이 격렬하게 반대한 것을 제외하면) 인쓰를 집으로 옮겨야 한다고 아뢰었다. 인쓰에 대한 강희제의 또 다른 언급은 『聖祖實錄』, 3586(269/20), 3592(270/3), 3610(271/8b).

36 즐거움을 추구하는 것은 『庭訓格言』, pp. 21b~22. 식사 후에 대해서는 『庭訓格言』, pp. 75b. 남의 눈을 바라보는 것은 『庭訓格言』, pp. 40b~41(맹자의 말을 인용한 것). 주변을 두리번거리지 말라는 것은 『庭訓格言』, p. 41. 도덕의 원칙을 발견하는 것은 『庭訓格言』, p. 115. 경(敬)에 대해서는 『庭訓格言』, p. 2.

37 『庭訓格言』, pp. 2b, 23b~24, 32b.

38 자오선차오는 『聖祖實錄』, 3378(253/8). 왕산은 『文獻叢編』, pp. 106~107; 『聖祖實錄』, 3672(275/20); Eminent Chinese of the Ch'ing Period, p. 830. 주톈바오의 상주문은 『聖祖實錄』, 3691~3693(277/6, 6b, 10, 10b)에 인용된 강희제의 말을 통해서 부분적으로 내용을 복원할 수 있다.

39 『聖祖實錄』, 3541(266/5).

40 『聖祖實錄』, 3691(277/6b), 3693(277/10).

41 『聖祖實錄』, 3694(277/11), 3703(277/30b). 나머지 파당에 대한 처벌은 『聖祖實錄』, 3692~3704(277/8~31)을 참조하라.

42 『庭訓格言』, p. 115b.

43 『庭訓格言』, p. 59.

6장 상유(上諭)

1 상유(上諭) 전체가 『聖祖實錄』, 3665~3669(275/5~13)에 실려 있다.

2 태조와 태종은 강희제의 만주족 조상인 누르하치와 아바하이이다.

3 오복(五福)의 번역은 Legge, Chinese Classics, p. 343에 따랐다.

4 돈(遯)괘는 서른세번째 괘이다.

5 열한번째, 열두번째 괘인 태(泰)괘와 비(否)괘이다.

6 이 사례에서 언급된 황제들은 의문사하거나 비참하게 죽었다. 이 에피소드들은 모두 전통적인 왕조사에서 논의된 바 있다.

부록1 열일곱 통의 편지

1 이 편지들은 모두『淸聖祖諭旨』, pp. 35∼39(또는 원본으로는 pp. 2∼9)에 실려 있다.『掌故叢編』의 편집자는 편지가 작성된 날짜를 혼동하였다. 편집자는 한 번의 북변 순행에서 이 편지들이 모두 씌어졌다고 생각했다. 그래서 편지 순서를 뒤범벅으로 만들어 인쇄하였다.[실제로는 다른 시기에 작성된 두 개의 편지 시리즈가 있다는 의미임—옮긴이.]『淸聖祖諭旨』에 실린 편지에 일련번호를 부여한다면 1697년 봄에 태감 구원싱에게 보낸 열일곱통에 달하는 편지의 올바른 순서는 다음과 같다. 4, 5, 6, 7, 8, 9, 10, 14, 15, 16, 17, 18, 19, 33, 20, 23, 26. 그 밖의 편지들은 1696년의 갈단 원정을 언급한 것이다.

부록2 유조(遺詔)

1 유조(遺詔) 전문은『聖祖實錄』, 3980∼3982(300/7∼11)에 실려 있다.

참고문헌

중국어

『康熙與羅馬使節關係文書影印本』, 陳垣 編, 北平: 故宮博物院, 1932.(이 문서들의 사본이 『文獻叢編』(臺北: 國風出版社, 1964[영인]), pp. 168~175에도 있다.)

『康熙帝御製文集』, 全4卷, 臺灣: 學生書局, 1966(영인).

『故宮文獻』, 타이완 고궁박물원은 1969년 12월에 이 잡지의 1권 1호를 발간한 이후 계속 발간하고 있다. 1971년 3권 1호에는 강희연간의 주접을 촬영한 사진이 실려 있다.

高士奇. 『扈從西巡日錄』, 『小方壺齋輿地叢鈔』, 冊4, pp. 263~64.

──. 『蓬山密記』, 『古學彙刊』, 鄧實 編. 1集, 12, 上海: 國粹學報社, 1912.

──. 『塞北小鈔』, 『昭代叢書』, 道光版, 丙集, 卷12, pp. 1~19.

──. 『松亭行紀』, 『昭代叢書』, 道光版, 丙集, 卷10, pp. 1~33.

顧嗣立. 『顧閭邱自訂年譜』, 『丙子叢編』, 1936년판.

孔尙任. 『出山異數記』, 『昭代叢書』, 乙集, 卷18.

郭琇. 『華野郭公年譜』, 『郭華野疏稿』, 1895년판.

『國朝耆獻類徵初編』. 全25卷, 臺北: 文海出版社, 1966(영인).

鈕琇. 『觚賸續編』, 『筆記小說大觀續編』, 臺北, 1962(영인). Vol 25, p. 6437.

戴名世. 『南山集』, 2 vols. 臺北: 華文書局, 1970(영인).

『大淸聖祖仁皇帝實錄』, 6 vols, 臺北: 華文書局, 1964(영인).

董文驥. 『恩賜御書紀』, 『昭代叢書』, 乙集, 卷15.

梅文鼎. 『曆學疑問』, 『梅氏叢書輯要』. 8 vols. 臺北: 藝文印書館, 1971(영인). 卷46-8.

毛奇齡. 『毛西河先生傳』, 『西河合集』, 1720년판.

房兆楹·杜聯喆. 『增校淸朝進士題名碑錄』, Harvard-Yenching Institute
　　　Sinological Index ser., Supplement no.19. 臺北: 成文, 1966(영인).

方苞. 『望溪先生年譜』, 『方望溪全集』(四部叢刊 판).

查愼行(陳敬璋 編). 『查他山年譜』, 『嘉業堂叢書』, 1918.

商衍鎏. 『淸代科學考試述錄』, 北京, 1958.

徐秉義. 『恭迎大駕紀』, 『昭代叢書』, 乙集, 卷16.

『聖祖西巡日錄』, 羅振玉 校, 『史料叢編』. 滿洲, 1933.

『聖祖五幸江南全錄』, 필자 불명, 『振綺堂叢書』, 1집.

『聖祖仁皇帝起居注』, 『史料叢刊』, pp. 335~578, 臺北: 文海出版社, 1964(영
　　　인).

『聖祖親征朔漠日錄』, 羅振玉 校, 『史料叢編』, 滿洲, 1933.

『年羹堯摺』, 『掌故叢編』, pp. 186~225, 臺北: 國風出版社, 1964(영인).

翁叔元. 『翁鐵庵自訂年譜』, 『文獻叢編』. 2 vols, 臺北: 國風出版社, 1964(영
　　　인).

王隲. 『王大司農年譜』, 『義圃傳家集』, 康熙版.

汪灝. 『隨鑾紀恩』, 『小方壺齋輿地叢鈔』, 冊4, pp. 286~99.

王曉傳. 『元明淸三代禁燬小說戲曲史料』, 北京: 作家出版社, 1958.

袁良義. 「論康熙的歷史地位」『北京大學學報』, 1962年 2期, pp. 232~57.

魏象樞. 『魏敏果公年譜』, 『寒松集』, 1810년판.

劉大年. 「論康熙」, 『歷史硏究』, 1961年 3期, pp. 5~21.

陸隴其. 『陸侍御年譜』, 乾隆版.

李光地. 『李文貞公年譜』, 『榕村全書』, 1829년판.

張璐. 『醫通』, 16卷. 이 책은 1705년 이전에 완성되었으며, 발행지와 발행년도
　　　불명의 『張氏醫書』에 수록되었다. 여기에는 1709년에 쓰인 주이쭌(朱彝
　　　尊)의 서문이 실려 있다.

張伯行. 『張淸恪公年譜』, 『正誼堂集』, 1739.

張英. 『南巡扈從紀略』, 『昭代叢書』, 丁集, 卷7.

狄億. 『暢春苑御試恭紀』, 『昭代叢書』, 乙集, 卷17.

田雯. 『蒙齋自訂年譜』, 『古歡堂集』, 출판연도 불명.

錢陳羣. 『錢文端公年譜』, 『香樹齋全集』, 1894년판.

『庭訓格言』. 출판연도 불명. 1730년에 쓴 옹정제의 서문이 실려 있다.

『朱三太子案』, 『史料旬刊』, pp. 20~22. 臺北: 國風出版社, 1963.

『朱三太子案』,『史料旬刊』, pp. 20~22. 臺北: 國風出版社, 1963.

『中國醫學大辭典』, 謝觀 編, 全4卷, 上海: 商務印書館, 1955.

陳康祺,『郎潛紀聞三筆』, 1883년판.

『清代一統地圖』(초판, 1760), 臺北: 國防研究院, 1966(영인).

『清史』, 全8卷, 臺北: 國防研究院, 1961.

『清史列傳』, 全10卷, 臺北: 中華書局, 1962(영인).

『清聖祖諭旨』,『掌故叢編』, 臺北: 國風出版社, 1964(영인), pp. 35~45. 이
영인본은 번각한 문헌에 원본의 한자 쪽수를 표시했다. 나는 세부 구절을
좀더 쉽게 확인할 수 있도록 원본 쪽수에 따라 인용했다.

『清列朝后妃傳稿』, 張采田 撰, 2卷, 1929.

『清皇室世譜』, 唐邦治 輯, 臺灣: 文海出版社, 近代中國史料叢刊 71(1966).

『八旗通志(初集)』, 40冊, 臺北: 學生書局, 1968(영인).

彭定求,『南畇老人自訂年譜』,『南畇文稿』, 1880년판.

馮溥,『易齋馮公年譜』, 毛奇齡 撰,『西河合集』, 1720년판.

韓菼,『有懷堂文稿』, 발행지 불명, 1703.

黃宗羲,『黃梨洲先生年譜』,『黃梨洲遺書』, 1873년판.

『(欽定大淸)會典事例』, 全19卷, 臺北: 奇文出版社, 1963(영인).

일본어

Bouvet, Joachim. 後藤末雄 譯.『康熙帝傳』. 東京, 1941.

間野潛龍.『康熙帝』, 東京, 1967.

橋本敬造.「梅文鼎の曆算學—康熙年間の天文曆算學」,『東方學報』, XLI
(1970.3), pp. 491~518.

西本白川,『康熙大帝』, 東京: 大東出版社, 1925.

小野勝年.「康熙六旬萬壽盛典について」『田村博士頌壽東洋史論叢』, 京都,
1968.

神田信夫.「平西王吳三桂の研究」,『明治大學文學部研究報告: 東洋史』, 東京:
明治大學, 1952.

長與善郎.「大帝康熙」,『支那統治の要道』, 東京: 岩波書店, 1938.

田川大吉郎.『聖祖康熙帝』, 東京: 敎文館, 1944.

佐伯富.「淸代の侍衛について: 君主獨裁權硏究の一齣」『東洋史硏究』, 27:
2(1968), pp. 38~58.

유럽어

Ahmad, Zahiruddin. *Sino-Tibetan Relations in the Seventeenth Century*, Rome: Instituto Italiano per il Medio ed Estremo Oriente, 1970.(Also Index volume, comp. by Christiane Pedersen[Rome: I.I.M.E.O., 1971].)

Bell, John. *A Journey from St. Petersburg to Pekin, 1719-1722*, ed. J. L. Stevenson, Edinburgh University Press, 1965.

Brunnert, H. S. and V. V. Hagelstrom. *Present Day Political Organization of China*, Eng. transl. by A. Beltchenko and E. E. Moran. Shanghai, 1912.

Bosmans, H. "Ferdinand Verbiest, directeur de l'observatoire de Peking(1623-1688)." *Revue des Questions Scientifiques*, LXXI(1912), pp. 195-273, 375-464.

Bouvet, Joachim. *Histoire de l'empereur de la Chine*, The Hague, 1699; reprinted Tientsin, 1940.

Bretschneider, Emilii Vasil'evich. *Botanicon Sinicum: Notes on Chinese Botany from Native and Western Sources*, 3 vols., *Journal of the North China Branch of the Royal Asiatic Society*, new ser., XVI, XXV, XXIX.

Chang Chung-Li. *The Chinese Gentry: Studies on Their Role in Nineteenth-Century China*, Seattle: University of Washington Press, 1955.[김한식·정성일·김종건 공역, 『中國의 紳士』, 신서원, 1993]

The Chinese Classics, transl. by James Legge, 5 vols, Taipei: Wenhsing shu-tien reprint, n.d.

Ch'ing Administrative Terms: A Translations of the Terminology of the Six Boards with Explanatory Notes, transl. and ed. by Sun E-tu Zen, Cambridge: Harvard University Press, 1961.

Dehergne, J. "Fauconnerie, plaisir du roi" (transl. by Louis Buglio), *Bulletin de l'Université l'Aurore* (Shanghai), 3rd ser., vol. VII, no.3(1946), pp. 522~56.

A Documentary Chronicle of Sino-Western Relations (1644-1820), comp. and transl. by Fu Lo-shu, 2 vols, A.A.S. Monographs and

Papers, no. 22, Tucson: University of Arizona Press, 1966.

Du Halde, Jean Baptiste. *The General History of China*, transl. by R. Brookes, 4 vols, London, 1741.

Eminent Chinese of the Ch'ing Period, ed. by Arthur W. Hummel, 2vols, Washington, D.C.: U.S. Government Printing Office, 1943-1944.

Fletcher, Joseph. "V. A. Aleksandrov on Russo-Ch'ing Relations in the Seventeenth Century: Critique and Résumé." *Kritika*, VII(spring 1971), 138-70.

Flettinger MS. Notes written in Peking, 1688. Serial K.A. 1329, fols. 2319v-2324. The Hague: Dutch East India Company Archives.

Fuchs, Walter. *Der Jesuiten-Atlas der Kanghsi-Zeit*, Peking: Fu-jen University, 1943.

Gherardini MS. Manuscript letters from G. Gherardini, dated Peking, November 1701, to his brother in Parma and friends in Paris and Nevers, London: PRO, catalogued under SP9/239.

Goodrich, Luther Carrington. *The Literary Inquisition of Ch'ienlung*, New York: Paragon Book reprint, 1966.

Groot, J. J. M. de. *The Religious System of China*, 6 vols. Taipei: Ch'eng-wen reprint, 1969.

Groot, J. J. M. de. *Sectarianism and Religious Persecution in China: A Page in the History of Religions*, 2/1 vols, Taipei: Literature House reprint, 1963.

Harlez, Charles de. "La Religion nationale des Tartares orientaux: Mandchous et Mongols, comparée à la religion des anciens chinois..." in *Mémoires Couronnés et Autres Mémories*, XL (1887), Brussels: Royal Academy of Sciences, Letters and Fine Arts.

Hibbert, Eloise Talcott. *K'ang Hsi, Emperor of China*, London: Paul, Trench, Trubner & Co., 1940.

Ho Ping-Ti. *The Ladder of Success in Imperial China: Aspects of Social Mobility, 1368-1911*, New York: Columbia University

Press, 1962.[조영록 외 역,『中國科學制度의 社會史的 研究』, 동국대출판부, 1987]

Ho Ping-Ti. *Studies on the Population of China, 1368-1953*. Cambridge: Harvard University Press, 1959.[정철웅 역,『중국의 인구』, 책세상, 1994]

I Ching, or Book of Changes, Richard Wilhelm transl. rendered into English by Cary F. Baynes. Bollingen ser. XIX. Princeton University Press, 1967.

Kessler, Lawrence D. "The Apprenticeship of the K'ang-hsi Emperor, 1661-1684." History Ph.D., University of Chicago, 1969. 이 학위논문의 일부는 같은 저자의 "Chinese Scholars and the Early Manchu State," Harvard Journal of Asiatic Studies, XXXI(1971), 179-200에 실려 있다.

Lettres édifiantes et curieuses, écrites des missions étrangères, Nouvelle édition, Paris, 1781.

Malone, Carroll Brown. *History of the Peking Summer Palaces Under the Ch'ing Dynasty*, New York: Paragon Book reprint, 1966.

Mancall, Mark. *Russian and China: Their Diplomatic Relations to 1728*, Cambridge: Harvard University Press, 1971.

Mao, Lucien. "Tai Ming-shih." *T'ien Hsia Monthly*, V. 382-99.

Needham, Joseph. *Science and Civilization in China*, Cambridge: Cambridge University Press, 1954-.

Norman, Jerry. *A Manchu-English Dictionary*, Draft publication, Taipei, 1967.

D'Orléans, Pierre Joseph. *History of the Two Tartar Conquerors of China*, transl. by the Earl of Ellesmere, Hakluyt Society, 1st ser. XVII(1854), New York: Burt Franklin reprint, n.d.

Oxnam, Robert B. "Policies and Institutions of the Oboi Regency, 1661-1669." *Journal of Asian Studies*, XXXII (1973), 265-86.

Pfister, Louis, S.J. *Notices biographiques et bibliographiques sur les Jésuites de l'ancienne mission de Chine*. 2 vols. Shanghai, 1932 and 1934, Variétés Sinologiques, nos. 59 and 60.

Rosso, Antonio Sisto, O.F.M. *Apostolic Legations to China of the Eighteenth Century*, South Pasadena, Cal.: P.D. and Ione Perkins, 1948.

Rouleau, Francis A., S. J. "Maillard de Tournon, Papal Legate at the Court of Peking: The First Imperial Audience (31 December, 1705)." *Archivum Historicum Societatis Iesu*, LXII (1962), 264-323.

Schafer, Edward H. "Falconry in T'ang Times." *T'oung Pao*, 2nd ser., XLVI(1959), 293-338.

Spence, Jonathan. *To Change China: Western Advisers in China, 1620-1960*, Boston: Little, Brown, 1969.

Spence, Jonathan. *Ts'ao Yin and the K'ang-hsi Emperor, Bondservant and Master*, New Haven and London: Yale University Press, 1966.

Sun E-Tu Zen. "Mining Labor in the Ch'ing Period," *Approaches to Modern Chinese History*, ed. by Albert Feuerwerker, Rhoads Murphey, and Mary Wright. Berkeley and Los Angeles: University of California Press, 1967. pp. 45-67.

Ta Tsing Leu Lee; Being the Fundamental Laws, and a Selection from the Supplementary Statutes, of the Penal Code of China..., transl. by Sir George Thomas Staunton, Taipei: Ch'eng-wen reprint, 1966.

Tsao Kai-fu. "The Rebellion of the Three Feudatories Against the Manchu Throne in China, 1673-1681: Its Setting and Significance," History Ph.D., Columbia University, 1965.

Veith, Ilza. *Huang ti nei ching su wen(The Yellow Emperor's Classic of Internal Medicine)*, Berkeley and Los Angeles: University of California Press, 1966.

Wallnöfer, Heinrich, and Anna Von Rottauscher. *Chinese Folk Medicine*, transl. by Marion Palmedo, New York: Crown Publishes, 1965.

Wang Yeh-chien. "The Fiscal Importance of the Land Tax During the Ch'ing Period," *Journal of Asian Studies*, IV(August 1971), 829-42.

Werner, E. T. C. *A Dictionary of Chinese Mythology*. Shanghai, 1932; New York: The Julian Press reprint, 1961.

Wills, John E., Jr. "Ch'ing Relations with the Dutch, 1662-1690," Ph.D., Harvard University, 1967.

Wong, K. Chimin and Wu Lien-teh. *History of Chinese Medicine*, Tientsin: The Tientsin Press, 1932.

Wu, Silas H. L. *Communication and Imperial Control in China: Evolution of the Palace Memorial System, 1693-1735*, Cambridge: Harvard University Press, 1970.

Wu, Silas H. L. "Emperors at Work: The Daily Schedules of the K'ang-hsi and Yung-cheng Emperors, 1661-1735." *Tsing Hua Journal of Chinese Studies*, new ser., vol. VIII, nos. 1 and 2 (August 1970), pp. 210-27.

Wu, Silas H. L. "The Memorial Systems of the Ch'ing Dynasty (1644-1911)," *Harvard Journal of Asiatic Studies*, XXVII(1967), 7-75.

Wu, Silas H. L. "A Note on the Proper Use of Documents for Historical Studies: A Rejoinder," *Harvard Journal of Asiatic Studies*, XXXII(1972), 230-39.

옮긴이의 말

1999년 7월의 무더위 속에서 베이징의 자금성(紫禁城)을 처음으로 구경하였다. 자금성으로 들어가려 하자 남쪽 대문인 오문(午門)이 떡 버티고 있었다. 10여m 남짓하게 보이는 앞면과 좌우면의 성벽과 누각이 마치 절벽처럼 나를 에워싸고 내리눌렀다. 오문과는 비교가 안될 정도로 높은 63빌딩을 쳐다보았을 때에도 결코 느끼지 않던 중압감이었다. 별로 높지도 않은 오문이 왜 이처럼 보는 사람을 압도할까 의아해하면서 찬찬히 둘러보았다. 그러자 오문의 성벽이나 누각 높이에 비해 오문 광장이 좁은 것이 눈에 들어왔다. 그렇다! 실제로는 그리 높지 않은 성벽과 누각들이 절벽처럼 보이게 한 것은 바로 좁은 광장 때문이었다. 높이와 넓이의 비례를 조절함으로써 사람들을 내리누르는 효과를 낼 수 있었던 것이다. 명청시대에 이 문을 드나들었던 중국의 관료나 각국의 사신들이 느꼈을 중압감도 옮긴이가 느낀 것보다 더 무거웠으면 무거웠지 가볍지는 않았으리라. 자금성은 황제의 힘을 과시하기 위해 이처럼 대문부터 철저한 계산 아래 만든 건축물이었다. 오문을 지나 태화문·태화전·건청문·건청궁을 둘러보기 위해 온통 다듬은 돌로 뒤덮인 자금성의 뜰을 걷자 경복궁이나 창경궁을 돌아보았을 때는 느끼지 못했던 작위의 냄새가 더욱 진하게 풍겨왔다. 그 냄새에 질려갈 무렵 인적이 드문 곳에 가녀린 풀 한포기가 솟아 있는 것이 보였다. 돌틈 사이에서. 그제서야 작위로 가득한 자금성에도 작지만 자연(自然)이 존재한다는 사실이 새삼스레 느껴졌고 나아가 황제도 인간이라는 생각이 들었다.

강희제의 면모에 대해서는 이미 적지 않은 연구들이 진행된 바 있다. 중국에서 최근 출간된 강희제 전기의 초점은 주로 강희제의 통치행위와 사상에 맞춰져 있다. 일본에서 20세기 전반기에 출판된 몇몇 강희제의 전기는 한족(漢族)에 대한 지배의 기틀을 확고히 다진 이민족 황제의 이미지를 강조하였다.

사실 강희제는 중국을 지배했던 황제 중의 황제라 해도 지나친 과장은 아닐 것이다. 우선 그는 여덟 살이 되던 1661년부터 1722년까지 무려 61년 동안 제위에 있었다. 중국 역사상 가장 오랫동안 황제로 군림했던 것이다. 그 동안에 대내적으로는 삼번의 반란을 평정하고 대외적으로는 고비사막을 건너 갈단 원정을 성공적으로 마무리하여 '청조의 평화'시대를 열었다. 그리고 중국 문화에 대한 이해의 폭과 깊이 역시 그 어떤 한족 출신의 황제에 뒤지지 않았다. 만약 황제의 주요한 임무가 태평성세를 구현하는 것이라면 강희제만큼 중국 사회를 이에 가깝게 접근시킨 황제도 드물다. 『예기』(禮記)「예운」(禮運)편의 대동사회(大同社會)처럼 갖가지 사상과 실현하기 어려운 요소로 채워 놓은 것이 지식인들의 태평성세 상(像)이다. 반면 피지배자인 백성들의 입장에서 보면 태평성세란 별게 아니다. 배불리 먹고 가족들과 오순도순 재미있게 살아가는 세상, 이것이 그들에게는 가장 구체적이고 현실적인 태평성세인 것이다. 강희제는 재정흑자를 바탕으로 중국에서 유래가 드물 정도로 세금을 많이 탕감하여 백성들의 부담을 덜어 주었다. 뿐만 아니라 당시는 명 말청초의 전란기가 끝나고 사회와 경제가 안정을 되찾는 때였으므로 시대적인 상황이 순조로웠다. 본문에도 나오지만 성세자생정(盛世滋生丁)이란 말에는 자신의 치세를 태평성세로 인식하는 강희제의 자신감이 강하게 배어 있다. 아울러 상유(6장)에서도 그것을 엿볼 수 있다. 또 관료가 자신의 임무에 충실하도록 적절하게 통제하는 것이 황제의 주요한 역할이라고 한다면 강희제는 주접(奏摺)제도를 적절히 활용하여 이런 역할을 성공적으로 수행하였다. 그는 자신의 심복은 물론 일반 관료들까지 비밀서신인 주접으로 보고하게 하여 정확하고 다양한 정보를 수집하였고, 이렇게 입수한 정보를 바탕으로 관료들을 통제할 수 있었다. 물론 주접제도를 가장 잘 활용한 황제는 옹정제(雍正帝)이지만, 그것은 아버지인 강희제가 그 길을 닦아놓았기에 가능한 일이었다.

지은이 스펜스는 이 책에서 강희제의 황제로서의 면모도 살피고 있지만 보다 집요하게 추적하고 있는 것은 바로 강희제의 인간적인 면모이다. 사실 황제한테서 인간적인 체취를 맡는다는 것은 옮긴이가 자금성의 돌덩어리 뜰에서 보았던 한 포기의 풀처럼 어울리지도 않고 또 뚜렷이 확인되지도 않는 것일지도 모른다. 그럼에도 불구하고 지은이가 강희제의 인간적인 면모를 탐색하는 것은 강희제 역시 황제이기 전에 웃고 울고 화내고 질투하는 필부와 다름없는 인간이며, 또 이러한 측면으로의 접근이야말로 강희제의 진면목을 파악하는 최선의 방법이라는 믿음 때문이다.

강희제의 인간적인 면모를 추적하기 위해 지은이가 동원한 방법은 두 가지이다. 첫째는 이 책을 강희제가 스스로 말하는 자서전 형식으로 서술하였다는 점이다. 독자들이 마치 강희제에게서 직접 이야기를 듣는 듯한 생생한 느낌을 받는 것도 그 때문일 것이다. 둘째는 강희제가 기록한 편지와 시, 상유(上諭), 자식들에게 주는 교훈 등 개인적인 문건들을 가능한 한 있는 그대로 제시하고 있다는 점이다. 이 문건들을 토대로 지은이는 사냥과 원정(1장), 사고(3장), 장수(4장), 황자들(5장), 상유(6장), 열일곱 통의 편지(부록) 등의 독특한 주제들에 접근할 수 있었다. 이런 장들을 읽다 보면 독자들은 자연스럽게 강희제의 인간적인 면모에 깊숙이 다가가 있는 자신을 발견할 수 있을 것이다. 옮긴이가 보기에 이 책에서 강희제의 인간적인 면이 가장 잘 나타난 부분은 5장이다. 여기에는 강희제가 아들들, 특히 황태자였다가 쫓겨난 둘째아들 인렁에게 느끼는 심리적인 갈등이 탁월하게 묘사되어 있어 마치 소설을 읽는 듯한 착각이 들 정도이다. 물론 독자들은 이 책의 곳곳에서 소설을 읽는 듯한 재미에 푹 빠져들어 갈 것이다. 이런 소설적인 재미는 철저하게 자료에 근거하여 서술된 이 책의 품위를 떨어뜨리는 것이 아니라 오히려 그 가치를 더해 준다.

요즘은 살아가기가 무척이나 힘든 시대이다. 그래서 자신도 부귀영화를 누렸을 뿐만 아니라 나라도 번영하게 만들었던 강희제를 만난다면 "당신의 삶은 행복했습니까?"라고 물어보고 싶다. 독자들은 그 대답을 이 책에 실린 '60세 때의 강희제' 초상화에서 찾아보기 바란다. 그리고 그 대답 속에서 이 험난한 시대를 살아가는 데 도움이 될 만한 자그마한 위안을 발견하기 바란다. "우리의 연수(年數)가 칠십이요 강건하면 팔십이라도 그 연수의 자랑은 수고와 슬픔뿐이요 신속히 날아가나이다"(시편 90:10)라는 말씀이 이 책을 번역하는 내내 옮긴이의 가슴 속에 울려왔다.

본문에서 중국 고유명사에 병기한 한자는 옮긴이가 일일이 전거를 확인해서 수록한 것이다. 그리고 부록 1의 '열일곱 통의 편지' 원문도 원서에는 없지만 독자들이 강희제의 육성을 조금이나마 직접 들을 수 있도록 옮긴이가 찾아 실었다.

끝으로 부족한 옮긴이를 늘 자상하게 이끌어 주시는 오금성 선생님께 감사드린다. 이 책을 번역하는 데 많은 도움을 준 이산출판사 여러분께도 감사의 마음을 전한다.

2001년 1월 4일
이준갑

찾아보기

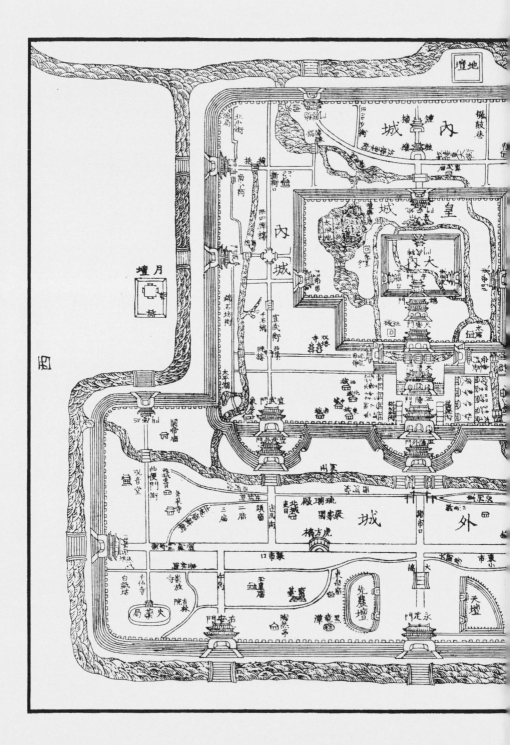

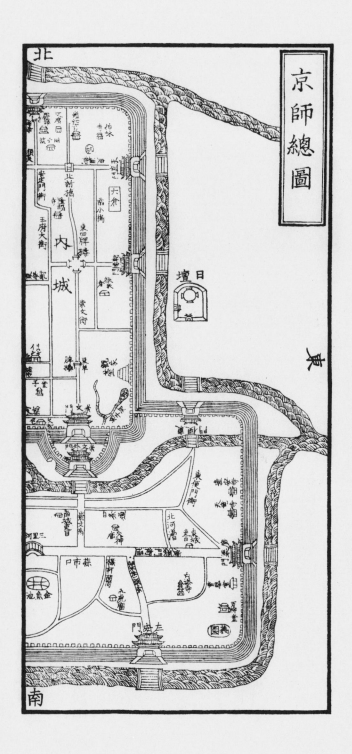